1re générale
NOUVEAU BAC

Ton BAC de français 2025

Œuvres au programme 2024-2025 incluses

avec **MediaClasse**

Romain Boussot
Enseignant de lettres
et fondateur du site MediaClasse

Hatier

© Hatier, 2024 • ISBN : 978-2-401-03469-3

Voici tout ce que tu trouveras dans ce livre. Bien sûr, on y va *step by step* !

Sommaire

Pour démarrer

- ✔ **Tout ce que tu dois savoir sur le bac de français 2025** 7
- ✔ **L'épreuve écrite : mode d'emploi** 8-9
- ✔ **L'épreuve orale : mode d'emploi** 10-11
- ✔ **12 fiches sur les œuvres au programme** 12

1. On prépare l'écrit !

CHAPITRE 1

Comment concevoir et rédiger un commentaire littéraire ? 24

Ma méthode pour réussir le commentaire littéraire 26

Sujets corrigés 8 commentaires types 40

- ✔ Mme de Lafayette, *La Princesse de Clèves* 40
- ✔ Ernaux, *La Femme gelée* 46
- ✔ Desbordes-Valmore, *Élégies et romances* 52
- ✔ Apollinaire, *Alcools* 58
- ✔ Molière, *Tartuffe* 64
- ✔ Racine, *Phèdre* 70
- ✔ La Fontaine, *Fables* 76
- ✔ de Graffigny, *Lettres d'une Péruvienne* 82

CHAPITRE 2

Comment faire une bonne dissertation ? 88

Ma méthode pour réussir la dissertation 90

Sujets corrigés 10 dissertations 96

- ✔ Prévost, *Manon Lescaut* 96
- ✔ Balzac, *La Peau de chagrin* 100
- ✔ Colette, *Sido* et *Les Vrilles de la vigne* 104
- ✔ Rimbaud, *Cahiers de Douai* 108
- ✔ Dorion, *Mes forêts* 112
- ✔ Corneille, *Le Menteur* 116
- ✔ Musset, *On ne badine pas avec l'amour* 120
- ✔ Sarraute, *Pour un oui ou pour un non* 124
- ✔ Rabelais, *Gargantua* 128
- ✔ O. de Gouges, *Déclaration des droits de la femme et de la citoyenne* 132

II. L'épreuve orale approche...

CHAPITRE 3

Lors de l'oral, comment expliquer un texte avec aisance ? 136

Ma méthode pour réussir l'explication de texte 138

Sujets corrigés 12 explications de texte 146

- ✔ Prévost, *Manon Lescaut* 146
- ✔ Balzac, *La Peau de chagrin* 151
- ✔ Colette, *Sido* 156
- ✔ Rimbaud, *Cahiers de Douai* 160
- ✔ Ponge, *La rage de l'expression* 165
- ✔ Dorion, *Mes forêts* 170
- ✔ Corneille, *Le Menteur* 175
- ✔ Musset, *On ne badine pas avec l'amour* 181
- ✔ Sarraute, *Pour un oui ou pour un non* 186
- ✔ Rabelais, *Gargantua* 191
- ✔ La Bruyère, *Les Caractères* 196
- ✔ de Gouges, *Déclaration des droits de la femme et de la citoyenne* 201

CHAPITRE 4

Comment présenter une lecture cursive et bien gérer l'entretien ? 206

Ma méthode pour réussir la présentation d'une œuvre 208

Sujets corrigés 4 présentations de lectures cursives 212

- ✔ Duras, *Hiroshima mon amour* 212
- ✔ Chedid, *Rythmes* 214
- ✔ Beaumarchais, *Le Mariage de Figaro* 216
- ✔ Hugo, *Le Dernier Jour d'un condamné* 218

Retrouve les listes...

- ✔ **de tous les sujets que je traite, classés par objet d'étude** 4
- ✔ **des vidéos associées à ce livre** 6
- ✔ **de tous les termes littéraires avec leurs définitions** 220

Tous les sujets corrigés classés par objet d'étude

Le roman et le récit du Moyen Âge au XXIe siècle

L'abbé Prévost, *Manon Lescaut* (1731)

- **Explication de texte**. La première rencontre 146
- **Dissertation**. En quoi la représentation de personnages en marge participe-t-elle au plaisir romanesque dans *Manon Lescaut* ? 96

Honoré de Balzac, *La Peau de chagrin* (1831)

- **Explication de texte**. Le portrait de Raphaël 151
- **Dissertation**. Les personnages de *La Peau de chagrin* sont-ils fatalement condamnés à l'épuisement de leur énergie vitale ? 100

Colette, *Les Vrilles de la vigne* (1908), *Sido* (1930)

- **Explication de texte**. « Car j'aimais tant l'aube... » 156
- **Dissertation**. La célébration du monde chez Colette n'est-elle qu'un éloge de la nature ? 104

Autres romans

- **Commentaire**. Madame de Lafayette, *La Princesse de Clèves* (1678), fin du roman 40
- **Commentaire**. Annie Ernaux, *La Femme gelée* (1981) 46
- **Lecture cursive**. Marguerite Duras, *Hiroshima mon amour* (1960) 212

La poésie du XIXe siècle au XXIe siècle

Arthur Rimbaud, *Cahiers de Douai* (1870)

- **Explication de texte**. « Morts de Quatre-vingt-douze... » 160
- **Dissertation**. En quoi les *Cahiers de Douai* représentent-ils un acte d'émancipation ? 108

Francis Ponge, *La rage de l'expression* (1952)

- **Explication de texte**. « Le mimosa » 165

Hélène Dorion, *Mes forêts* (2021)

- **Explication de texte**. « Mes forêts sont de longues traînées de temps... » 170
- **Dissertation**. Le lyrisme poétique de *Mes forêts* ne vise-t-il qu'à exprimer une vision personnelle de la nature ? 112

Autres recueils de poésie

- **Commentaire**. Marceline-Desbordes Valmore, *Élégies et romances* (1819), « Le billet » 52
- **Commentaire**. Guillaume Apollinaire, *Alcools* (1913), « Le Pont Mirabeau » 58
- **Lecture cursive**. Andrée Chedid, *Rythmes* (2003) 214

Le théâtre du XVIIe siècle au XXIe siècle

Pierre Corneille, *Le Menteur* (1644)

- **Explication de texte**. Acte I, scène 3 « Quoi, vous avez donc vu l'Allemagne, et la guerre ? » ... 177
- **Dissertation**. Pourquoi le personnage principal du *Menteur* ment-il autant ? ... 116

Alfred de Musset, *On ne badine pas avec l'amour* (1834)

- **Explication de texte**. Acte III, scène 3 (« Je t'aime, Rosette ! ») ... 181
- **Dissertation**. Dans quelle mesure peut-on dire que Camille et Perdican badinent avec l'amour ? ... 120

Nathalie Sarraute, *Pour un oui ou pour un non* (1982)

- **Explication de texte**. « Écoute, je voulais te demander... » ... 186
- **Dissertation**. En quoi la dispute entre H. 1 et H. 2, permet-elle de faire éclater la vérité dans *Pour un oui ou pour un non* ? ... 124

Autres pièces de théâtre

- **Commentaire**. Molière, *Tartuffe* (1669), acte III, scène 2 ... 64
- **Commentaire**. Jean Racine, *Phèdre* (1677), acte IV, scène 6 ... 70
- **Lecture cursive**. Beaumarchais, *Le Mariage de Figaro* (1784) ... 216

La littérature d'idées du XVIe siècle au XVIIIe siècle

François Rabelais, *Gargantua* (édition de 1542)

- **Explication de texte**. La bonne éducation selon Ponocrates ... 191
- **Dissertation**. Pourquoi Rabelais accorde-t-il une si grande place au rire dans *Gargantua* ? ... 128

Jean de La Bruyère, *Les Caractères* (1688-1696)

- **Explication de texte**. « Arrias » (V, 9) ... 196

Olympe de Gouges, *Déclaration des droits de la femme et de la citoyenne* (1791)

- **Explication de texte**. Préambule & Articles 1 et 2 ... 201
- **Dissertation**. Quel est le combat d'Olympe de Gouges dans *la Déclaration des droits de la femme et de la citoyenne* ? ... 132

Autres œuvres de littérature d'idées

- **Commentaire**. Jean de La Fontaine, *Fables* (1668-1694), « La Cour du Lion » (VII, 6) ... 76
- **Commentaire**. Françoise de Graffigny, *Lettres d'une Péruvienne* (1747), Avertissement ... 82
- **Lecture cursive**. Victor Hugo, *Le Dernier Jour d'un condamné* (1829) ... 218

Les vidéos associées à ce livre

▶ Rendez-vous sur ma chaîne YouTube

Toutes les vidéos associées à cet ouvrage sont regroupées – sur ma chaîne You Tube – dans la playlist « Réussir ton bac de français avec MediaClasse & Annabac ».

Sur les méthodes du bac

➔ Dans ces trois vidéos, je t'explique étape par étape, exemples à l'appui, **les méthodes pour réussir les trois exercices clés du bac.**

Chaque vidéo dure environ 20 minutes. Tu trouveras aussi sur cette playlist des extraits significatifs d'1 à 3 minutes : à regarder dans la dernière ligne droite !

▶ **Ma méthode pour réussir le commentaire littéraire**

hatier-clic.fr/MC1

▶ **Ma méthode pour réussir la dissertation**

hatier-clic.fr/MC3

▶ **Ma méthode pour réussir l'épreuve orale**

hatier-clic.fr/MC2

Sur les œuvres au programme du BAC 2025

Retrouve également **20 vidéos sur les œuvres au programme du bac 2025.** Pour accéder à chacune d'elles, flashe les **QR Codes au fil de l'ouvrage.**

Tout ce que tu dois savoir sur le bac de français 2025

Le programme de l'année 2024-2025

Les 12 œuvres au programme

Le roman et le récit

- Prévost, *Manon Lescaut*. Personnages en marge, plaisirs du romanesque
- Balzac, *La Peau de chagrin*. Les romans de l'énergie : création et destruction
- Colette, *Sido, Les Vrilles de la vigne*. La célébration du monde

La poésie

- Rimbaud, *Cahiers de Douai*. Émancipations créatrices
- Ponge, *La rage de l'expression*. Dans l'atelier du poète
- Dorion, *Mes forêts*. La poésie, la nature, l'intime

La littérature d'idées

- Rabelais, *Gargantua*. Rire et savoir.
- La Bruyère, *Les Caractères* (V à X). La comédie sociale
- Olympe de Gouges, *Déclaration des droits de la femme et de la citoyenne*. Écrire et combattre pour l'égalité

Le théâtre

- Corneille, *Le Menteur*. Mensonge et comédie
- Musset, *On ne badine pas avec l'amour*. Les jeux du cœur et de la parole
- Sarraute, *Pour un oui ou pour un non*. Théâtre et dispute

→ *Fiches sur les 12 œuvres p. 12-23*

Les épreuves

L'épreuve écrite	L'épreuve orale
Le sujet comprend au choix : • un sujet de dissertation portant sur une œuvre étudiée • un commentaire littéraire. → *Plus de détails p. 8-9*	Tu devras expliquer un des extraits issu du descriptif que t'a donné ton enseignant, répondre à une question de grammaire et présenter une lecture cursive. → *Plus de détails p. 10-11*

Pour chaque objet d'étude, ton descriptif contient ces 4 éléments :

- **l'œuvre** étudiée en classe pendant l'année
- la liste **des extraits de l'œuvre** étudiée
- des extraits **d'autres œuvres, en lien avec le thème du parcours**
- **une « lecture cursive »** (œuvre lue de manière autonome pendant l'année)

L'épreuve écrite : mode d'emploi

En quoi consiste l'épreuve écrite ?
3 infos clés

1 Durée : 4 heures
2 Coefficient : 5
3 Deux sujets au choix :
- un sujet de dissertation portant sur une œuvre que tu as étudiée, dans le cadre d'un parcours défini par le programme
- un sujet de commentaire littéraire, avec un texte que tu découvres sur le moment

Quel matériel est autorisé ?
- Tu peux venir avec de l'eau et de quoi manger (plutôt grignoter !).
- Pour surveiller l'heure, tu as le droit d'avoir un réveil ou une montre (non connectée évidemment).
- Calculatrice, téléphone portable, dictionnaire sont interdits.

Comment gérer l'épreuve le jour J ?
3 conseils clés

1 Tu as 4 heures devant toi : divise le temps par deux : 2 heures pour le brouillon, 2 heures pour la mise au propre.
2 L'idéal est de prendre 10 minutes au début pour choisir le sujet, et dix minutes à la fin pour te relire.
3 Pour t'assurer que tu suis bien le fil de ton raisonnement, fais également une relecture partielle à la fin de chaque partie.

Attention, les copies sont numérisées !
- On ne peut donc pas rendre de feuille de brouillon.
- Sur les feuilles définitives, écris à l'encre noire ou bleue.
- Le Tipp-Ex et le stylo FriXion sont déconseillés.

Quel sujet choisir ?
4 raisons en faveur du commentaire littéraire

1 Tu as sous les yeux le texte support, qui fournira tous les éléments de ton raisonnement. N'oublie pas de lire le paratexte.
2 Tu n'as pas besoin de connaissances particulières sur l'œuvre ou l'auteur.
3 C'est une épreuve technique : il suffit d'appliquer la bonne méthode pour interroger le texte et organiser tes idées.
4 En réalisant tes explications linéaires, tu as développé des réflexes utiles pour n'importe quel commentaire littéraire.

Qu'est-ce que le paratexte ?

On appelle paratexte les éléments d'information associés au texte : ses sources et les lignes introductives qui le précèdent. Il te fournit les connaissances sur l'œuvre et l'auteur dont tu as besoin.

Quel sujet choisir ? (suite)
4 raisons en faveur de la dissertation

1 Non seulement tu connais déjà l'œuvre, mais tu es aussi en principe à l'aise avec le thème du parcours.
2 Le correcteur apprécie ce choix, car il suppose que tu as étudié l'œuvre de manière approfondie.
3 C'est une épreuve moins technique : tu apprends vite à dégager le plan à partir du sujet.
4 Les explications linéaires préparées pour l'oral te fournissent des exemples et des citations parfaites pour la dissertation.

Commentaire ou dissertation ? Au final...

Bien sûr tu choisiras également en fonction des sujets qui tombent. Le texte à commenter peut t'inspirer ; à l'inverse, le sujet de dissertation, même s'il porte sur une œuvre et une problématique connues, peut te sembler complexe !

L'épreuve orale : mode d'emploi

En quoi consiste l'épreuve orale ?
3 infos clés

1 Durée : 50 minutes
2 Coefficient : 5
3 Déroulement :
- temps de préparation : 30 minutes
- explication linéaire de l'extrait choisi : 10 minutes, 10 points
- réponse à la question de grammaire : 2 minutes, 2 points
- présentation d'une lecture cursive : 8 minutes, 8 points

Comment le sujet d'oral est-il choisi ?

L'examinateur choisit un sujet sur la base du descriptif établi par ton enseignant de français : il consiste en l'explication d'un extrait figurant dans ta liste et une question de grammaire.

Comment se présenter à l'épreuve ?
3 conseils

1 En plus de la convocation et de ta pièce d'identité, apporte de quoi écrire ainsi qu'une montre non connectée.
2 Prévois bien en double le recueil de textes préparés pour l'oral. Le descriptif sert de sommaire. N'hésite pas à ajouter des intercalaires pour matérialiser chaque objet d'étude.
3 Pour la tenue vestimentaire, je te recommande la sobriété et le confort. Un jean uni, une chemise et des baskets propres feront ainsi très bien l'affaire.

Le premier contact avec l'examinateur

Montre-toi poli.e et souriant.e : « Bonjour Madame/ Monsieur ». Présente ta carte d'identité et ta convocation, signe le sujet et donne à l'examinateur l'un des deux exemplaires de ton recueil de textes.

Comment utiliser les 30 min. de préparation ? 4 conseils clés

1 Commence par la question de grammaire (5 min. maximum).
2 Prends 10 min. pour préparer ta lecture expressive et restituer par cœur l'introduction et la conclusion de l'explication.
3 Puis en 15 min., liste les éléments clés de chaque mouvement du texte.
4 Garde 5 min. pour noter les étapes de ta présentation d'une œuvre.

hatier-clic.fr/MC2_1

Les compétences attendues

Le bulletin officiel (disponible en ligne) précise les compétences attendues pour chaque partie de l'épreuve. Voici celles pour la seconde partie : présenter de façon synthétique, mobiliser des connaissances culturelles, défendre une lecture personnelle, approfondir sa réflexion au cours du dialogue.

Comment réussir sa prestation orale ? 4 conseils clés

1 Adopte une posture un peu penchée vers l'avant. Évite de croiser les bras. Pour occuper tes mains, tu peux tenir un stylo.
2 Mets à profit les moments de transition pour ralentir le débit, articuler et regarder l'examinateur.
3 Si tu as un moment de confusion, marque un temps de silence, et reprends ton raisonnement en répétant ta dernière phrase.
4 Garde ces trois mots clés en tête : sourire, enthousiasme et sincérité.

Une astuce pour bien gérer le temps

Balise ton temps de passage en notant au brouillon l'heure limite pour chaque partie. Par exemple, si tu passes à 16 h, tu auras fini :

- l'introduction et la lecture expressive à 16 h 03 (3 min.)
- l'explication, dont la conclusion, à 16 h 10 (7 min.)
- la question de grammaire à 16 h 12 (2 min.)
- la présentation de l'œuvre à 16 h 15 (3 min)

Après un temps de dialogue, ton oral se terminera à 16 h 20 (5 min.).

L'abbé Prévost
Manon Lescaut (1731)

Objet d'étude : Le roman et le récit du Moyen Âge au XXIe siècle

Parcours : Personnages en marge, plaisirs du romanesque

Le contexte d'écriture

✔ En 1728, après avoir été moine, l'abbé Prévost (1697-1763) renonce à sa condition de religieux et voyage beaucoup.

✔ Il tombe amoureux d'une aventurière avec laquelle il vit une relation passionnelle, dont il s'inspire pour écrire *Manon Lescaut*.

✔ Ce roman, jugé immoral, se retrouve censuré, saisi et brûlé.

3 citations clés

« J'ai à peindre un jeune aveugle qui refuse d'être heureux pour se précipiter volontairement dans les dernières infortunes. » (Préface)

* * *

« Je te jure, mon cher Chevalier, que tu es l'idole de mon cœur [...] ; mais ne vois-tu pas, ma pauvre chère âme, que, dans l'état où nous sommes réduits, c'est une sotte vertu que la fidélité ? » (Manon)

* * *

« Vivre en Europe, vivre en Amérique, que m'importait-il en quel endroit vivre, si j'étais sûr d'y être heureux en y vivant avec ma maîtresse ? » (Des Grieux)

La structure

■ Partie I

Un jeune aristocrate, Des Grieux, rencontre Manon Lescaut, une jeune fille sans condition destinée au couvent. Abandonnant ses projets et sa famille, le jeune amoureux s'enfuit avec elle à Paris. Afin de satisfaire les penchants de Manon pour le luxe, le couple enchaîne les vols. La jeune femme en vient à vendre ses charmes à de riches libertins, tandis que Des Grieux apprend à tricher au jeu et sombre dans l'immoralité.

■ Partie II

Emprisonnés à plusieurs reprises, les amants s'enfuient. Mais Manon est déportée en Louisiane où Des Grieux la suit. Ils y mènent une vie heureuse et souhaitent se marier légalement, mais un rival de Des Grieux les contraint à partir. Manon meurt d'épuisement dans le désert. Des Grieux finit par rentrer en France.

3 thèmes clés

1. Des personnages en marge

Des Grieux et Manon évoluent au sein de milieux crapuleux et transgressent les codes sociaux et moraux de leur époque.

2. Une passion condamnable ?

Des Grieux se sent incapable de résister à sa passion si bien qu'elle le conduit à renier sa classe sociale et même à lui faire commettre un meurtre. Mais cette passion ne semble pas pour autant être condamnée par l'auteur, qui met en lumière un amour sincère, lequel aurait mené le couple au bonheur, s'il n'avait été rendu impossible par la société.

3. Le plaisir du romanesque

Les péripéties, parfois invraisemblables et miraculeuses, vécues par les deux héros, font du récit un roman d'aventures palpitant. La sincérité de la passion de Des Grieux ainsi que le rachat de Manon, à la fin du roman, suscitent la sympathie du lecteur.

Honoré de Balzac
La Peau de chagrin (1831)

Objet d'étude : Le roman et le récit du Moyen Âge au XXIe siècle

Parcours : Les romans de l'énergie : création et destruction

Le contexte d'écriture

✔ Entre 1816 et 1822, Balzac (1799-1850) rédige de nombreux essais philosophiques. S'inscrivant dans cette veine réflexive, *La Peau de chagrin* paraît en 1831.

✔ *La Comédie humaine* (91 ouvrages écrits de 1829 à 1850) regroupe l'essentiel de son œuvre gigantesque. Balzac y développe une conception nouvelle du roman et devient le pilier du mouvement réaliste.

✔ L'auteur entend « faire l'inventaire de la société française » et montrer une société animée par le jeu des intérêts, des ambitions et des manipulations.

La structure

■ Première partie : « Le Talisman »
Raphaël de Valentin, jeune aristocrate ruiné, au bord du suicide, achète chez un vieil antiquaire « une peau de chagrin ». Celle-ci peut exaucer tous ses désirs, mais elle rétrécit à chaque vœu réalisé et diminue d'autant sa vie. Raphaël voit son premier souhait se réaliser : participer à un banquet.

■ Deuxième partie : « La Femme sans cœur »
Lors de cette réception, Raphaël fait le récit de sa vie passée et évoque ses soucis financiers, ses projets d'écriture, la rencontre avec la jeune Pauline et sa passion pour Fœdora, une « femme sans cœur ».

■ Troisième partie : « L'Agonie »
Devenu riche mais malade, Raphaël est terrifié par le pouvoir de la peau et tente de s'empêcher de formuler le moindre désir. Isolé, sans aide possible de la part des médecins pour stopper le rétrécissement de la peau, il trouve le bonheur dans l'amour que lui porte Pauline et meurt dans ses bras, détruit par son propre désir.

3 citations clés

« Tuer les sentiments pour vivre vieux, ou mourir jeune en acceptant le martyre des passions, voilà notre arrêt. » (Émile).

* * *

« Moi, je suis propre à tout et bon à rien, paresseux comme un homard ? Eh bien, j'arriverai à tout. Je me répands, je me pousse, l'on me fait place ; je me vante, l'on me croit. » (Rastignac)

* * *

« Il pensa tout à coup que la possession du pouvoir, quelque immense qu'il pût être, ne donnait pas la science de s'en servir. »

3 thèmes clés

1. Désir et énergie vitale

L'antiquaire révèle à Raphaël sa conception de la vie : « Vouloir nous brûle et Pouvoir nous détruit, mais Savoir laisse notre faible organisation dans un perpétuel état de calme. »

2. Dépenser ou économiser son énergie ?

Les désirs matériels et mondains de Raphaël (gloire, richesse, passion destructrice) consument rapidement sa vie, à l'encontre de Fœdora, femme mondaine et insensible, qui use de cette énergie avec avarice.

3. Une réflexion philosophique sur la vie

L'antiquaire, misant sur la sagesse pour conserver son énergie, semble porter la voix de la raison. Mais il se lie finalement avec une courtisane : vivre sans amour, n'est-ce pas aussi renoncer à la vie ? semble suggérer Balzac.

FICHE ŒUVRE

Colette
Sido (1930)
Les Vrilles de la vigne (1908)

Objet d'étude : Le roman et le récit du Moyen Âge au XXIe siècle

Parcours : Célébrer le monde

Le contexte d'écriture

✔ Journaliste, romancière, comédienne, Colette (1873-1954) mène une vie libre et indépendante. Son premier mari, l'écrivain « Willy », l'introduit dans les milieux mondains et artistiques. À leur séparation, en 1906, Colette entame une relation avec Missy, la fille du duc de Morny, avec laquelle elle partage des activités au music-hall qui font scandale.

✔ *Les Vrilles de la vigne* (1908) est une œuvre de jeunesse, publiée après la série des Claudine (1900-1903) : elle rassemble dix-huit courts récits où Colette affirme ses choix et sa liberté.

✔ *Sido* (1930) est une œuvre de maturité qui évoque son enfance en Bourgogne, dans la maison familiale.

2 citations clés

« [...] aucun été, sauf ceux de mon enfance, ne commémore le géranium écarlate et la hampe enflammée des digitales. » *Sido*

* * *

« Je veux chérir qui m'aime et lui donner tout ce qui est à moi dans le monde : mon corps rebelle au partage, mon cœur si doux et ma liberté ! Je veux... je veux !... » *Les Vrilles de la vigne*

La structure

Sido

« Sido » : l'autrice décrit sa mère, Sidonie, personnage central et fascinant de la maison familiale de Saint-Sauveur-en-Puisaye, ainsi que son rapport émerveillé et poétique à la nature.

« Le Capitaine » : le portrait du père, Jules-Joseph, mutilé lors de la guerre, révèle un être attaché à sa femme, mais différent : citadin, aspirant à devenir écrivain ; sa gaieté cache une tristesse.

« Les Sauvages » : Colette évoque son demi-frère, Achille, un médecin mort jeune, et son frère Léo, rêveur et musicien, surnommés tous deux « les sauvages » par Sido, puis le mariage de sa demi-sœur Juliette.

Les Vrilles de la vigne

Ces chroniques aux formes narratives et aux tonalités variées présentent des récits autobiographiques, des « dialogues de bêtes » et des extraits de journal intime.

3 thèmes clés

1. La célébration du monde

Colette célèbre avec lyrisme le monde de son enfance et la beauté de la nature. Les êtres et les objets, transfigurés par le regard subjectif de l'autrice, donnent à voir au lecteur un monde insoupçonné.

2. Mémoire et subjectivité

L'univers chanté par Colette, évoqué souvent avec nostalgie, est un monde disparu qui renaît sous sa plume. L'autrice mêle aux anecdotes réalistes des évocations subjectives où elle affirme ses goûts.

3. Une écriture libératrice

S'émancipant des conventions bourgeoises, abordant des thèmes subversifs, Colette affirme, notamment dans *Les Vrilles de la vigne*, son désir de liberté dont elle trouve des échos dans le monde sauvage. L'écriture joue un rôle clé dans cette revendication d'indépendance.

Arthur Rimbaud
Cahiers de Douai (1870)

Objet d'étude : La poésie du XIXe siècle au XXIe siècle

Parcours : Émancipations créatrices

Le contexte d'écriture

✔ Poète précoce, fugueur récidiviste, Rimbaud (1854-1891) affirme très tôt son talent littéraire et son désir de liberté.

✔ En 1870, à Douai, il confie à Paul Demeny vingt-deux poèmes recopiés sur deux liasses de feuilles d'écolier. Cependant, il se ravise en 1871 et lui demande de les brûler, mais Demeny décide de les conserver : ils sont publiés aujourd'hui sous le nom des *Cahiers de Douai*.

✔ Ces poèmes de jeunesse témoignent d'une écriture très personnelle, qui trouvera sa pleine originalité dans *Une saison en enfer* (1873) et les *Illuminations* (1886).

3 citations clés

« Je m'en allais, les poings dans mes poches crevées » (« Ma Bohême »)

* * *

« Par les soirs bleus d'été, j'irai dans les sentiers, / Picoté par les blés, fouler l'herbe menue : / Rêveur, j'en sentirai la fraîcheur à mes pieds. » (« Sensation »)

* * *

« Tous les bourgeois poussifs qu'étranglent les chaleurs / Portent, les jeudis soirs, leurs bêtises jalouses. » (« À la musique »)

La structure

Les *Cahiers de Douai* ont été publiés après la mort de Rimbaud, sans qu'on connaisse ses intentions éditoriales ni l'ordre qu'il souhaitait adopter. Nous pouvons cependant les regrouper par thèmes.

- **L'amour et la sensualité :** « Première soirée », « Sensation », « Ophélie », « Les Reparties de Nina », « Roman », « Rêvé pour l'hiver », « Le Buffet » et « Soleil et chair ».
- **La parodie et la satire :** « Bal des pendus », « Venus Anadyomène » et « À la musique ».
- **La condamnation de la guerre :** « Morts de Quatre-vingt-douze... », « Le Mal », « Rages de Césars », « Le Dormeur du val », « L'Éclatante Victoire de Sarrebrück ».
- **La révolte sociale et politique :** « Le Forgeron », « Le Châtiment de Tartufe », « Les Effarés ».
- **La bohème :** « Au Cabaret-Vert », « La Maline », « Ma Bohême ».

3 thèmes clés

1. La révolte
Le poète exprime son hostilité envers Napoléon III, le tenant responsable des horreurs de la guerre de 1870, dénonce les classes sociales dominantes qui affament les pauvres, et affirme son athéisme en fustigeant l'hypocrisie de la religion.

2. Une soif de liberté
Marginal, fugueur, Rimbaud l'adolescent chante le bonheur de l'errance et clame son envie de vivre selon ses désirs, loin des conventions sociales et du carcan familial, au sein d'une nature bienveillante, source de sensations multiples.

3. La poésie : un choix de vie pour changer le monde
Pour Rimbaud, la poésie est un moyen d'action et le seul choix de vie possible pour transformer une réalité décevante. Il y engage tout son être.

Francis Ponge
La rage de l'expression (1952)

Objet d'étude : La poésie du XIXe siècle au XXIe siècle
Parcours : Dans l'atelier du poète

Le contexte d'écriture

✔ Francis Ponge (1899-1988) a toujours refusé d'être enfermé dans un mouvement littéraire, préférant une démarche créatrice indépendante et développant une écriture personnelle.

✔ Il entre dans la Résistance en 1941. Durant ces années de guerre, Ponge écrit entre 1938 et 1944 des textes qu'il rassemblera en 1952 dans *La rage de l'expression*.

✔ Il devient célèbre en 1942 avec son recueil poétique *Le Parti pris des choses*, dans lequel il propose des descriptions de choses et réhabilite ainsi les objets du quotidien méprisés par la tradition poétique.

2 citations clés

« À propos de n'importe quoi, même d'un objet familier depuis des millénaires à l'homme, il reste beaucoup de choses à dire. Et il y a *intérêt* à ce qu'elles soient dites. »
(« Notes prises pour un oiseau »)

* * *

« Mais il faut que je me débarrasse d'une tendance à dire des choses plates et conventionnelles. Ce n'est vraiment pas la peine d'écrire si c'est pour cela. »
(« Le carnet du Bois de Pins »)

La structure

Le recueil se compose de 7 pièces qui s'apparentent à des expérimentations linguistiques.

- « Berges de La Loire » tient lieu de manifeste poétique. L'auteur, tel un scientifique, y expose sa démarche et son objectif : « En revenir toujours à l'objet lui-même, à ce qu'il a de brut, de *différent* ».
- Les autres pièces tentent d'appréhender le monde animal ailé (« La guêpe », « Notes prises pour un oiseau ») et le monde végétal (« L'œillet », « Le mimosa », « Le carnet du Bois de Pins ») tandis que « La Mounine » s'efforce de restituer, sans le dénaturer, un ciel de Provence aperçu un matin d'avril par le poète.
- Les pièces sont composées de plusieurs textes, parfois datés, séparés par des astérisques pour marquer les étapes de la description et la progression de la réflexion.

3 thèmes clés

1. Un objectif « plus scientifique que poétique »
Chaque animal, plante ou lieu est considéré comme un sujet d'étude qui est l'objet de multiples approches. Tel un scientifique dans son laboratoire, Ponge commente ses avancées et les difficultés rencontrées.

2. Une représentation juste
Avec « rage », le poète artisan recherche les mots les plus justes, ne cessant de se corriger. Pour aboutir à une représentation complète et objective de son sujet, il fait appel à l'étymologie, aux analogies et à diverses recherches encyclopédiques.

3. Un nouveau langage poétique
Rompant avec la représentation traditionnelle du poète inspiré par ses muses, Ponge revendique un processus d'écriture et une écriture qui s'opposent à toutes les règles existantes. En redonnant à voir l'objet dans son authenticité, il en discerne la beauté et invite le lecteur à redéfinir son rapport à lui.

Hélène Dorion
Mes forêts (2021)

Objet d'étude : La poésie du XIXe siècle au XXIe siècle

Parcours : La poésie, la nature, l'intime

Le contexte d'écriture

✔ Poétesse, essayiste et romancière québécoise, Hélène Dorion, née en 1958, a publié plus de trente-cinq ouvrages. *Mes forêts* paraît à la suite de la publication du roman *Pas même le bruit d'un fleuve* (2020).

✔ Artiste multidisciplinaire, elle tisse des liens musicaux au sein de ses poèmes : une liste de lectures musicales des pièces qui ont accompagné l'écriture de *Mes forêts* est disponible sur Spotify ou iTunes.

✔ Dans *Mes forêts*, la confrontation de la poétesse à la nature engendre une méditation sur la vie contemporaine et la fragilité de notre monde.

La structure

Mes forêts est un recueil de 64 poèmes, structuré en 4 sections. Chacune d'elles est introduite par un poème différent, mais intitulé « Mes forêts ».

■ « L'écorce incertaine »
La poétesse emmène le lecteur dans une promenade dans des forêts réelles et intérieures ; celui-ci y pénètre à petits pas, par étapes (« le tronc », « la branche » ...) et prête attention au monde qui l'entoure.

■ « Une chute de galets »
Un seul et long poème évoque « le bruit du monde » et « l'écoulement du temps », de la genèse de la Terre (« œuf ») à sa « chute ».

■ « L'onde du chaos »
L'autrice alerte sur les menaces qui détruisent la nature : « guerres », « famines ». Dans un monde de « chiffres pour ne rien dire », de « pixels » et « d'algorithmes », la poésie peut-elle encore exister ?

■ « Le bruissement du temps »
La poétesse retrace l'histoire de l'humanité, propose une réécriture de la Genèse puis évoque sa propre vie.

3 citations clés

« la forêt disperse nos fatigues masques et failles de nos illusions » (*Les vents*)

* * *

« les forêts apprennent à vivre avec soi-même » (*L'horizon*)

* * *

« un poème murmure un chemin vaste et lumineux qui donne sens à ce qu'on appelle humanité » (*Avant la nuit*)

3 thèmes clés

1. La nature
La nature décrite est omniprésente, personnifiée, chaque élément porte la trace d'histoires qui l'unissent à l'homme. Si les forêts sont des lieux dangereux, elles sont aussi protectrices et apaisées.

2. L'intime et l'introspection
Hélène Dorion, attentive aux bruits du monde, vit en symbiose avec la nature. Cette relation fusionnelle est propice à une introspection bénéfique et à un questionnement existentiel.

3. Le pouvoir de la poésie
La poétesse montre que la poésie permet de relier l'être humain à la nature, de réparer nos blessures intimes ou collectives.

FICHE ŒUVRE

Corneille
Le Menteur (1644)

Objet d'étude : Le théâtre du XVIIe siècle au XXIe siècle

Parcours : Mensonge et comédie

Le contexte d'écriture

✔ Dramaturge prolifique et très apprécié de son temps, Corneille (1606-1684) s'est essayé à tous les genres et à tous les registres. Le succès vient en 1637 avec la tragi-comédie *Le Cid*. Dès lors, Corneille se consacre surtout à la tragédie et fait représenter *Horace* (1640), *Cinna* (1641) et *Polyeucte* (1642).

✔ Avec *Le Menteur*, Corneille revient à la comédie qu'il renouvelle en choisissant l'inspiration espagnole : il propose une réécriture française de la comédie d'Alarcon, *La Verdad sospechosa* (*La Vérité suspecte*, 1625).

3 citations clés

« DORANTE. – Ô l'utile secret que mentir à propos ! » (II, 6)

* * *

« PHILISTE. – Dorante, à ce que je présume, / Est vaillant par Nature, et menteur par coutume. » (III, 2)

* * *

« ISABELLE. – Ainsi donc, pour vous plaire, il a voulu paraître, / Non pas pour ce qu'il est, mais pour ce qu'il veut être. » (III, 3)

La structure

■ **Acte I.** Dorante, jeune étudiant en droit, vient d'arriver à Paris. Il rencontre Lucrèce et Clarice et courtise aussitôt cette dernière en s'inventant un glorieux passé militaire. Mais un quiproquo sur le nom des deux jeunes femmes l'amène à les confondre.

■ **Acte II.** Géronte entend marier son fils Dorante à Clarice. Mais Dorante s'y oppose en faisant croire à son père qu'il est déjà marié.

■ **Acte III.** Dorante doit affronter en duel son ami Alcippe qui lui reproche d'avoir séduit sa bien-aimée, Clarice. Apprenant que Dorante est déjà marié, Clarice, furieuse, le piège lors d'un rendez-vous nocturne.

■ **Acte IV.** Dorante déploie des trésors d'imagination pour échapper aux demandes de son père qui souhaite faire venir sa prétendue femme.

■ **Acte V.** En présence des deux jeunes femmes, Dorante découvre son erreur et, par un ultime mensonge, choisit d'épouser la vraie Lucrèce pour laquelle il avait un récent penchant. Clarice et Alcippe qui s'aimaient depuis longtemps, peuvent aussi se marier.

3 thèmes clés

1. L'art du quiproquo
La quasi-totalité de la pièce est fondée sur un long quiproquo : l'erreur commise par Dorante sur l'identité des deux femmes, à la scène 4 de l'acte I, engendre un imbroglio qui ne se démêle qu'au dernier acte de la pièce.

2. Le mensonge au service du baroque
Dorante ment par galanterie ou pour s'extraire de situations difficiles. Mais la mise en scène de ses mensonges, leur foisonnement et l'outrance de ses récits témoignent aussi d'une esthétique baroque.

3. Une société du paraître
Dorante a compris que, pour réussir à Paris, il faut en connaître les codes et les artifices. Ses mensonges ne fonctionnent que parce qu'il use de la crédulité d'une société qui fonctionne sur le paraître.

Alfred de Musset
On ne badine pas avec l'amour (1834)

Objet d'étude : Le théâtre du XVIIe siècle au XXIe siècle
Parcours : Les jeux du cœur et de la parole

Le contexte d'écriture

✔ Pilier des cercles romantiques, Musset (1810-1857) fait paraître en 1830 son premier recueil de poèmes, *Contes d'Espagne et d'Italie*, qui lui apporte le succès.

✔ À la suite de l'échec cuisant de sa pièce *La Nuit vénitienne* (1830), l'écrivain ne renonce pas à écrire pour le théâtre, mais décide de ne plus faire jouer ses pièces sur scène. Le recueil de pièces, *Un spectacle dans un fauteuil*, paraît en 1832 et sera complété en 1834 avec notamment *On ne badine pas avec l'amour*.

✔ Sa liaison orageuse (1833-1835) avec George Sand lui inspire la passion tragique de *On ne badine pas avec l'amour*.

3 citations clés

« Il se peut bien qu'on m'ait fait la leçon, et que je sois un perroquet mal appris. » (Camille, II, 5)

* * *

« J'ai souffert souvent, je me suis trompé quelquefois, mais j'ai aimé. » (Perdican, II, 5)

* * *

« Orgueil, le plus fatal des conseillers humains, qu'es-tu venu faire entre cette fille et moi ? » (Perdican, III, 8)

La structure

■ **Acte I.** Le Baron souhaite marier son fils Perdican à sa nièce Camille, après dix ans de séparation. Mais celle-ci, à peine sortie du couvent, traite avec froideur son cousin.

■ **Acte II.** Face à cette indifférence, Perdican se rapproche de la sœur de lait de Camille, Rosette. Camille annonce à son cousin sa décision d'entrer au couvent parce qu'elle craint de souffrir de l'inconstance humaine en amour. Perdican s'emporte, attaque la religion et fait l'éloge de l'amour.

■ **Acte III.** Interceptant une lettre de Camille envoyée à une de ses amies religieuses, dans laquelle elle le dépeint comme un amoureux désespéré, Perdican, furieux, se venge en courtisant Rosette sous les yeux de Camille et annonce son mariage avec Rosette. Camille et Perdican finissent par s'avouer leur amour alors que Rosette assiste cachée à la scène. Victime des agissements du couple, celle-ci meurt de chagrin.

3 thèmes clés

1. La fin de l'innocence
Lorsque Camille et Perdican se retrouvent, ils ont grandi et évolué depuis leur enfance : Musset oppose Perdican, resté nostalgique de son enfance, proche de la nature, à Camille, dénaturée par son éducation religieuse.

2. Un orgueil fatal
C'est l'orgueil démesuré des deux protagonistes qui fait obstacle à leur bonheur et qui les conduit à se venger l'un de l'autre en se comportant comme des « enfants insensés ».

3. Un badinage dangereux
Camille et Perdican se refusent à s'avouer leur amour mutuel. Ils traitent à la légère leurs jeux de séduction. Ce badinage conduit à la mort de Rosette et à la séparation définitive du couple. Le caractère tragique du dénouement va bien au-delà du ton proverbial du titre.

Nathalie Sarraute
Pour un oui pour un non (1982)

Objet d'étude : Le théâtre du XVIIe siècle au XXIe siècle

Parcours : Théâtre et dispute

Le contexte d'écriture

✔ Sarraute (1900-1999) cherche à rendre compte de la complexité de la vie psychologique. Son premier recueil de textes, *Tropismes*, paraît en 1939 ; elle y analyse les « mouvements indéfinissables » de la conscience.

✔ Dans *L'Ère du soupçon* (1956), considéré comme le manifeste du nouveau roman, elle examine la crise que traverse le roman traditionnel.

✔ À partir des années 1960, son œuvre théâtrale (six pièces dont *Le Silence*, 1964) explore la question du langage, notamment la « sous-conversation », sorte de dialogue interne, qui se cache sous les mots.

2 citations clés

« H. 2 : Non, pas des mots comme ça… d'autres mots… pas ceux dont on dit qu'on les a "eus"... Des mots qu'on n'a pas "eus", justement... On ne sait pas comment ils vous viennent… »

* * *

« H. 2 : […] entre nous il n'y a pas de conciliation possible. Pas de rémission… C'est un combat sans merci. Une lutte à mort. Oui, pour la survie. Il n'y a pas le choix. C'est toi ou moi. »

La structure

- Deux amis, H. 1 et H. 2, se retrouvent après une longue séparation. Aux questions de H. 1 pour connaître les raisons de leur éloignement, H. 2 avoue s'être éloigné en raison de l'intonation méprisante perçue dans la réaction de H. 1 (« C'est bien... ça... ») alors qu'il évoquait un succès personnel.
- Reprochant à H. 1 « sa condescendance », H. 2 demande à un couple de voisins de juger leur querelle, mais ceux-ci n'y voient pas de raison et repartent.
- Une phrase de H. 2 (« la vie est là... ») envenime la discussion qui tourne au conflit : H. 1 reproche à H. 2 de vouloir lui signifier, par cette référence à Verlaine, sa supériorité intellectuelle.
- La confrontation prend l'allure d'« une lutte à mort » entre l'homme intégré à la société et le dilettante, retiré du monde. La pièce se clôt sur une impasse, les deux amis sont irréconciliables.

3 thèmes clés

1. La « sous-conversation »

H. 1 et H. 2 se débattent en permanence avec le langage. Leurs paroles en cachent d'autres, qui forment une sous-conversation correspondant, selon Sarraute, à des mouvements intérieurs de la conscience non formulés.

2. L'échec du dialogue

Les échanges entre les deux protagonistes prennent la forme d'un duel fait d'accusations et de contre-attaques, de non-dits lourds de reproches. Leur différend qui semblait bénin au départ se transforme en opposition radicale, les deux amis étant incapables de s'écouter et de rapprocher leurs points de vue.

3. Des règles sociales pesantes

H. 1 et H. 2 savent qu'ils sont tous deux observés et jugés par la société. Mais pour H. 2, H. 1 n'est que le représentant d'une société qui humilie les autres et porte un regard méprisant sur ceux qui se dressent, comme lui, contre les règles du jeu social.

François Rabelais
Gargantua (édition de 1542)

Objet d'étude : La littérature d'idées du XVIe au XVIIIe siècle

Parcours : Rire et savoir

Le contexte d'écriture

✔ D'abord moine puis médecin, Rabelais (1494-1553) publie en 1532 une œuvre contestataire, *Pantagruel*, qui raconte les aventures du géant Pantagruel. Son œuvre, parue sous le pseudonyme de « Maître Alcofribas », est censurée par la Sorbonne pour son obscénité.

✔ Vers 1535, Rabelais réplique en publiant *Gargantua*, censuré en 1543 pour ses idées, puis le *Tiers Livre* (1546) et le *Quart Livre* (1552). Dans le prologue, l'auteur invite le lecteur à saisir le sens caché de son texte, derrière le rire et les apparences.

3 citations clés

« C'est pourquoi il faut ouvrir le livre et soigneusement en évaluer le contenu. Vous saurez alors que la substance qu'il contient est d'une bien autre valeur que ce qu'en promettait la boîte. » (Prologue)

* * *

« Ils s'exerçaient ainsi gaillardement le corps, comme auparavant ils s'étaient exercé l'esprit » (chapitre 23)

* * *

« Ils n'avaient pour seule règle que cette clause : « *Fais ce que tu voudras.* » » (chapitre 57, Thélème).

La structure

■ **L'enfance de Gargantua** (chap. 1 à 14)
À l'âge de cinq ans, le père découvre l'intelligence prodigieuse de son fils qui a inventé un « torche-cul ».

■ **L'éducation de Gargantua** (chap. 15 à 24)
Gargantua reçoit d'abord une mauvaise éducation sous la direction de professeurs sophistes, avant d'être placé sous la responsabilité de maître Ponocrates qui lui donne une éducation fidèle à l'idéal des humanistes de la Renaissance.

■ **La guerre picrocholine** (chap. 25 à 51)
Une guerre est déclarée entre les troupes de Grandgousier et celles de Picrochole. Le moine Jean des Entommeures défend son abbaye. Après la victoire, Grandgousier pardonne à ses ennemis et récompense frère Jean qui reçoit de quoi faire construire une abbaye à son idée.

■ **L'abbaye de Thélème** (chap. 52 à 58)
Les habitants de l'abbaye forment une élite aristocratique. Tous vivent en harmonie, reçoivent une éducation complète et jouissent d'une liberté totale.

3 thèmes clés

1. L'éducation
S'opposant aux conceptions médiévales, Rabelais prône une éducation humaniste fondée sur la réflexion, la connaissance scientifique et le développement harmonieux du corps et de l'esprit.

2 Un savoir ludique
L'auteur multiplie les plaisanteries obscènes et les épisodes grotesques. Ce comique, en apparence gratuit et peu sérieux, permet une distance critique et laisse le lecteur libre de mener sa propre réflexion.

3 Le goût de la liberté
Le personnage de frère Jean, glouton, violent avec ses ennemis, semble en contradiction avec l'éducation humaniste. Par son amour des plaisirs terrestres et sa faculté de mettre à distance les dogmes, il apparaît aussi comme l'incarnation d'une liberté chère à l'auteur.

La Bruyère
Les Caractères (1688-1696)

Objet d'étude : La littérature d'idées du XVIe au XVIIIe siècle

Parcours : La comédie sociale

Le contexte d'écriture

✔ La Bruyère (1645-1696) devient précepteur du duc de Bourbon en 1684 puis secrétaire de la famille.

✔ La première édition des *Caractères* paraît en 1688, la dernière en 1696 : l'œuvre a quasiment triplé de volumes au fil des éditions, en raison de l'ajout de « remarques ».

✔ Élu à l'Académie en 1693, en pleine querelle des Anciens contre les Modernes, il prend parti pour les Anciens.

3 citations clés

« Laissez faire *Ergaste*, et il exigera un droit de tous ceux qui boivent de l'eau de la rivière, ou qui marchent sur la terre ferme : il sait convertir en or jusques aux roseaux […]. » (VI, 28)

* * *

« Il y a un pays où les joies sont visibles, mais fausses, et les chagrins cachés, mais réels. » (VIII, 63)

* * *

« Une froideur ou une incivilité qui vient de ceux qui sont au-dessus de nous nous les fait haïr, mais un salut ou un sourire nous les réconcilie. » (IX, 16)

La structure

■ **De la société et de la conversation** (V). L'art des bonnes relations sociales : savoir converser avec discernement, choisir ses amis, fuir les modes.

■ **Des biens de fortune** (VI). L'ordre social menacé par l'argent : le pouvoir donné par l'argent, les défauts des riches, les injustices morales et sociales, le rôle du jeu, la richesse éphémère.

■ **De la ville** (VII). Paris, un théâtre assujetti aux apparences : la comédie sociale, le monde de la justice, la riche bourgeoisie, les femmes, un monde fermé.

■ **De la cour** (VIII). Les courtisans sous le règne de Louis XIV : un monde changeant régi par les intrigues, un monde immoral et dangereux.

■ **Des grands** (IX). Les hommes de la haute noblesse : leurs vices, leur inutilité sociale, des êtres méprisables.

■ **Du souverain ou de la république** (X). Le gouvernement, l'État : les régimes politiques, la difficulté de gouverner, les devoirs du roi, l'éloge de Louis XIV.

3 thèmes clés

1. La comédie sociale

La Bruyère est un moraliste, fin observateur de la société de son temps. Au sein de la « ville » et de la « cour », lieux d'intrigues, tout n'est qu'apparence trompeuse où chacun joue un rôle par vanité ou intérêt.

2. Une vision pessimiste

Cette comédie sociale, transformant le monde en grand théâtre, touche tragiquement toute la société et s'avère inhérente à la nature humaine, donc éternelle.

3. L'idéal de l'honnête homme

La Bruyère ne croyait pas manifestement au changement : monarchiste, il ne songe pas à contester l'ordre social, même s'il en relève les injustices. Sa conception de l'homme demeure celle de « l'honnête homme », un être sociable, cultivé et mesuré.

Olympe de Gouges
Déclaration des droits de la femme et de la citoyenne (1791)

Objet d'étude : La littérature d'idées du XVIe au XVIIIe siècle
Parcours : Écrire et combattre pour l'égalité

Le contexte d'écriture

✔ Née en 1748, Marie Gouze se lance sous le nom d'Olympe de Gouges dans une carrière littéraire. Elle est l'autrice de pièces de théâtre et d'essais où elle prend la défense des Noirs et prône l'égalité des sexes.

✔ Elle est très active durant la Révolution et défend le principe d'une monarchie constitutionnelle. En 1793, lors de la Terreur, elle soutient les Girondins. Elle est condamnée et guillotinée le 3 novembre 1793.

✔ C'est le 14 septembre 1791 qu'elle publie sa *Déclaration des droits de la femme et de la citoyenne*, qui passe inaperçue.

La structure

■ **La Dédicace à la reine.** L'autrice demande à la reine Marie-Antoinette de soutenir le combat pour le droit des femmes, elle pourra ainsi retrouver la faveur du peuple.

■ **L'Exhortation aux hommes.** Cet appel est un pamphlet contre l'injustice que les hommes exercent envers les femmes ; leur soif de tyrannie y est ridiculisée.

■ **Le Préambule.** Olympe de Gouges justifie le bien-fondé d'une nouvelle Déclaration pour les femmes.

■ **Les Articles.** Les 17 articles de la *Déclaration des droits de l'homme et du citoyen* sont réécrits au féminin pour proclamer l'égalité devant la loi des hommes et des femmes.

■ **Le Postambule.** L'autrice exhorte les femmes à refuser la place qui leur a été assignée par les hommes dans la société et à réclamer ce qui leur est dû.

■ **Le Contrat social de l'homme et de la femme.** Ce nouveau contrat conjugal règle les droits des parents sur les enfants et les biens du couple selon le régime de la communauté.

3 citations clés

« Homme, es-tu capable d'être juste ? C'est une femme qui t'en fait la question ; tu ne lui ôteras pas du moins ce droit. »

* * *

« […] la femme a le droit de monter sur l'échafaud ; elle doit avoir également celui de monter à la tribune. »

* * *

« Femme, réveille-toi ; le toscin de la raison se fait entendre dans tout l'univers ; reconnais tes droits. »

3 thèmes clés

1. La femme, l'égale de l'homme
Les articles de la Déclaration dessinent une nouvelle femme libre et indépendante qui a accès à l'éducation, le droit de gérer son patrimoine, d'exercer les mêmes emplois que les hommes, l'autorité sur ses enfants. C'est aussi une citoyenne à part entière qui vote et peut être élue.

2. Les idées des Lumières
L'autrice appuie son argumentation sur ces idées : la prééminence du droit naturel, la foi dans la raison et le progrès pour construire le bonheur des individus.

3. Une nouvelle Révolution
En proposant un pastiche de la *Déclaration de l'homme et du citoyen*, adoptée en 1789, O. de Gouges en appelle à prolonger la Révolution en l'élargissant aux femmes.

CHAPITRE 1

Comment concevoir et rédiger un **commentaire** littéraire ?

Ma méthode pour réussir le commentaire littéraire 26

Sujets corrigés 8 commentaires types 40

Commentaire n° 1 Madame de Lafayette, *La Princesse de Clèves* 40

Commentaire n° 2 Annie Ernaux, *La Femme gelée* 46

Commentaire n° 3 Marceline Desbordes-Valmore, *Élégies et romances* 52

Commentaire n° 4 Guillaume Apollinaire, *Alcools* 58

Commentaire n° 5 Molière, *Tartuffe* 64

Commentaire n° 6 Jean Racine, *Phèdre* 70

Commentaire n° 7 Jean de La Fontaine, *Fables* 76

Commentaire n° 8 Françoise de Graffigny, *Lettres d'une Péruvienne* 82

Ma méthode pour réussir le commentaire littéraire

Cet exercice ne suppose pas de connaissances littéraires approfondies. Mais il demande de la méthode. Voici la mienne en 4 étapes, pour réussir à coup sûr !

▶ **Retrouve ma méthode en vidéo**

hatier-clic.fr/MC1

ÉTAPE 1

Découvrir le sujet et le texte

Tu as le sujet et le texte sous les yeux. Découvre-les en douceur.

› Exploiter le paratexte

→ Outre le texte à commenter, le sujet comporte **une consigne** : « vous commenterez le texte suivant », et **un paratexte**, comprenant :
- l'objet d'étude du programme,
- les références de l'extrait, avec au minimum le nom de l'auteur, le titre de l'œuvre et sa date.

→ De ce paratexte, tu peux extraire ces informations-clés.

Reste vigilant.e : ces premières idées peuvent être remises en cause par le texte. Mais elles te conduisent souvent vers un questionnement fécond : « Comment l'extrait joue-t-il avec les codes du genre, les caractéristiques du mouvement littéraire, etc. ? »

Informations-clés du paratexte

- **La date de parution** : Prends le temps de mobiliser ce que tu sais sur cette époque.
- **L'auteur** : Si tu le connais, tant mieux ; sinon, pas de soucis tu continues.
- **L'objet d'étude** : Poésie, théâtre, roman, littérature d'idées ? Cela oriente ton regard.
- **Le titre de l'œuvre** : C'est une première clé de lecture, qui peut constituer un argument en soi dans le développement.

→ Quand le texte est un extrait, il est précédé d'**une introduction** (en italique), qui résume l'intrigue ou le propos qui précède. Lis attentivement ces quelques lignes qui te fournissent les premières clés pour comprendre le texte.

› Aborder le texte en douceur

Demande-toi...	Conseil
1 Quelles **émotions et surprises** le texte me fait-il ressentir ?	✔ Commence par une lecture « découverte » qui privilégie le plaisir et la surprise.
2 Quels sont les **thèmes** principaux ?	✔ Par exemple, l'amour, la mort, le pouvoir, la nature, l'art.... Pour répondre à cette question, appuie-toi sur les champs lexicaux dominants dans le texte.
3 Quel **registre littéraire** prédomine ?	✔ Selon l'émotion que tu as ressentie, le texte penche plutôt vers l'un des grands registres littéraires : comique, pathétique, tragique, lyrique, satirique, etc.
4 Les **codes du genre** sont-ils respectés ou détournés ?	✔ Demande-toi si le texte présente les caractéristiques du genre annoncé par l'objet d'étude.

ÉTAPE 2 Questionner le texte

hatier-clic.fr/MC1_1

Maintenant que tu as approché globalement le texte, tu vas pouvoir entrer dans le détail de l'analyse et faire émerger progressivement des axes de lecture.

Pour conduire cette analyse, je te propose d'appliquer au texte, successivement, **quatre grilles de lecture**. Chacune d'elles va te permettre de relever des procédés caractéristiques, dont la combinaison explique l'effet produit par le texte.

Grille 1. La structure

D'abord, on regarde la structure du texte : sa disposition sur la page, son organisation thématique.

Grille 2. Espace et temps

Puis on analyse le ou les lieux évoqués, le moment où les faits se déroulent, selon quel rythme.

Grille 3. L'auteur et ses personnages

Il s'agit d'analyser les paroles et pensées des personnages, de repérer les marques de subjectivité.

Grille 4. L'implicite

Pour finir, on s'interroge sur l'implicite du texte : les images et symboles, le message délivré.

Faut-il vraiment une lecture « découverte » suivie de 4 lectures analytiques ?

- Oui, plusieurs lectures sont nécessaires pour analyser un texte. Mais très vite tu trouveras la plupart des procédés dès la première lecture. Les grilles t'aideront à la compléter.
- Par ailleurs, tu n'as pas besoin de tout dire : sélectionne les procédés les plus marquants.

Pour mieux cerner chaque texte, j'ai reformulé mes grilles ici selon les quatre objets d'étude. Ces questionnements te feront gagner un temps précieux le jour J.

Grille 1. La structure
Comment le récit est-il organisé ?

- ✔ Comment le récit est-il découpé ? Quels sont ses principaux moments ?
- ✔ Comment les connecteurs organisent-ils le passage ?
- ✔ Quels indices donnent les types et les formes de phrase ?
- ✔ Que révèle l'observation de la structure des phrases ?

Pour caractériser l'organisation du récit, pense au schéma narratif.

- La situation initiale est un moment d'équilibre.
- L'équilibre est rompu par un élément perturbateur.
- Les péripéties visent à rétablir un équilibre.
- Le dénouement est une fin par laquelle l'équilibre est restauré.

Questionner un extrait de roman

Grille 2. Espace et temps
Quel est le cadre spatio-temporel ?

- ✔ Que révèlent les indications d'espace ?
- ✔ Dans quel ordre les événements sont-ils racontés ?
- ✔ Selon quel rythme ? Quelle est la part des descriptions ?
- ✔ Quelle est la valeur des temps et des modes employés ?

Comment analyser les temps des verbes dans un récit classique ?

- La narration est conduite au passé simple ; les descriptions sont à l'imparfait.
- Les faits antérieurs au moment de référence sont rapportés au plus-que-parfait.
- Le narrateur peut intervenir au présent, qui est également le temps de base des dialogues.

Grille 3. L'auteur et ses personnages
Que nous dit le narrateur sur les personnages ?

- ✔ Comment les personnages sont-ils désignés et caractérisés ?
- ✔ Comment leurs paroles sont-elles rapportées ?
- ✔ Avons-nous accès aux sentiments et pensées des personnages ?
- ✔ Le narrateur laisse-t-il paraître ses appréciations à leur sujet ?

Comment analyser la focalisation (ou point de vue) ?

Si l'histoire est racontée...
- par un témoin extérieur neutre > focalisation **externe**
- du point de vue d'un personnage > focalisation **interne**
- par un narrateur qui voit tout et sait tout > focalisation **omnisciente**

Grille 4. L'implicite
Quels sont les enjeux implicites du passage ?

- ✔ Le lexique présente-t-il des particularités ?
- ✔ Relève-t-on des figures de style ? des images ?
- ✔ Certains éléments évoqués ont-ils une valeur symbolique ?
- ✔ Le narrateur délivre-t-il un message ?

Quelques notions lexicales utiles

- **Champ sémantique** : ensemble des significations d'un mot quand celui-ci est polysémique.
- **Connotation** : sens implicite qui s'ajoute à la signification première d'un mot ; une connotation renvoie le plus souvent à la subjectivité d'un individu.
- **Champ lexical** : ensemble de mots se rapportant à un même thème.

Questionner un poème

Grille 1. La structure
Comment le poème est-il composé ?

- ✔ Quelle est la forme du poème ? (en vers, en vers libres, en prose ? nombre de strophes ?)
- ✔ Comment le poème progresse-t-il ? Y a-t-il un basculement, une chute ?
- ✔ Que révèle l'analyse des sonorités ? (notamment des rimes)
- ✔ Que révèle l'analyse du rythme ? (mètre(s) ? enjambements, rejets ?)

En vers, en vers libre ou en prose ?

- Dans un **poème en vers**, la longueur des vers (le mètre) peut varier : on distingue l'alexandrin classique (12 syllabes) des autres vers pairs (hexasyllabe, octosyllabe...) ou des vers impairs (pentasyllabe, heptasyllabe...).
- Les **vers libres** n'ont pas de longueur fixe, mais le passage à la ligne reste visible.
- Le poème **en prose** est organisé en paragraphes.
- Supprimer la ponctuation libère aussi l'expression poétique !

Grille 2. Espace et temps
Quel est le cadre spatio-temporel ?

- ✔ Quel est le contexte d'écriture du poème ?
- ✔ Les lieux sont-ils décrits, prennent-ils vie ?
- ✔ Que révèlent les indications de temps ?
- ✔ Quelle est la valeur des temps et des modes employés ?

Valeur des temps et des modes en poésie

- C'est souvent le présent qui domine dans un poème : un présent d'énonciation, de narration ou de vérité générale : « Le Poète est semblable au prince des nuées/ Qui hante la tempête et se rit de l'archer. » (Baudelaire)
- Le conditionnel peut évoquer des regrets, le subjonctif des souhaits non réalisés. Le participe présent insiste sur la durée ; le gérondif, sur la simultanéité.

Grille 3. L'auteur et ses personnages
Quelle est la posture du poète ?

- ✔ Quelles sont les marques de la présence du poète ?
- ✔ S'adresse-t-il à un destinataire en particulier ?
- ✔ Quelles émotions exprime-t-il ? De quelle manière ?
- ✔ Quels autres « personnages » sont évoqués dans le poème ?

Lyrisme et élégie

- Dans un poème lyrique, le poète exprime ses sentiments (amour, douleur, regret) à la première personne.
- L'élégie est une forme de lyrisme où dominent le deuil et la mélancolie.

Grille 4. L'implicite
Quels sont les enjeux implicites du poème ?

- ✔ Quels champs lexicaux dominent ?
- ✔ Quelles sont les images et analogies principales ?
- ✔ Quelle est la dimension symbolique du poème ?
- ✔ Le poète délivre-t-il un message ?

Qu'est-ce qu'une métaphore ?

Les exemples sont empruntés au poème « Spleen » de Baudelaire.

- La métaphore rapproche deux éléments sans outil de comparaison.
  Ex : « Quand la terre est changée en un cachot humide [...] »
- Dans une métaphore *in absentia*, seul le comparant est évoqué.
  Ex : « Et de longs corbillards, sans tambours ni musique,
  Défilent lentement dans mon âme. »

Questionner une scène de théâtre

Grille 1. La structure
Comment le texte est-il organisé ?

- ✔ Quels sont les principaux moments de la scène ?
- ✔ L'action a-t-elle progressé à la fin de la scène ?
- ✔ Comment le texte se présente-t-il ?
- ✔ Quelle est la fonction des répliques ? Raconter, décrire, argumenter ?

À l'époque classique, on distingue **deux grands genres théâtraux**, aux registres opposés :

- La **tragédie** met en scène un conflit de valeurs impossible à dénouer ; son issue est funeste.
- L'action d'une **comédie** se développe autour d'une intrigue amoureuse ; elle dénonce souvent un caractère ridicule ; son dénouement est heureux.

Grille 2. Espace et temps
Quel est le cadre spatio-temporel ?

- ✔ Que révèlent les indications d'espace et de temps ?
- ✔ Que disent les didascalies sur les décors et accessoires ?
- ✔ Quels mouvements et gestes accompagnent les paroles ?
- ✔ Quelle est la valeur des temps et des modes employés ?

Le théâtre classique s'efforce de respecter certaines règles, dont la **« règle des trois unités »** : l'action doit se dérouler en 24 heures (unité de temps), en un seul lieu (unité de lieu) et ne doit être constituée que d'une seule intrigue (unité d'action).

Grille 3. L'auteur et ses personnages
Qu'apprend-on sur les personnages ?

- ✔ Quels sont les personnages présents ?
- ✔ Lesquels dominent ? Qu'apprend-on sur leurs relations ?
- ✔ Quelles sont les émotions, les pensées des personnages ?
- ✔ Les personnages se font-ils acteurs ? metteurs en scène ?

Quand parle-t-on de théâtre dans le théâtre ?

Lorsque, par un procédé de **mise en abyme**, les acteurs jouent une pièce de théâtre à l'intérieur de la pièce.

- Les personnages se mettent alors en scène eux-mêmes.
- Les répliques font allusion à des procédés théâtraux.
- Le dispositif spectateur/acteur se retrouve sur scène.

Grille 4. L'implicite
Quels sont les enjeux implicites de la scène ?

- ✔ Quels champs lexicaux dominent ?
- ✔ Relève-t-on des figures de style ? Avec quelle valeur ?
- ✔ Certains passages ont-ils une valeur symbolique ?
- ✔ De quelles réflexions la scène est-elle porteuse ?

Qu'est-ce que le théâtre de l'absurde ?

Apparu après la Seconde Guerre mondiale, ce théâtre marque un retour du tragique. Pour souligner l'absurdité de l'existence, les dramaturges, tels Samuel Beckett ou Eugène Ionesco, remettent en cause la notion de personnage et d'action et dévoilent les impasses de la communication.

Grille 1. La structure
Comment le texte est-il organisé ?

- ✔ L'argumentation est-elle directe ou indirecte ?
- ✔ Comment la thèse est-elle amenée ?
  Y a-t-il une conclusion finale ?
- ✔ Comment les arguments et exemples sont-ils organisés ?
- ✔ Que révèlent les connecteurs logiques ou chronologiques ?

L'art oratoire antique distingue **5 grandes parties dans un discours**, chacune jouant un rôle précis.

1) L'exorde : capter l'attention et la bienveillance de l'auditoire.
2) La narration : rapporter les faits.
3) La confirmation : prouver le contenu de sa proposition.
4) La réfutation : remettre en cause les arguments adverses.
5) La péroraison : conclure en frappant les esprits.

Questionner un texte de littérature d'idées

Grille 2. Espace et temps
Quel est le cadre spatio-temporel ?

- ✔ Les idées sont-elles mises en scène dans un récit (apologue) ?
- ✔ Que révèlent les indications d'espace ?
- ✔ Que révèlent les indications de temps ?
- ✔ Comment les temps et modes servent-ils l'argumentation ?

Voici **différentes formes d'apologues** (récits au service d'une argumentation).

- La parabole : récit allégorique visant à délivrer un enseignement moral ou spirituel.
- La fable : court récit qui délivre une morale par le détour d'une allégorie animale.
- Le conte philosophique : récit utilisant les ressorts du conte pour défendre un point de vue engagé.
- L'utopie : fiction présentant un pays imaginaire remarquable par son organisation politique et sociale.

Grille 3. L'auteur et ses personnages
Comment les idées sont-elles incarnées ?

- ✔ Quelles sont les marques de la présence de l'auteur ?
- ✔ Les points de vue en présence sont-ils incarnés dans des personnages ?
- ✔ L'auteur rapporte-t-il un/des discours ? Comment ?
- ✔ Retrouve-t-on des émotions à travers des registres particuliers ?

À chaque registre son objectif !

- Didactique : instruire, transmettre un savoir.
- Épidictique : louer ou blâmer.
- Polémique : critiquer, attaquer un point de vue.
- Satirique : susciter l'indignation par la caricature et le rire.
- Ironique : laisser entendre l'inverse de ce que l'on dit.
- Pathétique : provoquer une émotion intense, notamment la pitié.

Grille 4. L'implicite
Quels sont les enjeux implicites du passage ?

- ✔ Quels champs lexicaux dominent ?
- ✔ Quels procédés renforcent l'efficacité de l'argumentation ?
- ✔ Relève-t-on des images ? Avec quelle valeur réflexive ?
- ✔ Quelle est la visée implicite de l'auteur ?

Démontrer, convaincre et persuader

- Démontrer : prouver la véracité d'une thèse par des éléments irréfutables.
- Convaincre : produire l'adhésion en faisant appel à la raison.
- Persuader : produire l'adhésion en faisant appel aux sentiments (empathie, indignation).

ÉTAPE 3

Organiser sa réflexion

hatier-clic.fr/MC1_2

Tu as maintenant une liste de procédés sur plusieurs pages. Des convergences te permettent de les regrouper. Cette classification te conduit progressivement vers un plan en trois parties, comprenant chacune deux ou trois sous-parties.

Définir un plan pertinent

La question qui va t'aider à définir les grandes parties de ton plan, c'est : « pourquoi le texte dit-il cela ainsi et pas autrement ? » La réponse est un raisonnement, qui part du « quoi » pour aller au « pourquoi », à l'aide du « comment ».

1. Que mettre en première partie ?

La première partie répond à la question « quoi ? » : en quoi consiste ce texte ? Quelles sont ses caractéristiques les plus évidentes ? On s'appuie sur le genre, le registre, le thème dominant repérés dès la première lecture du texte.

Voici quelques exemples de premières parties :
Sujet 1. Cette fable dénonce le triomphe de la force et de la mauvaise foi.
Sujet 2. Ce dialogue de tragédie met en scène une vive dispute.
Sujet 3. La fin de ce roman raconte une agonie de l'héroïne.

2. À quoi ressemble la deuxième partie ?

Mais le texte prolonge forcément cette première caractérisation : il s'agit de creuser le « quoi ? ». La deuxième partie sert donc à approfondir et nuancer la première partie.

Voici quelques exemples de deuxièmes parties :
Sujet 1. La dénonciation est mise en scène de manière plaisante.
Sujet 2. Le désaccord entre les personnages précipite la tragédie.
Sujet 3. L'héroïne, métamorphosée, meurt en martyr.

3. Quelles réponses apporter en troisième partie ?

Le troisième axe interroge alors le « pourquoi », pour montrer la richesse du projet littéraire. Cette dernière partie est un peu plus libre : tu peux y livrer ton interprétation, du moment qu'elle est bien argumentée.

Voici quelques exemples de troisièmes parties :
Sujet 1. La morale de cette fable interroge un ordre social injuste.
Sujet 2. L'héroïne de cette tragédie apparaît à la fois coupable et innocente.
Sujet 3. Ce dénouement est un hymne à l'amour des deux héros, un amour qui transcende les contraintes sociales.

Ne pas séparer la forme et le fond.
Quels que soient les axes trouvés, ne fais jamais un plan qui distingue le fond (thèmes, arguments...) de la forme (procédés, figures de style...) : l'un ne saurait aller sans l'autre. Au sein de chaque partie, tu dois mettre en lien la forme et le sens.

Formuler la problématique

→ Le plan une fois défini, tu peux formuler ta problématique.
- Son premier mot sera **« Comment »**.
- Poursuis avec le **« quoi »** : la définition du texte (que tu développeras dans ta première partie et nuanceras dans ta deuxième partie).
- Finis avec le **« pourquoi ? »** (objet de ta troisième partie).

Reste confiant.e face au « pourquoi ? »
C'est un questionnement qui n'est pas résolu : le texte interroge, il propose une quête. Ce n'est donc pas une réponse définitive...

→ La **formule générale** de la problématique est donc :

Comment [le quoi] dans ses spécificités permet-il de réaliser [le pourquoi] ?

Elle peut être adaptée à chaque texte. Voici des exemples en lien avec les plans précédents :

- **Sujet 1.** Comment cette fable satirique dénonce-t-elle plaisamment un ordre social injuste ?
- Sujet 2. Comment cette dispute dans une tragédie précipite-t-elle le destin d'une héroïne partagée entre culpabilité et innocence ?
- Sujet 3. Comment ce récit d'agonie, pathétique et sublime, constitue-t-il un hymne à l'amour ?

→ Ainsi formulée, la problématique appelle tout le devoir, organisé selon le plan défini.

ÉTAPE 4

Rédiger l'introduction et la conclusion

hatier-clic.fr/MC1_4

Rédiger l'introduction

L'introduction est composée de quatre éléments.

1. L'accroche

Rédige l'accroche en t'appuyant sur les références du texte. Une phrase suffit souvent pour évoquer **un fait lié à l'auteur ou au contexte d'écriture**.

Exemple. Souvent développé au XVIe siècle, le thème de l'amour doux et amer est issu de la tradition médiévale de la fin'amor (l'amour courtois). C'est aussi un thème central chez Pétrarque, le poète italien qui a popularisé le sonnet.

2. La présentation de l'extrait

Il s'agit de dire en quoi consiste le texte. **Le fameux « quoi »** : genre, registre, thèmes dominants.

Exemple. Le texte que nous allons étudier est un poème d'amour riche en contrastes, qui dit l'ambivalence du sentiment amoureux.

3. La problématique

Pour rappel, elle obéit à la formule :
Comment [le quoi] dans ses spécificités permet-il de réaliser [le pourquoi] ?

Exemple. Comment ce sonnet, qui décrit les tourments amoureux de la poétesse, affirme-t-il le pouvoir de la poésie ?

4. L'annonce de plan

Elle répond très logiquement à la problématique. Utilise **des liens logiques** pour montrer comment la démonstration va s'articuler. Ainsi :

- la deuxième partie peut être introduite par « puis » ou « mais » selon qu'elle complète ou nuance la première partie,
- la troisième partie peut être associée à « finalement » ou « en fin de compte ».

Exemple. Ce poème lyrique exprime les tourments d'un amour sans retour. Mais l'amour est présenté ici à la fois comme une source de joie et de douleur. Riche en jeux d'oppositions, ce poème semble bien, finalement, exprimer le pouvoir de la poésie face au malheur de la passion.

› Rédiger la conclusion

La conclusion parfaite d'un commentaire composé est un bilan suivi d'une ouverture.

1. Le bilan

→ Il est une redite qui doit résonner comme une évidence. Je te conseille de reprendre ton annonce de plan, en l'étoffant légèrement, avec quelques idées tirées du développement.

→ Dans ce bilan, évite :

- d'ajouter de nouvelles idées : cela ne ferait que souligner leur absence du développement.
- de mettre des exemples, le bilan n'est plus le lieu d'une analyse.

Exemple. Dans ce poème lyrique, les sentiments amoureux, à la fois doux et amers, sont exprimés dans toute leur ambivalence. La poésie y apparaît comme une manière d'apprivoiser et de partager cette expérience amoureuse, à la fois personnelle et universelle.

2. L'ouverture

Le plus simple est d'insister sur l'idée de la troisième partie, en expliquant que d'autres artistes ont eu un projet similaire, mais qu'ils l'ont traité différemment.

Exemple. Décrire une émotion personnelle, pour montrer sa dimension universelle, est un thème récurrent dans la poésie. Hugo s'exclame ainsi : « Hélas ! Quand je vous parle de moi, je vous parle de vous. [...] Ah ! Insensé, qui crois que je ne suis pas toi ! » (*Les Contemplations*, préface)

Doit-on citer une œuvre littéraire classique en ouverture ?

Ce n'est absolument pas obligatoire.

- N'hésite pas à citer une œuvre d'art, un tableau, une photographie, un film, etc.
- Pour montrer que la question est universelle, il est intéressant de citer une œuvre plus récente, en la reliant à notre actualité.

MES CONSEILS pour réussir le jour J

Passe du temps sur ton brouillon

Le brouillon est une étape stratégique de ton travail : tu dois y consacrer environ la moitié de ton temps : soit environ 2 heures sur les 4 heures d'écrit. Utilise un premier brouillon pour rassembler toutes tes idées et analyses, un second pour les structurer rigoureusement.

Premier brouillon	Second brouillon
✔ **N'écris presque rien :** le nom du procédé, un mot de citation, et le numéro de ligne suffisent pour mémoriser chaque idée. ✔ **Regroupe les procédés** selon leur effet à l'aide d'un code couleur ou de symboles. Le but est de faire ressortir trois parties équilibrées.	✔ **Prends une page par partie** et divise-la en trois : chaque case représentera une sous-partie. ✔ **Formule les titres** de partie sous forme de phrases explicites. Reporte dans chaque case les procédés qui contribuent à la sous-partie. ✔ En fin de première et de deuxième partie, prévois un espace pour rédiger **les transitions** à l'avance. ✔ N'oublie pas également d'anticiper **l'introduction et la conclusion** sur deux pages séparées.

Rédige en pensant « sandwich » et fil conducteur

→ Laisse-toi guider par ton brouillon pour rédiger.

→ Chaque paragraphe est un **délicieux sandwich** :
- le ou les procédés, la citation (+ n° de ligne) sont la garniture
- l'idée principale l'enveloppe comme deux tranches de pain
- le lien logique est la petite olive qui maintient le tout

→ Relis ton travail à chaque étape-clé, pour être sûr de bien suivre ton fil conducteur.

Respecte ces 5 conventions de rédaction

1. **Assume le jeu de rôle** et adopte le « nous » de majesté ainsi qu'un niveau de langue élevé.

2. **Évite de mettre en scène** ton analyse (*Dans le texte, on voit que…*) ; pense à mettre le procédé en sujet de phrase : *Les anaphores donnent de l'ampleur à l'émotion.*

3. **Varie les verbes.** Ainsi, les procédés peuvent : *démontrer, souligner, manifester, exprimer, révéler, mettre en relief, annoncer…*

4. **Souligne les titres** des œuvres et mets les titres des poèmes entre guillemets. Préfère les guillemets « français » aux guillemets "anglais".

5. **Aère ta copie.** Ménage un alinéa en début de chaque paragraphe. Saute des lignes après l'introduction et chaque grande partie.

Commentaire n° 1

Mme de Lafayette *La Princesse de Clèves* (1678)

▶ Retrouve la lecture expressive du texte

hatier-clic.fr/MC_c1

Voici la dernière page du roman. La princesse de Clèves, après la mort de son mari, se retire du monde et refuse de voir M. de Nemours, qu'elle aime pourtant. À ses yeux, cet amour ne peut les mener qu'au malheur.

Enfin M. de Nemours y alla lui-même, sur le prétexte d'aller à des bains. Elle fut extrêmement troublée et surprise d'apprendre sa venue. Elle lui fit dire, par une personne de mérite qu'elle aimait et qu'elle avait alors auprès d'elle, qu'elle le priait de ne pas trouver étrange si elle ne s'exposait point au péril de le voir, et de détruire, par sa présence, des sentiments qu'elle devait conserver ; qu'elle voulait bien qu'il sût, qu'ayant trouvé que son devoir et son repos s'opposaient au penchant qu'elle avait d'être à lui, les autres choses du monde lui avaient paru si indifférentes qu'elle y avait renoncé pour jamais ; qu'elle ne pensait plus qu'à celles de l'autre vie, et qu'il ne lui restait aucun sentiment que le désir de le voir dans les mêmes dispositions où elle était.

M. de Nemours pensa expirer de douleur en présence de celle qui lui parlait. Il la pria vingt fois de retourner à Mme de Clèves, afin de faire en sorte qu'il la vît ; mais cette personne lui dit que Mme de Clèves lui avait non seulement défendu de lui aller redire aucune chose de sa part, mais même de lui rendre compte de leur conversation. Il fallut enfin que ce prince repartît, aussi accablé de douleur que le pouvait être un homme qui perdait toutes sortes d'espérances de revoir jamais une personne qu'il aimait d'une passion la plus violente, la plus naturelle et la mieux fondée qui ait jamais été. Néanmoins il ne se rebuta point encore[1], et il fit tout ce qu'il put imaginer de capable de la faire changer de dessein. Enfin, des années entières s'étant passées, le temps et l'absence ralentirent sa douleur et éteignirent sa passion.

Mme de Clèves vécut d'une sorte qui ne laissa pas d'apparence qu'elle pût jamais revenir. Elle passait une partie de l'année dans cette maison religieuse, et l'autre chez elle ; mais dans une retraite et dans des occupations plus saintes que celles des couvents les plus austères ; et sa vie, qui fut assez courte, laissa des exemples de vertu inimitables.

Mme de Lafayette, *La Princesse de Clèves*, 1678.

1. **Il ne se rebuta point encore :** il ne se découragea pas cette fois encore.

ÉTAPE 1

Découvrir le sujet et le texte

Exploiter le paratexte

→ Tu dois t'appuyer en premier lieu sur les lignes qui précèdent le texte : elles t'indiquent qu'il s'agit de la fin du roman et te rappellent brièvement l'intrigue.

→ Voici ci-dessous les informations pouvant être tirées des autres éléments du paratexte.

Informations-clés du paratexte

1678
En 1678, la vie culturelle, centrée autour de Louis XIV et de sa cour à Versailles, voit s'affirmer **l'esthétique classique**, qui se caractérise par son souci de la mesure et de l'équilibre.

Objet d'étude : le roman
Par opposition aux romans précieux de l'époque, Mme de Lafayette propose **un roman très court**, dont l'action se situe dans un passé récent, à la cour du roi d'Henri II (1547-1559).

Madame de Lafayette
Au XVIIe siècle, une femme de la noblesse peut difficilement signer autre chose que des mémoires ou une correspondance. C'est pourquoi Mme de Lafayette fait paraître ce petit roman historique de manière anonyme.

La Princesse de Clèves
Le titre annonce le récit du destin d'une jeune femme de rang princier, fréquentant la cour d'Henri II. De quoi fasciner les lecteurs de l'époque qui voient bien le lien avec la cour de Versailles.

Aborder le texte en douceur

	Demande-toi...	Conseil
1	Quelles **émotions et surprises** le texte te fait-il ressentir ?	✔ Le lecteur espérait qu'après la mort de l'époux de Mme de Clèves, les deux amants se retrouvent. **La séparation définitive** suscite étonnement et tristesse.
2	Quels sont les **thèmes** principaux ?	✔ Le texte retrace **l'expiration d'une passion** pourtant réciproque. Mme de Clèves a en effet décidé, de manière irrévocable, de se retirer du monde.
3	Quel **registre littéraire** prédomine ?	✔ Le chagrin de M. de Nemours suscite la pitié (registre pathétique). Cependant la narratrice expose les faits **de manière neutre**, sans prendre parti pour l'un des personnages.
4	Les **codes du genre** sont-ils respectés ou détournés ?	✔ Ce dénouement présente **une dimension morale**, comme attendu à la fin d'un roman du XVIIe siècle.

ÉTAPE 2 Questionner le texte

Pour que tu puisses mieux voir le lien entre les observations ci-dessous et le plan proposé p. 44, j'anticipe en te donnant ci-contre les trois grandes parties. Et je note – en regard de chaque observation – la sous-partie où elle pourrait être utilisée.

- I. Un tableau de la passion amoureuse
- II. Le portrait d'une héroïne exemplaire
- III. Un dénouement moral ?

Grille 1. La structure
Comment le récit est-il organisé ?

✔ **Comment le récit est-il découpé ? Quels sont les principaux moments ?**
Les trois paragraphes correspondent à **trois étapes chronologiques** qui font progresser la narration **vers un double dénouement** : M. de Nemours abandonne tout espoir de la revoir, Mme de Clèves termine sa vie à l'écart du monde.

→ III. 1. Le double dénouement

✔ **Comment les connecteurs organisent-ils le passage ?**
Les connecteurs « mais », « mais.... non seulement..., mais même » (l. 11-13) révèlent l'opposition ferme à laquelle se heurte le souhait de **M. de Nemours** de voir la princesse, ce qui n'empêche pas celui-ci, **en proie à la passion**, de persister (« Néanmoins », l. 17).

→ I. 1. Une passion puissante

✔ **Quels indices donnent les types et les formes de phrase ?**
Les nombreuses négations du 1er § montrent **l'intransigeance de Mme de Clèves**. Notamment la litote « ne pas trouver étrange » (= « accepter sans discuter ») et la double négation restrictive « ne... que » (l. 8-9) qui souligne qu'elle n'est plus préoccupée par l'amour terrestre.

→ II. 1. Une volonté inflexible

Grille 2. Espace et temps
Quel est le cadre spatio-temporel ?

✔ **Que révèlent les indications d'espace ?**
M. de Nemours tente de retrouver Mme de Clèves dans la maison religieuse où elle s'est retirée : « [il] y alla lui-même » (l. 1). Mais **la rencontre** se produit, **indirectement**, avec « une personne qu'elle avait alors auprès d'elle ».

→ II. 2. Une retraite à l'écart du « monde »

✔ **Dans quel ordre sont racontés les événements ? Selon quel rythme ?**
Les événements sont rapportés de manière chronologique, mais le temps s'écoule **de plus en plus vite** : « des années entières s'étant passées » (l. 18), bientôt l'héroïne meurt (« sa vie, qui fut assez courte », l. 23) : le temps et la mort ont définitivement effacé cette passion qui semblait inextinguible.

→ I. 3. Une passion éphémère

✔ **Quelle est la valeur des temps et des modes employés ?**
Les désirs de M. de Nemours sont exprimés au **subjonctif**, car non réalisés : « qu'il la vît » (l. 11), « qu'elle pût jamais revenir » (l. 20-21). La décision de Mme de Clèves, elle, est rapportée au **plus-que-parfait** : « avaient paru... avait renoncé » (l. 7), « avait défendu » (l. 12), car irrévocable.

→ > II. 3. Un destin choisi ?

Grille 3. L'autrice et ses personnages
Que nous dit la narratrice sur les personnages ?

✔ **Comment les personnages sont-ils désignés et caractérisés ?**
Les sujets grammaticaux faisant référence à Mme de Clèves sont bien plus nombreux (voir notamment les multiples pronoms de reprise « elle ») que ceux désignant M. de Nemours. Personnage central du roman, **Mme de Clèves** est présentée, dans ce passage final, comme ayant récupéré **la maîtrise de son destin**.

→ II. 3. Un destin choisi ?

✔ **Comment leurs paroles sont-elles rapportées ?**
Il n'y a aucun dialogue entre les deux personnages. La décision de Mme de Clèves est rapportée par **une tierce personne** au **discours indirect** : « Elle lui fit dire […] qu'elle le priait » (l. 2-3). Chaque subordonnée justifie ses décisions, sans droit de réponse : « qu'elle voulait bien… qu'elle y avait renoncé… qu'elle ne pensait plus… » (l. 5-8).

→ II. 2. Une retraite à l'écart du « monde »

✔ **Avons-nous accès aux sentiments et pensées des personnages ?**
Dans ce récit d'analyse, à focalisation omnisciente, nous avons accès aux sentiments des personnages. On perçoit **une extrême émotivité** chez Mme de Clèves : « elle fut extrêmement troublée et surprise », (l. 1-2) ; **une grande souffrance** chez M. de Nemours : « Il pensa expirer de douleur » (l. 10).

→ I. 2. Une passion, source de souffrances

Grille 4. L'implicite
Quels sont les enjeux implicites du passage ?

✔ **Le lexique présente-t-il des particularités ?**
Le lexique fait apparaître **des contradictions** : les termes utilisés par Mme de Clèves – « devoir », « péril », « repos », « penchant », (l. 4-6) – révèlent des sentiments éloignés de l'indifférence qu'elle affirme avoir pour les « choses du monde ».

→ II. 3. Un destin choisi ?

✔ **Certains éléments évoqués ont-ils une valeur symbolique ?**
Un double univers se dessine, conformément à **la vision janséniste** (Mme de Lafayette était proche de ce courant religieux). Du côté de M. de Nemours, le « monde » et ses tentations, la « passion », la « douleur ». Du côté de Mme de Clèves, la « retraite » et le « repos ». Ces deux univers sont présentés comme inconciliables.

→ III. 2. Une morale pessimiste

✔ **La narratrice délivre-t-elle un message ?**
La conclusion du récit est **ambivalente**. La narratrice caractérise la passion de M. de Nemours comme « la mieux fondée » (l. 16), mais constate qu'elle s'éteint. Mme de Clèves a des occupations « saintes », mais que valent-elles si elles sont « inimitables ? » (l. 23).

→ III. 3. Une conclusion ambiguë

ÉTAPE 3

Organiser sa réflexion

Définir un plan pertinent

I. Un tableau de la passion amoureuse

1 Une passion puissante

Ce passage nous offre le tableau d'une passion très forte. M. de Nemours met tout en œuvre pour retrouver la princesse de Clèves.

2 Une passion, source de souffrances

En proie à leur passion amoureuse, le duc de Nemours et la princesse de Clèves montrent les signes d'une grande souffrance morale, allant du trouble à l'accablement de douleur.

3 Une passion éphémère

Cependant, Mme de Lafayette représente une passion qui n'a rien d'éternel : en cessant de voir la princesse, M. de Nemours finit par guérir de sa passion. La princesse, elle, meurt.

II. Le portrait d'une héroïne exemplaire

1 Une volonté inflexible

Malgré toutes les raisons qui pourraient la pousser à revoir le duc de Nemours, la princesse de Clèves fait preuve d'une volonté inflexible pour le garder à distance.

2 Une retraite à l'écart du « monde »

La princesse de Clèves décide de finir sa vie à l'écart de l'agitation du monde. Elle choisit une retraite éloignée de la cour et des mondanités.

3 Un destin choisi ?

En se soustrayant aux passions, la princesse apparaît comme l'une de ces âmes prédestinées dont parlent les jansénistes. Mais ce choix n'est-il pas à l'origine d'une mort prématurée ?

III. Un dénouement moral ?

1 Le double dénouement

En cette fin de roman, nous suivons le destin de la princesse de Clèves, mais nous nous intéressons aussi à celui du duc de Nemours, pour qui nous éprouvons de l'empathie.

2 Une morale pessimiste

Le choix final de la princesse de Clèves semble alléguer qu'il n'est pas possible de trouver un réel bonheur en société, les mondanités nous entraînant fatalement vers les passions.

3 Une conclusion ambiguë

Pourtant, certains indices peuvent nous laisser penser que Mme de Lafayette n'approuve pas totalement la vertu intransigeante de la princesse de Clèves.

Formuler la problématique

Comment ce dénouement romanesque, qui met en scène une héroïne exemplaire, nous interroge-t-il sur la valeur morale de la décision finale de Mme de Clèves ?

ÉTAPE 4

Rédiger l'introduction et la conclusion

› Rédiger l'introduction

[Accroche] Mme de Lafayette est une grande admiratrice de Pascal, qui a fait ses études à Port-Royal et défend des idées jansénistes, que l'on retrouve dans ses *Pensées* : « Tout le malheur des hommes vient d'une seule chose, qui est de ne savoir pas demeurer en repos dans une chambre. » (Blaise Pascal, *Pensées*, 1660-1662)

L'accroche permet d'aborder une grande thématique du siècle. Pour son intérêt culturel, je propose ici une citation de Pascal.

[Présentation du texte] Le roman de Mme de Lafayette illustre cette pensée de Pascal en représentant la force des passions qui tourmente M. de Nemours et trouble la princesse. Mais Mme de Clèves parvient, par une volonté inflexible, à s'éloigner de cet amour. Le dénouement est donc à la fois moral et ambigu : Mme de Lafayette semble interroger l'exemplarité de cette décision extraordinaire.

Il est intéressant de présenter en troisième partie un questionnement ouvert : tu prouves que ton raisonnement est nuancé, et la problématique arrive naturellement.

Sujets corrigés

[Problématique] Comment ce dénouement romanesque nous interroge-t-il sur la valeur morale de la décision finale de Mme de Clèves ?

[Annonce du plan] Ce texte, qui clôture le roman, est en premier lieu une peinture de la passion amoureuse, présentée comme extrêmement puissante, douloureuse, mais finalement éphémère. Il met également en avant la volonté inflexible de Mme de Clèves de s'en extraire et se retirer du monde de manière définitive. Ce dénouement, qui voit triompher la raison, se révèle finalement ambigu, l'autrice soulignant le caractère « inimitable » de cette décision.

Dans cette annonce de plan, on a utilisé les connecteurs : en premier lieu, également et finalement.

› Rédiger la conclusion

[Bilan] [I] La douleur de M. de Nemours et le trouble de Mme de Clèves, tels qu'évoqués dans cette page finale du roman, prouvent la force de leur amour. **[II]** Cependant, la volonté de Mme de Clèves est inflexible. Elle restera fidèle à son mari décédé. L'amour sincère des deux jeunes gens finit par s'éteindre. **[III]** Nous assistons donc à un double dénouement : une histoire d'amour malheureux qui est aussi le récit d'un exemple « inimitable. » Mme de Lafayette maintient jusqu'au dernier mot cette ambiguïté qui fait la force de son roman.

[Ouverture] D'autres personnages ont ainsi la tentation de fuir la vie en société, c'est le cas d'Alceste dans *Le Misanthrope* (1666) de Molière, qui interroge aussi la sagesse de ce choix.

Tu peux évoquer une autre œuvre dans ta conclusion. Tu n'es pas obligé.e cependant d'ajouter une citation !

Commentaire n° 2

Annie Ernaux
La Femme gelée
(1981)

▶ Retrouve la lecture expressive du texte

hatier-clic.fr/MC_c2

La Femme Gelée *d'Annie Ernaux est un roman autobiographique où l'autrice raconte son enfance, puis sa vie de jeune femme dans la société française des années 1960. Dans ce passage-clé, elle évoque comment, étudiante, vivant une relation amoureuse « hors mariage », elle déçoit les attentes de ses parents, prisonniers de cette conception traditionnelle de la femme qui l'assigne au rôle d'épouse et de mère de famille.*

Et toujours ces questions si naturelles, anodines[1] en apparence, ça marche toujours avec lui ? Est-ce que tu comptes te marier ? La désolation de mes parents devant une situation incertaine, « on aimerait bien savoir où ça va te mener tout ça ». Obligé que l'amour mène quelque part. Leur peine sourde[2] aussi. Ce serait tellement plus agréable, plus tranquille pour eux de voir se dérouler l'histoire habituelle, les faire-part dans le journal, les questions auxquelles on répond avec fierté, un jeune homme de Bordeaux, bientôt professeur, l'église, la mairie, le ménage qui se « monte », les petits-enfants. Je les prive des espérances traditionnelles. L'affolement de ma mère quand elle apprend, tu couches avec, si tu continues tu vas gâcher ta vie. Pour elle, je suis en train de me faire rouler, des tonnes de romans qui ressortent, filles séduites qu'on n'épouse pas, abandonnées avec un môme. Un combat tannant[3] toutes les semaines entre nous deux. Je ne sais pas encore qu'au moment où l'on me pousse à liquider ma liberté, ses parents à lui jouent un scénario tout aussi traditionnel mais inverse, « tu as bien le temps d'avoir un fil à la patte[4], ne te laisse pas mettre le grappin dessus ! », bien chouchoutée la liberté des mâles.

Annie Ernaux, *La Femme gelée*, 1981, © éditions Gallimard (p. 120 dans l'édition Folio).

---

1. **Naturelles, anodines en apparence :** présentées comme venant dans le cours naturel de la conversation, sans importance.
2. **Peine sourde :** chagrin qui ne s'exprime pas bruyamment, qu'on devine seulement.
3. **Tannant :** agaçant, irritant (le combat se répète chaque semaine).
4. **Avoir un fil à la patte :** être entravé dans sa liberté.

ÉTAPE 1

Découvrir le sujet et le texte

› Exploiter le paratexte

→ Tu dois t'appuyer en premier lieu sur les lignes qui précèdent le texte : elles te donnent des indications sur les enjeux du roman et le thème de l'extrait.

→ Voici ci-dessous les informations pouvant être tirées des autres éléments du paratexte.

Informations-clés du paratexte

■ 1981
Ce roman de la fin du XXe siècle évoque **la jeunesse de l'autrice dans les années 1960**, au sein d'une société française en pleine mutation, mais dans laquelle le statut des femmes peine à évoluer.

■ Annie Ernaux
Dans cette œuvre principalement autobiographique, couronnée par le prix Nobel de littérature en 2022, l'écrivaine fait entendre **sa voix de femme et de transfuge social.**

■ Objet d'étude : le roman
Dans ce roman atypique, **à la fois autobiographique et sociologique**, la romancière retranscrit son propre parcours, en s'efforçant de lui donner une dimension universelle.

■ *La Femme gelée*
Le titre évoque, de manière métaphorique, cette jeune femme qu'a été l'autrice dans les années 1960, **dont l'élan vital s'est progressivement figé** sous le poids des injonctions sociales.

› Aborder le texte en douceur

	Demande-toi...	Des réponses possibles
1	Quelles **émotions et surprises** le texte te fait-il ressentir ?	✔ Le texte, à la première lecture, est un peu **désarçonnant**. Il ne se passe rien, on repère des bribes de dialogue révélant un conflit qui s'envenime.
2	Quels sont les **thèmes** principaux ?	✔ Le texte aborde le thème de **l'émancipation féminine**. Les parents de la narratrice se font l'écho des préjugés de l'époque, qui empêchent les femmes de choisir leur vie.
3	Quel **registre littéraire** prédomine ?	✔ **L'ironie et la dérision** dominent. Elles permettent à l'autrice de dénoncer le poids des conventions et les inégalités de genre qui en résultent.
4	Les **codes du genre** sont-ils respectés ou détournés ?	✔ Dans ce texte rédigé à la 1re personne, l'autrice **semble documenter, plus que raconter**, une période de sa vie où elle est entrée en conflit avec ses parents.

ÉTAPE 2

Questionner le texte

Pour que tu puisses mieux voir le lien entre les observations ci-dessous et le plan proposé p. 50, j'anticipe en te donnant ci-contre les trois grandes parties. Et je note – en regard de chaque observation – la sous-partie où elle pourrait être utilisée.

I. La description d'un conflit

II. L'opposition de deux univers socioculturels

III. Une vision féministe

Grille 1. La structure
Comment le récit est-il organisé ?

✔ **Comment le récit est-il découpé ? Quels sont les principaux moments ?**

Le passage forme un seul bloc, sans retour à la ligne. On perçoit cependant **une progression**, à travers l'intensité croissante des termes employés successivement pour décrire les réactions et sentiments des parents de la narratrice : « désolation » (l. 2), « peine sourde » (l. 4), « affolement » (l. 8)

→ I. 1. Un conflit qui s'envenime

✔ **Comment les connecteurs organisent-ils le passage ?**

Sauf le « Et » initial traduisant l'agacement de la narratrice face aux questions récurrentes de ses parents, il n'y a pas de connecteur entre les phrases. Celles-ci sont simplement juxtaposées. La narratrice **privilégie l'exposition des faits bruts** sur leur explication.

→ III. 3. Une dénonciation vigoureuse

✔ **Que révèle l'observation de la structure des phrases ?**

Souvent non-verbales, sans artifice littéraire, les phrases qui forment le corps du récit laissent transparaître **une véhémence teintée de dérision**.

→ I. 3. Véhémence et distance ironique

Grille 2. Espace et temps
Quel est le cadre spatio-temporel ?

✔ **Que révèlent les indications d'espace ?**

La seule indication spatiale est donnée par l'expression « un jeune homme de Bordeaux ». La narratrice, elle, est issue d'un petit village de Normandie. Ses études, en la conduisant à Paris, lui ont permis d'intégrer « le monde bourgeois et cultivé » des urbains. Mais ses parents, eux, restent déterminés socialement par l'endroit où ils vivent.

→ II. 3. Le poids de la détermination sociale

✔ **Dans quel ordre sont racontés les événements ? Selon quel rythme ?**

Les faits rapportés **ne s'inscrivent pas dans une temporalité précise**. L'extrait propose une sorte de condensé de tous ces moments de friction avec ses parents, ceux-ci lui enjoignant de se marier de façon de plus en plus pressante (« toutes les semaines », l. 11).

→ I. 1. Un conflit qui s'envenime

✔ **Quelle est la valeur des temps et des modes employés ?**

Le présent évoquant des faits contemporains du moment relaté : « Je les prive » (l. 7-8), « Je ne sais pas encore » (l. 12) doit être distingué du présent de vérité générale qui rend compte d'une tradition figée » : « l'amour mène quelque part » (l. 4), « les questions auxquelles on répond avec fierté » (l. 6).

→ II. 1. L'univers codifié des parents

Grille 3. L'autrice et ses personnages
Que nous dit la narratrice sur les personnages ?

✔ **Comment les personnages sont-ils désignés et caractérisés ?**

La narratrice se désigne à travers le pronom « je ». Le « je » devient « nous » quand elle évoque ses discussions houleuses et répétées avec sa mère (« entre nous deux », l. 11). On note également l'opposition entre « mes parents » (l. 22) et « ses parents à lui » (l. 12-13), qui traduit **la différence d'attitude des parents** selon qu'ils ont une fille ou un garçon.

> → III. 2. La « liberté des mâles »

✔ **Comment leurs paroles sont-elles rapportées ?**

Dans un style quasi-documentaire, les paroles des parents sont rapportées au **discours direct**, avec guillemets (l. 3 ou l. 7-13-14) ou sans guillemets, quand il s'agit de traduire l'affolement de sa mère (l. 2).

> → I. 2. Les mots et phrases entendus

✔ **Avons-nous accès aux sentiments et pensées des personnages ?**

Dans ce récit à la 1re personne, la narratrice retranscrit moins ses sentiments que ceux de ses parents, qu'elle perçoit à travers leurs propos : ainsi leurs questions ne sont « anodines » qu'« en apparence » (l. 1), elles traduisent une « peine sourde », de « l'affolement ». Ses commentaires laissent cependant transparaître **une certaine ironie**.

> → II. 2. Le désir d'émancipation de la narratrice

Grille 4. L'implicite
Quels sont les enjeux implicites du passage ?

✔ **Le lexique présente-t-il des particularités ?**

Le champ lexical du mariage est bien présent dans les paroles des parents : « les faire-part », « la mairie », « les petits-enfants » (l. 5-7). Mais, dès lors que la mère apprend que sa fille « couche avec » le jeune homme, ce sont d'autres termes qu'on entend : « filles séduites qu'on n'épouse pas » (l. 10), « abandonnées avec un môme » (l. 11).

> → III. 1. Le rôle assigné aux femmes

✔ **Certains éléments évoqués ont-ils une valeur symbolique ?**

Le mot « liberté » est employé deux fois, mais accompagné de deux verbes différents qui en disent long : ainsi la liberté de la narratrice est « liquidée » (l. 12) comme un nuisible tandis que « la liberté des mâles » est « chouchoutée » (l. 14) comme un animal fragile.

> → III. 2. La « liberté des mâles »

✔ **La narratrice délivre-t-elle un message ?**

L'adjectif « traditionnel » revient également deux fois. La première fois (« Je les prive des espérances traditionnelles », l. 7-8) pour mettre en évidence l'univers codifié de ses parents, tout entier régi par l'habitude et la tradition. Mais la seconde occurrence (« un scénario tout aussi traditionnel mais inverse », l. 13) montre comment les parents de son ami, en l'incitant à profiter de sa liberté, sont tout aussi prisonniers de préjugés, ceux-ci contribuant à donner aux hommes un sentiment illégitime de supériorité.

> → III. 3. Une dénonciation vigoureuse

ÉTAPE 3

Organiser sa réflexion

Définir un plan pertinent

I. La description d'un conflit

1 Un conflit qui s'envenime

Lors de ses études, la narratrice a rencontré un étudiant avec qui elle vit une relation amoureuse. Parce que hors mariage, celle-ci devient un sujet de conflit avec ses parents.

2 Les mots et phrases entendus

L'autrice documente le conflit au plus près, en rapportant les mots et paroles prononcés par ses parents au cours de la période. Les bribes de discours montrent comment la situation s'envenime.

3 Véhémence et distance ironique

Dans une écriture mêlant véhémence et ironie, le passage exprime la révolte de la narratrice contre les préjugés sociaux et stéréotypes de genre qui l'ont conduite à « liquider [sa] liberté ».

II. L'opposition de deux univers socioculturels

1 L'univers codifié des parents

Dans l'univers des parents, les comportements sont régis par le poids de la tradition et le regard des autres. Il faut être comme tout le monde, faire comme l'usage le recommande.

2 Le désir d'émancipation de la narratrice

La narratrice qui, grâce à ses études, a réussi à s'extraire de son milieu d'origine et à conquérir sa liberté, ne veut pas de ce destin de femme qui ferait d'elle une « petite fée du logis ».

3 Le poids de la détermination sociale

Leur opposition s'explique par des déterminants sociaux. Les parents ont une origine sociale très modeste, quand la narratrice fait désormais partie du « monde bourgeois et cultivé ».

III. Une vision féministe

1 Le rôle assigné aux femmes

Pour les parents de la narratrice comme – on l'apprendra plus tard – les parents du jeune homme qu'elle épouse, le rôle d'une femme est de servir son mari et sa famille.

2 La « liberté des mâles »

À l'inverse, les jeunes hommes, eux, peuvent conserver leur liberté, une liberté que menaceraient les femmes, devenues épouses, comme « un fil à la patte ».

3 Une dénonciation vigoureuse

L'exclamation finale « bien chouchoutée, la liberté des mâles », exprime la vision féministe de l'autrice, qui dénonce la violence symbolique exercée à l'encontre des femmes par toute la société.

Formuler la problématique

Comment cette description d'un conflit entre la narratrice et ses parents, qui oppose deux univers socioculturels, dénonce-t-elle le poids des injonctions sociales sur les femmes ?

ÉTAPE 4

Rédiger l'introduction et la conclusion

› Rédiger l'introduction

[Accroche] À la fin du XXe siècle, le féminisme dispose de nouveaux concepts issus notamment de l'œuvre de Simone de Beauvoir (*Le Deuxième Sexe*, 1949). Le récit autobiographique *La Femme gelée*, d'Annie Ernaux, paru en 1981, met ainsi en lumière ces préjugés collectifs qui entravent l'émancipation féminine.

[Présentation du texte] Dans notre passage, l'autrice analyse le conflit qui l'a opposée à ses parents alors qu'étudiante, elle vivait librement avec un jeune homme.

[Problématique] Comment cette description d'un conflit entre la narratrice et ses parents, qui oppose deux univers socioculturels, dénonce-t-elle le poids des injonctions sociales sur les femmes ?

[Annonce du plan] Nous analyserons successivement de quelle manière est rapporté le conflit qui oppose la jeune femme à ses parents, comment ce conflit fait apparaître la distance sociale qui les sépare désormais, enfin comment l'autrice est conduite à dénoncer une société où la liberté semble être le seul fait des hommes.

En problématisant, nous gardons à l'esprit la spécificité de ce roman autobiographique : une écriture de soi, enrichie d'une exploration sociologique.

Le genre autobiographique nous invite à distinguer l'écrivaine qui relate les faits et la personne plus jeune qu'elle était au moment des faits relatés.

› Rédiger la conclusion

[Bilan] [I] Dans ce passage de *La Femme gelée*, Annie Ernaux pose un regard incisif sur un conflit qui l'a opposée à ses parents alors qu'elle était étudiante. **[II]** Plus que générationnel, ce désaccord s'explique par des raisons sociologiques : d'origine modeste, les parents de la narratrice ne sont pas en mesure de remettre en cause le rôle traditionnel assigné à la femme. **[III]** L'autrice dénonce cette vision justifiant la domination masculine, qui prévaut dans tous les milieux de la société de l'époque.

[Ouverture] D'autres autrices utilisent la fiction pour mettre au jour les mécanismes d'oppression des femmes au sein des sociétés patriarcales. Ainsi l'écrivaine canadienne Margaret Atwood, décrit, dans *La Servante écarlate* (1985), un monde où l'asservissement des femmes devient une norme : « L'ordinaire, disait tante Lydia, c'est ce à quoi vous êtes habituées. Ceci peut ne pas vous paraître ordinaire maintenant, mais cela le deviendra après un temps. »

Cette dystopie, parue en 1985, a été adaptée au cinéma en 1990, puis en série en 2017.

Commentaire n° 3

Marceline Desbordes-Valmore
Élégies et romances (1819)

▶ Retrouve la lecture expressive du texte

hatier-clic.fr/MC_c3

Pionnière de la poésie romantique au début du XIXe siècle, l'autrice se dit poétesse et femme : « Les femmes, je le sais, ne doivent pas écrire. J'écris pourtant […] ». Dans ce poème, les moments qui précèdent l'ouverture du billet amoureux suscitent des émotions douces et amères.

Le billet

Message inattendu, cache-toi sur mon cœur !
Cache-toi ! …je n'ose te lire !
Tu m'apportes l'espoir : ne fût-il qu'un délire,
Je te devrai du moins l'ombre de mon bonheur !
Prolonge dans mon sein ma tendre inquiétude ;
Je désire à la fois et crains la vérité :
On souffre de l'incertitude,
On meurt de la réalité !

Recevoir un billet du volage qu'on aime,
C'est presque le revoir lui-même.
En te pressant, j'ai cru presser sa main,
En te baignant de pleurs, j'ai pleuré sur son sein ;
Et si le repentir y parle en traits de flamme,
En lisant cet écrit je lirai dans son âme.
J'entendrai le serment qu'il a fait tant de fois ;
Et j'y reconnaîtrai jusqu'au son de sa voix !

Sous cette enveloppe fragile
L'Amour a renfermé mon sort…
Ah ! le courage est difficile,
Quand on attend d'un mot ou la vie ou la mort !
Mystérieux cachet[1], qui m'offres sa devise,
En te brisant, rassure-moi !
Non ! le détour cruel d'une affreuse surprise
Ne peut être scellé par toi.
Au temps de nos amours je t'ai choisi moi-même ;
Tu servis les aveux d'une timide ardeur ;
Et sous le plus touchant emblême
Je vais retrouver le bonheur…

Mais, si tu dois détruire un espoir que j'adore,
Amour ! de ce billet détourne ton flambeau ;
Par pitié, sur mes yeux attache ton bandeau,
Et laisse-moi douter quelques moments encore !

Marceline Desbordes-Valmore, *Élégies et romances*, « Le billet », 1819.

1. Cachet : en cire, personnalisé grâce à un sceau, il servait à sceller (fermer) les lettres.

ÉTAPE 1

Découvrir le sujet et le texte

Exploiter le paratexte

Utilise les lignes introductives en italique, ainsi que les autres éléments du paratexte.

Informations-clés du paratexte

1819
La restauration de la monarchie en 1815 et l'ascension de la bourgeoisie suscitent un pessimisme que Musset appelle « le mal du siècle ».

M. Desbordes-Valmore
L'autrice a été comédienne et cantatrice, avant d'être poétesse : son écriture est particulièrement musicale.

Objet d'étude : la poésie
La poétesse est une voix profondément originale du romantisme français.

Élégies et romances
Une romance est une chanson d'amour, l'élégie exprime une plainte douloureuse.

Aborder le texte en douceur

Demande-toi…	Des réponses possibles
1 Quelles **émotions et surprises** le texte te fait-il ressentir ?	✔ Le poème évoque **une situation émouvante** : la poétesse vient de recevoir un billet de son amant mais n'ose l'ouvrir, de peur de ne pas y lire les mots souhaités.
2 Quels sont les **thèmes** principaux ?	✔ Sont évoqués l'intensité de **la passion amoureuse et l'inquiétude** qu'elle suscite.
3 Quel **registre littéraire** prédomine ?	✔ La poétesse exprime des sentiments mêlés, entre bonheur et peine. On peut parler d'**un lyrisme élégiaque**.
4 Les **codes du genre** sont-ils respectés ou détournés ?	✔ Composé de trois strophes de longueurs inégales, en vers réguliers, le poème ne correspond à **aucune forme canonique**.

ÉTAPE 2

Questionner le texte

Pour que tu puisses mieux voir le lien entre les observations ci-dessous et le plan proposé p. 56, j'anticipe en te donnant ci-contre les trois grandes parties. Et je note – en regard de chaque observation – la sous-partie où elle pourrait être utilisée.

- I. Une « romance » au lyrisme élégiaque
- II. Des émotions complexes
- III. Le pouvoir des mots

Grille 1. La structure
Comment le poème est-il composé ?

✔ **Quelle est la forme du poème ?**
Composé d'alexandrins et d'octosyllabes, le poème comprend **deux strophes de 8 vers et une dernière de 16 vers**, dont la longueur suggère le prolongement indéfini du doute.

→ II. 2. L'indécision indéfiniment prolongée

✔ **Comment le poème progresse-t-il ? Y a-t-il un basculement, une chute ?**
Tout du long, la poétesse évoque un état d'hésitation, où l'espoir le dispute à la crainte. Mais l'hypothèse optimiste du v. 13, « si le repentir y parle en traits de flamme », s'efface au v. 29 devant **l'hypothèse pessimiste** « Mais, si tu dois détruire un espoir que j'adore ».

→ I. 2. Une histoire d'amour en péril

✔ **Que révèle l'analyse des rimes ?**
Les moments **de désir et de crainte** sont représentés par des rimes croisées (abab) : « inquiétude/ vérité/ incertitude/ réalité », tandis que les rimes suivies (aabb) illustrent **une accalmie** : « aime/ même/ main/ sein ».

→ II. 1. Des sentiments mêlés : espoir et crainte

III. 3. Le pouvoir de la poésie

Grille 2. Espace et temps
Quel est le cadre spatio-temporel ?

✔ **Les lieux sont-ils décrits, prennent-ils vie ?**
Le complément « sur mon cœur » (v. 1) devient « dans mon sein » (v. 5) ; de même, à propos de l'être aimé, « sur son sein » (v. 12) devient « dans son âme » (v. 14). L'amour authentique ne peut être partagé que de manière profonde.

→ I. 3. Un dialogue à distance avec l'être aimé

✔ **Que révèlent les indications de temps ?**
L'indication **« Au temps de nos amours »** au vers 25 éclaire la situation de la poétesse : il fut un temps où l'amour réciproque était une évidence.
À noter : le déterminant « nos » associe de manière éphémère le « je » au véritable destinataire du poème.

→ I. 2. Une histoire d'amour en péril

✔ **Quelle est la valeur des temps et des modes employés ?**
Le présent est le temps dominant. Aux vers 14-16, **le futur** évoque une possible réunion des cœurs, mais conditionné par un « si » : « si le repentir y parle en traits de flamme ». Au vers 26, **un passé simple** (« servis ») fait référence à un passé heureux désormais révolu.

→ I. 2. Une histoire d'amour en péril

Grille 3. L'autrice et ses personnages
Quelle est la posture de la poétesse ?

✔ **Quelles sont les marques de la présence de la poétesse ?**

Les **pronoms et déterminants de la 1re personne** du singulier (« je », « m' », « moi », « mon », « mes ») jalonnent l'ensemble du poème : amoureuse, la poétesse décrit l'incertitude que provoque la survenue d'un billet de son « amant volage ».

→ I. 1. L'expression de sentiments intimes

✔ **S'adresse-t-elle à un destinataire en particulier ?**

La poétesse s'adresse d'abord au « message inattendu », puis au « mystérieux cachet » qui le scelle, avant de s'adresser directement à l'Amour, pour lui demander de lui bander les yeux si le billet doit lui annoncer une rupture. Les **marques de 2e personne** ne désignent **jamais l'amant**.

→ III. 1. Un poème adressé à un « message »

✔ **Quels autres « personnages » sont évoqués dans le poème ?**

Quand bien même il n'est désigné qu'à la 3e personne, l'être aimé est omniprésent dans le poème : comme le souligne la 2e strophe, son message le fait surgir tout entier (« sa main », « son sein », « sa voix ») auprès de la poétesse.

→ I. 3. Un dialogue à distance avec l'être aimé

Grille 4. L'implicite
Quels sont les enjeux implicites du poème ?

✔ **Quels champs lexicaux dominent ?**

Le champ lexical de **la correspondance** (« billet », « message », « écrit », « enveloppe »...) permet de dire le pouvoir des mots, leur capacité à créer « la vie ou la mort » (v. 20).

→ III. 2. Le pouvoir d'un billet

Celui de **l'indécision** (« n'ose », « incertitude », « douter ») évoque l'attitude de la poétesse face à cette alternative.

II. 2. L'indécision indéfiniment prolongée

✔ **Quelles sont les images et analogies principales ?**

Le poème est construit sur **la personnification du billet**, évoqué – par métonymie – à la place de l'amant.

→ III. 3. Le pouvoir de la poésie

Dans les derniers vers, l'allégorie de l'Amour rappelle le pouvoir du mythe et de la poésie : du dieu Amour, la poétesse peut obtenir un bandeau lui permettant de rester dans le doute.

✔ **La poétesse délivre-t-elle un message ?**

À plusieurs reprises, la poétesse use du présent de vérité générale et du pronom indéfini « on » : « On souffre de l'incertitude,/ On meurt de la réalité ! » Comme les sentiments qu'elle évoque sont **universels**, d'autres cœurs amoureux ont pu éprouver cet espoir finalement déçu.

→ II. 3. Des émotions universelles

ÉTAPE 3

Organiser sa réflexion

› Définir un plan pertinent

I. Une « romance » au lyrisme élégiaque

1 L'expression de sentiments intimes

Personnage central du poème, la poétesse exprime les émotions douces-amères que suscite l'arrivée d'un billet de son amant. La tonalité est bien celle du lyrisme élégiaque.

2 Une histoire d'amour en péril

La poétesse n'ouvre pas le billet, mais de nombreux indices nous laissent deviner qu'il s'agit certainement d'une lettre de rupture.

3 Un dialogue à distance avec l'être aimé

En s'adressant au billet, la poétesse tente d'établir une proximité avec son amant, qui souligne paradoxalement son absence physique.

II. Des émotions complexes

1 Des sentiments mêlés : espoir et crainte

Le poème est scénarisé de manière à maintenir la tension entre la crainte et l'espoir.

2 L'indécision indéfiniment prolongée

Tout au long du poème, nous attendons que la poétesse ouvre le billet. Mais cette attente est indéfiniment prolongée, et le mystère restera entier jusqu'au bout.

3 Des émotions universelles

Les sentiments exprimés par la poétesse sont accompagnés d'aphorismes qui disent la souffrance que crée l'infidélité et la difficulté d'affronter la réalité.

III. Le pouvoir des mots

1 Un poème adressé à un « message »

De façon originale et surprenante, la poétesse ne s'adresse pas à son amant, mais au billet lui-même, puis à son cachet, enfin à l'Amour présenté comme un personnage.

2 Le pouvoir d'un billet

Le billet détient un secret redoutable, qui pourrait faire basculer le destin de la poétesse ; sur tout le poème plane une tonalité tragique.

3 Le pouvoir de la poésie

En créant ce poème, Marceline Valmore-Desbordes atténue et sublime son anxiété amoureuse. Sa voix de poétesse et de femme transforme l'attente en un moment intensément poétique.

› Formuler la problématique

Comment cette « romance » au lyrisme élégiaque exprime-t-elle une émotion ambivalente, tout en affirmant le pouvoir des mots ?

ÉTAPE 4

Rédiger l'introduction et la conclusion

› Rédiger l'introduction

[Accroche] Au début du XIXe siècle, Marceline Desbordes-Valmore donne une voix féminine à la poésie romantique. Actrice et chanteuse, elle est sensible à la musicalité des mots et à leur pouvoir de suggestion.

Verlaine exprimera plus tard son admiration pour l'usage qu'a fait la poétesse des rythmes impairs : « Marceline Desbordes-Valmore a, le premier d'entre les poètes de ce temps, employé avec le plus grand bonheur des rythmes inusités, celui de onze pieds entre autres. »

[Présentation du texte] Dans ce poème, elle évoque comment, ayant reçu une lettre de son amant, elle repousse indéfiniment le moment de l'ouvrir, et décrit ce moment d'attente à la fois doux et amer.

[Problématique] Comment cette « romance » au lyrisme élégiaque exprime-t-elle une émotion ambivalente, tout en affirmant le pouvoir des mots ?

[Annonce du plan] Retardant indéfiniment les révélations d'un billet de son amant, le poème exprime les émotions intimes et subtiles d'une femme amoureuse. Celle-ci apparaît profondément partagée entre l'espoir et la crainte d'être déçue. Finalement, ces vers en disent long sur le pouvoir des mots : ceux redoutés du billet et ceux du poème qui permettent d'atténuer les affres de l'incertitude.

Dans ce poème, d'une manière très originale, la poétesse ne s'adresse jamais à son amant. C'est le billet qu'elle apostrophe au début du poème : « Message inattendu [...]. ».

› Rédiger la conclusion

[Bilan] [I] Dans ce poème, nous découvrons une voix féminine lyrique qui n'hésite pas à confier ses sentiments dans ce qu'ils ont de plus intime. **[II]** Par leur ambivalence même, ceux-ci présentent une dimension universelle. **[III]** À travers cette histoire d'amour laissée en suspens, le poème souligne la puissance d'évocation des mots et de la poésie.

[Ouverture] D'autres poétesses célèbrent ainsi au XXe siècle ce pouvoir de la parole poétique :

« Avec quels mots
Saisir les miettes
Du mystère
Qui nous enchâsse
Ou de l'énigme
Qui nous surprend ? »

Andrée Chedid, *Rythmes*, 2003.

Tu peux consulter la présentation de cette œuvre d'Andrée Chedid, p. 214.

Commentaire n° 4

Guillaume Apollinaire

Alcools (1913)

▶ Retrouve la lecture expressive du texte

hatier-clic.fr/MC_c4

*Apollinaire écrit « Le Pont Mirabeau », l'un des poèmes les plus célèbres d'*Alcools*, à la suite de sa rupture avec la peintre Marie Laurencin. Contemplant la Seine, le poète se souvient avec émotion du bonheur passé.*

Le Pont Mirabeau

Sous le pont Mirabeau[1] coule la Seine
Et nos amours
Faut-il qu'il m'en souvienne
La joie venait toujours après la peine

Vienne la nuit sonne l'heure
Les jours s'en vont je demeure

Les mains dans les mains restons face à face
Tandis que sous
Le pont de nos bras passe
Des éternels regards l'onde si lasse

Vienne la nuit sonne l'heure
Les jours s'en vont je demeure

L'amour s'en va comme cette eau courante
L'amour s'en va
Comme la vie est lente
Et comme l'Espérance est violente

Vienne la nuit sonne l'heure
Les jours s'en vont je demeure

Passent les jours et passent les semaines
Ni temps passé
Ni les amours reviennent
Sous le pont Mirabeau coule la Seine

•••

Vienne la nuit sonne l'heure
Les jours s'en vont je demeure

Guillaume Apollinaire, *Alcools*, « Le Pont Mirabeau », 1913.

1. **Le pont Mirabeau** : construit de 1895 à 1897, ce pont d'acier, considéré alors comme le symbole de modernité, permet de relier les XVe et XVIe arrondissements de Paris.

ÉTAPE 1 Découvrir le sujet et le texte

Exploiter le paratexte

Utilise les lignes introductives en italique, ainsi que les autres éléments du paratexte.

Informations-clés du paratexte

1913
Le début du XXe siècle est marqué par de profondes mutations artistiques : le cubisme en peinture, la naissance du cinéma, l'émergence d'une architecture moderne, en acier et béton armé…

Apollinaire
Depuis 1907, Apollinaire aime avec passion une jeune peintre, Marie Laurencin. Leur histoire, qui s'achève en 1912, lui inspire les poèmes du « cycle de Marie » dont fait partie « Le Pont Mirabeau ».

Objet d'étude : la poésie
La poésie s'est également émancipée, ce que traduisent de nouvelles formes (vers libres, prose poétique…) et de nouveaux thèmes (la ville, le quotidien…).

Alcools
Le titre évoque une ivresse d'ordre métaphysique, un vertige face au monde moderne qu'il revient au poète de connaître et de représenter.

Aborder le texte en douceur

Demande-toi…	Des réponses possibles
1 Quelles **émotions et surprises** le texte te fait-il ressentir ?	✔ En lisant ce poème, nous partageons **la mélancolie** du poète qui constate que « Ni temps passé/Ni les amours reviennent ».
2 Quels sont les **thèmes** principaux ?	✔ Le spectacle de la Seine sous le pont Mirabeau amène le poète à se souvenir d'**un amour qui s'en est allé**.
3 Quel **registre littéraire** prédomine ?	✔ Le poème exprime à la fois les joies de l'amour et la douleur de l'abandon. Il relève d'**un lyrisme élégiaque**.
4 Les **codes du genre** sont-ils respectés ou détournés ?	✔ Le poème se caractérise par **une grande variété de mètres** et l'absence de rimes pour certains vers. Il ne se conforme donc pas aux canons traditionnels.

ÉTAPE 2

Questionner le texte

Pour que tu puisses mieux voir le lien entre les observations ci-dessous et le plan proposé p. 62, j'anticipe en te donnant ci-contre les trois grandes parties. Et je note – en regard de chaque observation – la sous-partie où elle pourrait être utilisée.

I. Un poème inspiré par une rupture amoureuse
II. Une méditation poétique sur ce qui passe et ce qui reste
III. Une écriture poétique inventive

Grille 1. La structure
Comment le poème est-il composé ?

✔ **Quelle est la forme du poème ?**
Le poème est composé de **quatre strophes** de quatre vers, séparées par **un distique** qui revient à la manière d'un refrain. Les strophes sont composées de trois décasyllabes, le deuxième étant coupé en deux vers (de 4 et 6 syllabes).

→ III. 2. Des rythmes réinventés

✔ **Comment le poème progresse-t-il ? Y a-t-il un basculement, une chute ?**
Le premier vers « Sous le pont Mirabeau coule la Seine » est aussi le dernier vers de la dernière strophe ; **cet effet de ritournelle** est renforcé par la reprise du refrain. Cette structure suggère un souvenir qui tourne en boucle, laissant au poète un sentiment de désarroi et de solitude croissant.

→ I. 2. Le souvenir du bonheur passé

✔ **Que révèle l'analyse des rimes ?**
Les rimes sont toutes féminines. Cependant les décasyllabes coupés en deux vers isolent, à la fin des vers de 4 syllabes, **une finale masculine** – « amours » (v. 2), « sous » (v. 8), « s'en va » (v. 14), « passé » (v. 20) – qui ne rime avec rien, en écho à la solitude du poète.

→ I. 3. La solitude du mal-aimé

Grille 2. Espace et temps
Quel est le cadre spatio-temporel ?

✔ **Les lieux sont-ils décrits, prennent-ils vie ?**
Le poème fait référence à un lieu précis : Paris au bord de la Seine, à la hauteur du **pont Mirabeau**. Récemment construit, ce pont est **un symbole de modernité**.

→ III. 1. Un pont symbole de modernité

✔ **Que révèlent les indications de temps ?**
Le vers 4 avec son verbe à l'imparfait évoque **une époque de bonheur** avec l'être aimé, mais désormais **irrévocablement passée**. Le présent est un défilé lent de journées et de semaines (v. 15 et 19), sans perspective.

→ I. 1. La perte amoureuse

✔ **Quelle est la valeur des temps et des modes employés ?**
Le présent est le temps dominant, qui permet de souligner moins l'actualité que **la permanence des faits** : l'eau qui s'écoule, l'amour qui s'en va, le temps qui passe, le désespoir qui demeure.

→ II. 2. La fuite du temps et des amours

Grille 3. L'auteur et ses personnages
Quelle est la posture du poète ?

✔ **Quelles sont les marques de la présence du poète ?**

C'est la 1re personne du pluriel (« nos amours », « restons », « nos bras ») qui est d'abord utilisée, comme pour conjurer l'absence de l'être aimé. Mais bientôt n'est plus cité que **le pronom « je »** accolé au même verbe intransitif « demeure », traduisant la solitude du poète abandonné.

→ I. 3. La solitude du mal-aimé

✔ **S'adresse-t-il à un destinataire en particulier ?**

Dans la 2e strophe, le poète s'adresse à la femme aimée à travers cette injonction ou cette prière : « Les mains dans les mains restons face à face » (v. 7). Mais **la figure s'efface.** Seul le temps demeure présent et actif à travers le défilé des heures, des jours, des semaines.

→ II. 2. La fuite du temps et des amours

✔ **Quelles émotions exprime-t-il ? De quelle manière ?**

On devine, plutôt qu'on ne lit, le désespoir amoureux du poète. **L'expression des sentiments reste subtile** tout au long du poème. Il faut énoncer le vers 16 à voix haute, en faisant la diérèse, pour mesurer le caractère aigu de la souffrance résultant d'espoirs vains : « Et comme l'Espérance est vi|olente ».

→ II. 3. La permanence de la blessure

Grille 4. L'implicite
Quels sont les enjeux implicites du poème ?

✔ **Quels champs lexicaux dominent ?**

Trois verbes de mouvement sont répétés de manière lancinante : « venir » (5 fois), « s'en aller » (6 fois), « passer » (4 fois), pour exprimer la fuite irréversible du temps et de l'amour. Ils s'opposent à **deux verbes d'état** : « restons » (v. 7), qui exprime un vœu sans avenir, et « demeure » (v. 6, 12, 18, 24), une permanence triste.

→ II. 2. La fuite du temps et des amours

II. 3. La permanence de la blessure

✔ **Quelles sont les images et analogies principales ?**

Décor réel, **le pont Mirabeau** est doté, dans le poème, d'**une forte charge symbolique**. Il évoque à la fois le lien (entre deux rives, entre deux amants qui s'y promettent fidélité) et le passage : celui du fleuve qui coule à ses pieds et, par métaphore, celui du temps.

→ II. 1. Les images du fleuve et du pont

✔ **Le poète délivre-t-il un message ?**

Du fait de l'absence de ponctuation et de liens logiques (asyndète), plusieurs expressions du poème peuvent être interprétées de manière différente. Ainsi on peut se demander si les subjonctifs « Vienne la nuit sonne l'heure » expriment le souhait (que la nuit vienne, que sonne l'heure !) ou la concession (la nuit peut venir, l'heure sonner, ...). **Ce sens démultiplié** contribue à la puissance de ce poème profondément mélancolique.

→ III. 3. Un sens démultiplié

ÉTAPE 3

Organiser sa réflexion

› Définir un plan pertinent

I. Un poème inspiré par une rupture amoureuse

1 La perte amoureuse

Le thème central de ce poème lyrique est introduit par l'expression « nos amours » au vers 2. D'emblée cet amour est présenté comme appartenant au passé, entraîné dans le sillage du fleuve.

2 Le souvenir du bonheur passé

La 2e strophe évoque au présent les retrouvailles des amants sur un pont. Mais déjà point la lassitude (« l'onde si lasse », v. 10), qui fait douter du caractère « éternel » des regards échangés.

3 La solitude du mal-aimé

Le refrain le rappelle : mal aimé, en proie à une « Espérance violente », le poète demeure seul. Est-il tenté par la mort, comme semble le suggérer la seconde syllabe du verbe « de-meure » ?

II. Une méditation poétique sur ce qui se passe et ce qui reste

1 Les images du fleuve et du pont

Le pont, qui réunit deux berges, symbolise le désir d'union qu'exprime le geste des amants se donnant la main (« le pont de nos bras », v. 9). Mais comment arrêter l'eau qui coule sous le pont et entraîne tout sur son passage ?

2 La fuite du temps et des amours

La fin de l'amour est associée au mouvement du fleuve, qui lui-même évoque la fuite du temps.

3 La permanence de la blessure

À l'écoulement inéluctable des jours s'oppose la permanence du souvenir et de la peine amoureuse – d'autant plus violente que le poète espère encore le retour de l'être aimé.

III. Une écriture poétique inventive

1 Un pont symbole de modernité

Le pont Mirabeau a été achevé en 1897 : en inscrivant le poème dans un cadre spatio-temporel précis, évoquant la ville moderne, Apollinaire renouvelle des thèmes lyriques traditionnels.

2 Des rythmes réinventés

Le poète recourt de manière expressive à des mètres variés : tandis que le 2e décasyllabe des strophes est brisé en deux vers de 4 et 6 syllabes, le refrain évoque les rythmes d'une berceuse.

3 Un sens démultiplié

L'absence de ponctuation crée des effets de juxtaposition, évoquant les collages cubistes. L'ambiguïté qui en résulte souvent a pour effet de démultiplier le sens des vers.

› Formuler la problématique

Comment ce poème, inspiré par une rupture, renouvelle-t-il les thèmes de la perte amoureuse et de la fuite du temps à travers une écriture poétique inventive ?

ÉTAPE 4

Rédiger l'introduction et la conclusion

Rédiger l'introduction

[Accroche] Avec sa structure métallique, le pont Mirabeau, achevé en 1897, représente bien la modernité artistique telle qu'elle triomphe à l'orée du XXe siècle.

[Présentation du texte] Ce pont, Apollinaire l'a sans doute emprunté avec cette amie peintre qu'il a si passionnément aimée, Marie Laurencin. C'est ce que suggère ce poème d'*Alcools*, écrit à la suite de leur rupture, qu'Apollinaire a appelé « Le Pont Mirabeau » et dans lequel l'ouvrage d'art est un motif central, doté d'une forte valeur symbolique.

[Problématique] Comment ce texte, inspiré par une rupture, renouvelle-t-il les thèmes de la perte amoureuse et de la fuite du temps à travers une écriture poétique inventive ?

[Annonce du plan] Pour répondre à cette question, nous analyserons successivement comment ce poème exprime la douleur de ne plus être aimé, comment il se double d'une méditation sur la fuite du temps et la rémanence de la peine, enfin comment ces motifs traditionnels sont profondément renouvelés par une écriture sous le signe de la modernité.

Le premier poème d'*Alcools*, « Zone », rend hommage à la tour Eiffel construite à la même époque. Elle y est mise en scène comme la bergère des ponts qui l'entourent…

Ce poème moderne s'ancre dans la tradition poétique. On peut y déceler par exemple une référence au « Testament » (1461) de François Villon où le poète évoque le temps de sa jeunesse :
« Allé s'en est, et je demeure,
Povre de sens et de savoir. »

Rédiger la conclusion

Bilan] [I] De ce poème, Apollinaire dira qu'il est comme « la chanson triste de cette longue liaison brisée » qu'il a vécue avec Marie Laurencin. **[II]** Ce qui en fait toute la richesse et la subtilité, c'est la manière dont s'entremêlent les thèmes de la perte amoureuse et de la fuite du temps, à travers l'évocation métaphorique de l'écoulement de la Seine. L'histoire d'amour singulière acquiert ainsi une dimension universelle. **[III]** Le poème se caractérise enfin et surtout par une écriture neuve et inventive : Apollinaire y fait entendre une voix à nulle autre pareille à travers des images, des rythmes, une musicalité au plus près des émotions évoquées.

[Ouverture] Dans le sillage d'Apollinaire, Louis Aragon fait cette déclaration d'amour touchante à Elsa Triolet :

> « Au biseau des baisers
> Les ans passent trop vite
> Évite évite évite
> Les souvenirs brisés »

Louis Aragon, *Le Crève-cœur*, 1941.

Apollinaire est un poète précurseur, dont l'héritage sera revendiqué par les surréalistes. C'est d'ailleurs lui qui invente le mot quand il caractérise sa pièce de théâtre *Les Mamelles de Tirésias* (1917) de « drame surréaliste ».

Commentaire n° 5

Molière
Tartuffe (1669)

▶ Retrouve la lecture expressive du texte

hatier-clic.fr/MC_c5

Orgon est tombé sous la coupe d'un faux dévot[1], Tartuffe, et veut annuler les fiançailles de sa fille, Mariane, pour la marier à celui-ci. Quand il apparaît à l'acte III scène 2, il est abordé par la suivante de Mariane, Dorine, celle-ci étant bien décidée à le démasquer.

TARTUFFE, *parlant bas à son valet, qui est dans la maison, dès qu'il aperçoit Dorine.*
Laurent, serrez[2] ma haire[3] avec ma discipline[4],
Et priez que toujours le ciel vous illumine.
Si l'on vient pour me voir, je vais aux prisonniers
Des aumônes que j'ai, partager les deniers.

DORINE, *à part.*
Que d'affectation et de forfanterie !

TARTUFFE
Que voulez-vous ?

DORINE
Vous dire...

TARTUFFE, *tirant un mouchoir de sa poche.*
Ah ! Mon Dieu ! je vous prie,
Avant que de parler, prenez-moi ce mouchoir.

DORINE
Comment !

TARTUFFE
Couvrez ce sein que je ne saurais voir.
Par de pareils objets les âmes sont blessées,
Et cela fait venir de coupables pensées.

DORINE
Vous êtes donc bien tendre à la tentation ;

•••

Et la chair sur vos sens fait grande impression !
Certes je ne sais pas quelle chaleur vous monte :
Mais à convoiter, moi, je ne suis point si prompte :
Et je vous verrais nu du haut jusques en bas,
Que toute votre peau ne me tenterait pas.

Molière, *Tartuffe*, 1669, acte III, scène 2 (extrait).

1. **Faux dévot :** individu qui simule l'attachement aux pratiques religieuses, pour servir ses intérêts.
2. **Serrez :** rangez.
3. **Haire :** chemise en crin ou poil de chèvre que l'on porte à même la peau par esprit de mortification.
4. **Discipline :** fouet utilisé comme instrument de pénitence.

ÉTAPE 1

Découvrir le sujet et le texte

Exploiter le paratexte

Appuie-toi sur les lignes qui précèdent le texte pour situer la scène dans la pièce.
Voici ci-dessous les informations pouvant être tirées des autres éléments du paratexte.

Informations-clés du paratexte

■ **1669**
La version de *Tartuffe* en 5 actes est créée en 1669 : ses représentations sont d'abord interdites, la pièce étant jugée trop subversive.

■ **Molière**
C'est Molière qui invente la grande comédie, en 5 actes et en alexandrins. Il y dénonce par le rire les excès de ses contemporains.

■ **Objet d'étude : le théâtre**
Il faudra prendre en compte les didascalies ainsi que le principe de la double énonciation.

■ ***Tartuffe***
Ce nom propre est devenu un nom commun : un Tartuffe désigne une personne hypocrite.

Aborder le texte en douceur

	Demande-toi...	Des réponses possibles
1	Quelles **émotions et surprises** le texte te fait-il ressentir ?	✔ L'entrée en scène de Tartuffe **surprend**. D'emblée le personnage suscite la méfiance et se montre **ridicule**.
2	Quels sont les **thèmes** principaux ?	✔ En abordant la question de **l'hypocrisie**, Molière interroge plus largement la question du **lien social**.
3	Quel **registre littéraire** prédomine ?	✔ Les attitudes et le discours de Tartuffe appartiennent au registre comique. Le sujet est **polémique** : c'est un dévot très pratiquant qui est ainsi ridiculisé.
4	Les **codes du genre** sont-ils respectés ou détournés ?	✔ La scène est particulièrement théâtrale. Tartuffe se donne en spectacle : on reconnaît le procédé du **théâtre dans le théâtre.**

ÉTAPE 2

Questionner le texte

Pour que tu puisses mieux voir le lien entre les observations ci-dessous et le plan proposé p. 68, j'anticipe en te donnant ci-contre les trois grandes parties. Et je note – en regard de chaque observation – la sous-partie où elle pourrait être utilisée.

I. Un faux dévot ridicule

II. Les ressorts de l'hypocrisie

III. Le théâtre pour corriger la société

Grille 1. La structure

Comment le texte est-il organisé ?

✔ **Quels sont les principaux moments de la scène ?**

Le personnage-titre apparaît enfin après deux actes entiers. Dans un premier temps, il s'adresse à son valet, feignant de ne pas avoir vu Dorine (v. 1-4). De l'échange qui suit, c'est Dorine qui semble **sortir gagnante** (v. 14-19).

→ I. 1. La découverte d'un personnage intrigant

✔ **Comment le texte se présente-t-il ?**

Le texte est en **alexandrins**. Ceux de la première réplique de Tartuffe sont **équilibrés** en deux hémistiches : le personnage soigne son discours. Son échange avec Dorine est scandé par plusieurs interruptions, ce que traduit le découpage des vers 6 et 8.

→ II. 1. Le soin apporté aux apparences

✔ **Quelle est la fonction des répliques ? Raconter, décrire, argumenter ?**

Le discours de Tartuffe est une succession d'**injonctions** : « serrez ma haire », « Et priez », « prenez-moi ce mouchoir », « Couvrez ce sein » : il se comporte déjà comme s'il était le maître des lieux.

→ III. 3. Une réflexion sur les liens sociaux

Grille 2. Espace et temps

Quel est le cadre spatio-temporel ?

✔ **Que révèlent les indications d'espace et de temps ?**

La didascalie initiale indique que le valet de Tartuffe « est dans la maison ». C'est très inconvenant à l'époque : Tartuffe agit chez Organ comme s'il était chez lui.

→ I. 1. La découverte d'un personnage intrigant

✔ **Quels mouvements et gestes accompagnent les paroles ?**

La didascalie, « *parlant bas à son valet [...] dès qu'il aperçoit Dorine* » met tout de suite en évidence **le double jeu de Tartuffe**, qui ne manifeste des signes de piété que lorsqu'il est vu. L'aparté de Dorine (v. 5) ne laisse aucun doute sur ce jeu qu'elle dénonce.

→ II. 3. Affectation et mensonge

✔ **Que disent les didascalies sur les décors et accessoires ?**

La didascalie « tirant un mouchoir de sa poche » évoque un Tartuffe faisant preuve d'**une pruderie ridicule**. Le faux dévot ment par deux fois dans cette scène : ce n'est pas vrai qu'il se mortifie, ni qu'il soit offusqué par le décolleté de Dorine.

→ II. 2. L'indignation excessive

Grille 3. L'auteur et ses personnages
Qu'apprend-on sur les personnages ?

✔ **Quels sont les personnages présents ?**
C'est **Dorine**, la suivante de Mariane qui – la première – affronte Tartuffe dans la pièce. Par sa clairvoyance, son bon sens et sa franchise, ce personnage s'oppose en tous points au profiteur hypocrite.

→ III. 2. Le rôle de la suivante

✔ **Lesquels dominent ? Qu'apprend-on sur les relations entre les personnages ?**
Tartuffe parle davantage que Dorine, il prend tout l'espace scénique. Elle reprend le dessus à la fin et **a le dernier mot** : « Vous êtes donc bien tendre à la tentation ».

→ I. 3. Un personnage ridicule

✔ **Les personnages se font-ils acteurs ? metteurs en scène ?**
Tartuffe **joue d'emblée un rôle**, « *parlant bas* » mais suffisamment fort pour que Dorine l'entende. C'est du théâtre dans le théâtre. Se faisant également metteur en scène, il distribue les répliques (« Avant que de parler [....] »), voire les costumes (« prenez-moi ce mouchoir »).

→ III. 1. Le théâtre dans le théâtre

Grille 4. L'implicite
Quels sont les enjeux implicites du passage ?

✔ **Quels champs lexicaux dominent ?**
Le lexique de **la dévotion** domine cette scène et notamment la première réplique de Tartuffe : « haire », « discipline », « priez », « ciel »… Il emploie tous ces mots comme signes de sa piété.

→ I. 2. Une dévotion ostentatoire

✔ **Relève-t-on des figures de style ? Avec quelle valeur ?**
Le mot « sein » (« cachez ce sein ») est repris sous la forme d'**une périphrase** « de tels objets ». Cette reprise, exprimant une pudeur outrée, souligne l'hypocrisie du personnage, qui, dans la suite de la pièce, n'hésitera pas à courtiser Elmire.

→ II. 2. L'indignation excessive

✔ **De quelles réflexions la scène est-elle porteuse ?**
La répartie finale de Dorine dénonce **la condamnation des plaisirs de la chair** par les dévots et l'hypocrisie de Tartuffe qui, le premier, y semble sensible pour en parler autant. Elle annonce la suite immédiate de la pièce, où Tartuffe va tenter de séduire Elmire, la maîtresse de maison.

→ III. 3. Une réflexion sur les liens sociaux

ÉTAPE 3

Organiser sa réflexion

Définir un plan pertinent

I. Un faux dévot ridicule

1 La découverte d'un personnage intrigant

Cela fait plus de deux actes entiers que l'on entend parler du personnage qui donne son titre à la pièce. Il entre enfin en scène, et son attitude est pour le moins étrange…

2 Une dévotion ostentatoire

Le spectateur découvre un personnage excessif, loin des valeurs de modération du classicisme. Il fait étalage de ses actes de charité et exagère sa pruderie.

3 Un personnage ridicule

L'interaction avec Dorine fait encore plus ressortir les poses et affectations du personnage qui n'agit jamais de manière spontanée et naturelle.

II. Les ressorts de l'hypocrisie

1 Le soin apporté aux apparences

Tartuffe soigne toute ses attitudes et ses discours pour se donner l'apparence d'un homme très dévot.

2 L'indignation excessive

Sa duplicité est particulièrement apparente quand il s'indigne du décolleté de Dorine : il surjoue alors l'indignation.

3 Affectation et mensonge

Le spectateur a cependant suffisamment d'informations pour déceler par lui-même les mensonges de Tartuffe (ou « tartuferies »). Il perçoit clairement l'hypocrisie du personnage.

III. Le théâtre pour corriger la société

1 Le théâtre dans le théâtre

L'hypocrisie est un thème théâtral, puisqu'il fait du personnage un véritable acteur. Tartuffe se fait aussi metteur en scène, accentuant ainsi la théâtralité du passage.

2 Le rôle de la suivante

Molière utilise le personnage de la suivante au caractère bien trempé, Dorine, pour percer à jour le faux dévot. En le plaçant face à ses contradictions, elle inverse le rapport de force.

3 Une réflexion sur les liens sociaux

La scène montre comment Tartuffe se comporte en tyran, empêchant tout échange véritable ; elle annonce ses malversations à venir (séduction d'Elmire, détournement de l'héritage d'Argan). L'hypocrisie y est présentée comme un fléau, qui met en danger les liens sociaux.

Formuler la problématique

Comment cette scène comique fait-elle ressortir les ressorts de l'hypocrisie et ses dangers pour la vie en société ?

ÉTAPE 4

Rédiger l'introduction et la conclusion

› Rédiger l'introduction

[Accroche] Le 12 mai 1664, Molière fait représenter une première version de *Tartuffe ou l'imposteur*, qui est aussitôt censurée. Le dramaturge y attaque un travers qu'il juge particulièrement grave : « Si l'emploi de la comédie est de corriger les vices des hommes, je ne vois pas par quelle raison il y en aura de privilégiés. Celui-ci est, dans l'État, d'une conséquence bien plus dangereuse que tous les autres [...] » (Préface au *Tartuffe*)

Dans cette préface au *Tartuffe*, Molière met en avant le pouvoir de la satire : « rien ne reprend mieux la plupart des hommes que la peinture de leurs défauts. »

[Présentation du texte] Ce vice, c'est l'hypocrisie, dénoncée dès la première apparition de Tartuffe à l'acte III, scène 2. Alors que le faux dévot tente de rejoindre Elmire, la femme d'Orgon, pour lui faire des avances, il est abordé par Dorine, la suivante de Mariane, qui, d'emblée, met au jour les mensonges du personnage.

Ce thème de l'hypocrisie fait écho au motif baroque du *theatrum mundi* : le monde est un théâtre où chacun joue un rôle.

[Problématique] Comment cette scène comique fait-elle ressortir les caractéristiques de l'hypocrisie et ses dangers pour la société ?

[Annonce du plan] En premier lieu, la scène nous fait découvrir un personnage intrigant, dont nous percevons rapidement le caractère ridicule. Portrait d'un faux dévot, elle met en évidence les mécanismes de l'hypocrisie. De fait, elle participe au projet général de la comédie, qui dénonce, par le rire, l'hypocrisie comme un fléau social.

À la fin de la pièce, le personnage du Roi intervient en personne pour sauver la situation. Ce dénouement souligne à quel point le faux dévot est néfaste à la société.

› Rédiger la conclusion

[Bilan] **[I]** La première apparition de Tartuffe révèle un personnage qui exagère sa dévotion, au point d'en devenir ridicule. **[II]** En quelques répliques, Dorine fait ressortir toute l'hypocrisie du personnage. **[III]** Mais celui-ci reste inquiétant : par sa capacité à manipuler son entourage, il met en danger les liens sociaux.

[Ouverture] Après Molière, ce personnage deviendra un symbole efficace pour dénoncer toutes les hypocrisies. Rimbaud, par exemple, écrit, dans les *Cahiers de Douai*, « Le Châtiment de Tartufe » pour railler Napoléon III.

Tu peux ajouter cette citation du poème de Rimbaud si tu l'as en mémoire : « L'homme se contenta d'emporter ses rabats...– Peuh ! Tartufe était nu du haut jusques en bas ! »

Sujets corrigés

Commentaire n° 6

Jean Racine
Phèdre (1677)

▶ Retrouve la lecture expressive du texte
hatier-clic.fr/MC_c6

Phèdre aime Hippolyte, son beau-fils. Dans la scène 6 de l'acte IV, ayant découvert qu'Aricie est sa rivale, elle donne libre cours à sa jalousie en présence d'Œnone, sa nourrice et confidente.

PHÈDRE.
Ah ! douleur non encore éprouvée !
À quel nouveau tourment je me suis réservée !
Tout ce que j'ai souffert, mes craintes, mes transports ;
La fureur de mes feux, l'horreur de mes remords,
Et d'un refus cruel l'insupportable injure,
N'était qu'un faible essai du tourment que j'endure.
Ils s'aiment ! Par quel charme ont-ils trompé mes yeux ?
Comment se sont-ils vus ? Depuis quand ? Dans quels lieux ?
Tu le savais : pourquoi me laissais-tu séduire ?
De leur furtive ardeur ne pouvais-tu m'instruire ?
Les a-t-on vus souvent se parler, se chercher ?
Dans le fond des forêts allaient-ils se cacher ?
Hélas ! ils se voyaient avec pleine licence :
Le ciel de leurs soupirs approuvait l'innocence ;
Ils suivaient sans remords leur penchant amoureux :
Tous les jours se levaient clairs et sereins pour eux.
Et moi, triste rebut de la nature entière,
Je me cachais au jour, je fuyais la lumière ;
La mort est le seul dieu que j'osais implorer.
J'attendais le moment où j'allais expirer ;
Me nourrissant de fiel, de larmes abreuvée,
Encor dans mon malheur de trop près observée,
Je n'osais dans mes pleurs me noyer à loisir ;
Je goûtais en tremblant ce funeste plaisir,
Et sous un front serein déguisant mes alarmes,
Il fallait bien souvent me priver de mes larmes.

ŒNONE.
Quel fruit recevront-ils de leurs vaines amours ?
Ils ne se verront plus.

•••

Phèdre.
Ils s'aimeront toujours !
Au moment que je parle, ah ! mortelle pensée,
Ils bravent la fureur d'une amante insensée !
Malgré ce même exil qui va les écarter,
Ils font mille serments de ne se point quitter.
Non, je ne puis souffrir un bonheur qui m'outrage ;
Œnone, prends pitié de ma jalouse rage.
Il faut perdre Aricie ; il faut de mon époux,
Contre un sang odieux réveiller le courroux [...].

Jean Racine, *Phèdre* (1677), acte IV, scène 6 (extrait).

ÉTAPE 1

Découvrir le sujet et le texte

Exploiter le paratexte

Appuie-toi sur les lignes qui précèdent le texte pour situer la scène dans la pièce. Voici ci-dessous les informations pouvant être tirées des autres éléments du paratexte.

Informations-clés du paratexte

1677
Dans la querelle des Anciens et des Modernes qui se déroule alors, Racine prend parti **pour les Anciens**.

Racine
Racine a écrit une comédie, *Les Plaideurs* ; ses autres pièces sont toutes des **tragédies**.

Objet d'étude : le théâtre
Rédigée en alexandrins, la pièce respecte les règles du **théâtre classique**.

Phèdre
Personnage de la tragédie grecque, Phèdre est **condamnée** par une passion amoureuse qui la dépasse.

Aborder le texte en douceur

Demande-toi...	Des réponses possibles
1 Quelles **émotions et surprises** le texte te fait-il ressentir ?	✔ En révélant une héroïne **profondément bouleversée**, les tirades de Phèdre nous émeuvent.
2 Quels sont les **thèmes** principaux ?	✔ Les thèmes de **la passion** et de **la jalousie** : pour Racine, la passion amoureuse est excessive et dévastatrice.
3 Quel **registre littéraire** prédomine ?	✔ Le registre **tragique** : le désespoir de Phèdre qui la fait basculer dans une sorte de folie, suscite la pitié et la terreur.

ÉTAPE 2

Questionner le texte

Pour que tu puisses mieux voir le lien entre les observations ci-dessous et le plan proposé p. 74, j'anticipe en te donnant ci-contre les trois grandes parties. Et je note – en regard de chaque observation – la sous-partie où elle pourrait être utilisée.

I. Une scène pathétique

II. La représentation de la jalousie

III. Une héroïne profondément tragique

Grille 1. La structure

Comment le texte est-il organisé ?

✔ **Quels sont les principaux moments de la scène ?**

Les tirades de Phèdre sont rythmées par des phrases courtes qui illustrent les étapes d'**un cheminement fatal** : « Ils s'aiment » (v. 7) devient « ils s'aimeront toujours » (v. 28), enfin « Il faut perdre Aricie » (v. 35).

→ III. 3. Un destin inéluctable

✔ **Comment se présente le texte ?**

C'est Phèdre qui parle principalement. Aux vers 27 et 28, Œnone intervient pour **rappeler la situation** : Hippolyte condamné à l'exil ne pourra plus voir Aricie. Mais elle est immédiatement coupée par Phèdre pour qui importe seulement qu'ils s'aiment.

→ II. 2. De la jalousie à la fureur

✔ **Quelle est la fonction des répliques ? Raconter, décrire, argumenter ?**

Phèdre décrit **sa souffrance**, évoque les questions et pensées qui l'assaillent au sujet des deux jeunes gens. Le vers 33 (« Non, je ne puis souffrir… ») marque une rupture : pour mettre fin à une situation jugée intolérable, l'héroïne enjoint à Œnone d'agir.

→ II.3. Le désir de vengeance

Grille 2. Espace et temps

Quel est le cadre spatio-temporel ?

✔ **Que révèlent les indications d'espace et de temps ?**

Conformément à **la règle de l'unité de temps**, il ne s'écoule pas plus d'une journée entre l'aveu de Phèdre à l'acte I et son suicide à l'acte V. Mais c'est depuis sa première rencontre avec Hippolyte (antérieure à l'action de la pièce) que l'héroïne est rongée par le désespoir.

→ I.3. Des tourments qui inspirent la pitié

✔ **Quels mouvements et gestes accompagnent les paroles ?**

Phèdre semble se parler à elle-même, dans une sorte de long monologue halluciné, ponctué de phrases exclamatives qui traduisent **son agitation extrême**. Elle se tourne cependant par deux fois vers Œnone : aux vers 9-10 pour l'accuser de lui avoir caché l'amour des jeunes gens, aux vers 33-36 pour lui demander d'intervenir auprès de Thésée.

→ I.1. Un désespoir extrême

✔ **Quelle est la valeur des temps et des modes employés ?**

Phèdre évoque l'amour des deux jeunes gens au présent (v. 7 et v. 30-32), au passé (v. 13-15 ; ils s'aimaient librement sans que je le sache) et au futur (v. 28). **Ce bonheur pérenne** lui est insupportable.

→ I.2 Un parallèle insupportable

Grille 3. L'auteur et ses personnages
Qu'apprend-on sur les personnages ?

✔ **Quels sont les personnages présents / absents ?**

Seule en scène avec sa confidente, Phèdre n'a de cesse d'évoquer les amants dont elle **met en scène la félicité en l'opposant à son malheur** : elle imagine ainsi comment « tous les jours se levaient clairs et sereins pour eux » (v. 16), tandis qu'elle fuyait la lumière (v. 17-18). Cette projection ne fait qu'accentuer la jalousie qui l'inspire.

→ II.1 Un sentiment alimenté par l'imagination

✔ **Lesquels dominent ? Qu'apprend-on sur les relations entre les personnages ?**

Phèdre s'adresse à sa suivante sans ménagement quand elle l'accuse de lui avoir dissimulé la vérité (v. 9-10). **Le dévouement d'Œnone**, qui, pour sauver sa maîtresse, a imaginé un stratagème calomnieux (III, 3), lui vaudra finalement d'être maudite à la fin de cette scène : « Va-t-en, monstre exécrable ». Le passage étudié annonce ce retournement.

→ III. 1. La solitude de Phèdre

✔ **Quelles sont les émotions, les pensées des personnages ?**

Phèdre ne supporte pas d'éprouver cet amour coupable pour Hippolyte. Elle se déteste (« triste rebut de la nature entière », v. 17) autant qu'elle déteste Aricie. Sa jalousie associée à **un fort sentiment de culpabilité** la fait basculer vers la déraison et le désir de vengeance (v. 33-36).

→ II. 3. Le désir de vengeance

II. 2. Le sentiment de culpabilité

Grille 4. L'implicite
Quels sont les enjeux implicites du passage ?

✔ **Quels champs lexicaux dominent ?**

Dans les vers 5 à 10, c'est le champ lexical de **la souffrance** qui domine, notamment à travers la répétition du mot « tourment » (v. 2 et 6), qui désigne une vive souffrance morale. Phèdre est tout entière du côté de la douleur et du malheur, quand Aricie et Hippolyte sont associés aux champs lexicaux de l'amour et du bonheur innocent (« s'aiment », « ardeur », « soupirs », « innocence », « serments », « bonheur »).

→ I.1. Un désespoir extrême

✔ **Relève-t-on des figures de style ? Avec quelle valeur ?**

Les vers 14 à 21 créent **un clair-obscur** frappant : tandis que les amants profitent de jours « clairs et sereins » ; Phèdre se dépeint tapie dans l'obscurité de son palais, s'abreuvant de larmes, en train d'attendre la mort.

→ I.3. Des tourments qui inspirent la pitié

✔ **De quelles réflexions la scène est-elle porteuse ?**

« Amante insensée » (v. 30), l'héroïne n'est aux yeux de Racine « ni tout à fait coupable, ni tout à fait innocente » (préface de la pièce). Dépossédée de sa raison, elle ne fait qu'obéir à **l'implacable logique de sa passion**, qui la conduit du déshonneur à la jalousie, et inéluctablement à la mort.

→ III. 3. Un destin inéluctable

ÉTAPE 3

Organiser sa réflexion

› Définir un plan pertinent

I. Une scène pathétique

1 Un désespoir extrême

Alors qu'elle vient d'apprendre l'amour d'Hippolyte pour Aricie, Phèdre est saisie de stupeur et submergée par une souffrance plus intense que toutes celles déjà éprouvées.

2 Un parallèle insupportable

Ce qui renforce sa souffrance, c'est le parallèle, qu'elle ne peut s'empêcher de faire, avec le sort des deux amants qu'elle imagine parfaitement heureux : amoureux et libres de s'aimer.

3 Des tourments qui inspirent la pitié

Les tourments évoqués sont si forts qu'ils suscitent le désir de mourir : le spectateur est pris de pitié pour une héroïne plongée dans un tel désarroi.

II. La représentation de la jalousie

1 Un sentiment alimenté par l'imagination

Racine nous montre ici les mécanismes de la jalousie, qui s'alimente des blessures du passé et de projections fantasmées.

2 De la jalousie à la fureur

La jalousie, dévastatrice, fait basculer l'héroïne dans la déraison, la folie. Les arguments pragmatiques d'Œnone lui semblent bien vains. Elle ne s'appartient plus.

3 Le désir de vengeance

Aiguillonnée par sa « jalouse rage », Phèdre semble désormais prête à tout pour perdre sa rivale. Elle envisage ainsi de raviver un ancien conflit entre sa famille et celle d'Aricie.

III. Une héroïne profondément tragique

1 La solitude de Phèdre

Rejetée par Hippolyte, enfermée dans sa passion, Phèdre se perçoit comme le « triste rebut de la nature entière ». Personne ne peut plus lui venir en aide : pas même la figure maternelle d'Œnone, qu'elle maudira et chassera à la fin de la scène.

2 Le sentiment de culpabilité

L'innocence des « soupirs » des deux amants s'oppose à l'amour « criminel » qu'elle éprouve (à la fois adultère et incestueux), qui lui fait se détester et éprouver des remords torturants.

3 Un destin inéluctable

La déchéance de Phèdre marque une nouvelle étape dans cette scène. Tout semble annoncer la fin funeste d'une héroïne impuissante à lutter contre une passion irrationnelle.

› Formuler la problématique

Comment dans cette scène pathétique, Phèdre exprime-t-elle sa jalousie, campant une héroïne profondément tragique ?

ÉTAPE 4

Rédiger l'introduction et la conclusion

Rédiger l'introduction

[Accroche] Dans sa préface, Racine écrit que Phèdre est ce qu'il a « peut-être mis de plus raisonnable sur le théâtre ». L'affirmation a de quoi surprendre, tant l'héroïne est l'incarnation des égarements de la passion amoureuse. Ce que veut signifier le dramaturge, c'est que la destinée de Phèdre obéit à l'implacable logique de cette passion, qui ne peut que la conduire à la mort.

De grandes actrices ont incarné Phèdre au théâtre, chacune à sa manière. Sarah Bernhardt, en 1903, suscite la compassion. En 1977, Dominique Blanc insiste sur la terreur qu'inspire le personnage.

[Présentation du texte] À la scène précédente, Phèdre a appris qu'Hippolyte aime Aricie : la jalousie que fait naître cette révélation est une nouvelle étape dans l'inéluctable descente aux enfers du personnage.

Pour demeurer roi d'Athènes, Thésée a massacré les Pallantides. Seule de cette famille à avoir survécu, Aricie n'a pas le droit de se marier.

[Problématique] Comment, dans cette scène pathétique, Phèdre exprime-t-elle la jalousie qui la dévore, campant une héroïne profondément tragique ?

[Annonce du plan] Nous verrons comment l'héroïne énonce les tourments qu'elle endure, suscitant la pitié, et comment sa jalousie, qui devient fureur, est représentée. Pour finir, nous essaierons d'analyser les ressorts du tragique dans ce passage.

Rédiger la conclusion

[Bilan] [I] Dans cet extrait de la scène 6 de l'acte IV, Phèdre – qui vient d'apprendre l'existence d'une rivale – exprime sa stupeur et sa souffrance. **[II]** Le dramaturge montre comment se développe en elle une « jalouse rage » qui aboutit à un désir de vengeance. **[III]** L'héroïne prend alors toute sa dimension tragique : enfermée dans sa passion, tourmentée par le remords et un amour qui la dépasse, elle semble ne plus pouvoir arrêter son destin funeste.

Racine décrit Phèdre dans sa préface : « ni tout à fait coupable, ni tout à fait innocente », ce paradoxe fait toute la complexité du personnage.

[Ouverture] D'autres écrivains ont représenté la jalousie et ses mécanismes, Marcel Proust par exemple, dans *Du côté de chez Swann* (1913), écrit : « Quand nous avons mis dans [un être] de telles possibilités de souffrance, [...] il nous semble appartenir à un autre univers. »

Commentaire n° 7

La Fontaine
Fables (1668-1694)

▶ Retrouve la lecture expressive du texte
hatier-clic.fr/MC_c7

Cette fable est une critique du roi Louis XIV et de sa cour.

La cour du Lion

Sa Majesté lionne[1] un jour voulut connaître
De quelles nations le Ciel l'avait fait maître.
Il manda[2] donc par députés
Ses vassaux de toute nature,
Envoyant de tous les côtés
Une circulaire écriture,
Avec son sceau. L'écrit portait
Qu'un mois durant le Roi tiendrait
Cour plénière, dont l'ouverture
Devait être un fort grand festin,
Suivi des tours de Fagotin[3].
Par ce trait de magnificence
Le Prince à ses sujets étalait sa puissance.
En son Louvre[4] il les invita.
Quel Louvre ! un vrai charnier, dont l'odeur se porta
D'abord au nez des gens. L'Ours boucha sa narine :
Il se fût bien passé de faire cette mine,
Sa grimace déplut. Le Monarque irrité
L'envoya chez Pluton[5] faire le dégoûté.
Le Singe approuva fort cette sévérité,
Et flatteur excessif, il loua la colère
Et la griffe du Prince, et l'antre, et cette odeur :
Il n'était ambre, il n'était fleur,
Qui ne fût ail au prix[6]. Sa sotte flatterie
Eut un mauvais succès, et fut encor punie.
Ce Monseigneur du Lion-là
Fut parent de Caligula[7].
Le Renard étant proche : Or çà, lui dit le Sire,
Que sens-tu ? dis-le moi : parle sans déguiser.
L'autre aussitôt de s'excuser,

Alléguant un grand rhume : il ne pouvait que dire
    Sans odorat ; bref, il s'en tire.
    Ceci vous sert d'enseignement :
Ne soyez à la cour, si vous voulez y plaire,
Ni fade adulateur, ni parleur trop sincère ;
Et tâchez quelquefois de répondre en Normand.

La Fontaine, *Fables*, deuxième recueil, 1678, VII, 6.

1. **Sa Majesté lionne :** le mot « lionne » est ici employé comme adjectif.
2. **Il manda :** il leur ordonna de venir.
3. **Fagotin :** singe savant qui réalisait des tours à la foire Saint-Germain.
4. **En son Louvre :** dans un lieu équivalent pour les animaux à la cour du Roi au Louvre.
5. **L'envoya chez Pluton :** le fit mourir (Pluton est le dieu des Enfers dans la mythologie romaine).
6. **Le Singe** loue l'odeur de charnier que dégage l'antre du Lion, en affirmant qu'en comparaison, même les plus subtils parfums paraissent sentir l'ail.
7. **Caligula :** empereur romain réputé pour ses exécutions arbitraires.

ÉTAPE 1

Découvrir le sujet et le texte

Exploiter le paratexte

Utilise la ligne introductive en italique, ainsi que les autres éléments du paratexte.

Informations-clés du paratexte

- **1678**
  À la publication de cette fable, la cour de Louis XIV est encore installée au Louvre.
- **La Fontaine**
  Depuis la disgrâce de son protecteur Fouquet, La Fontaine s'est éloigné de la cour.
- **Objet d'étude : la litt. d'idées**
  Le récit plaisant que contient cette fable est au service d'une morale.
- **« La cour du Lion »**
  La cour est une cible traditionnelle des moralistes. Le Lion représente ici le roi Louis XIV.

Aborder le texte en douceur

	Demande-toi…	Des réponses possibles
1	Quelles **émotions et surprises** le texte te fait-il ressentir ?	✔ On peut être **indigné** par le personnage du Lion qui élimine l'Ours sincère comme le Singe flatteur.
2	Quels sont les **thèmes** principaux ?	✔ Le Lion incarne **un pouvoir absolu et arbitraire**, qui rend le métier de courtisan bien difficile.
3	Quel **registre littéraire** prédomine ?	✔ À travers ce récit, La Fontaine dénonce les travers de la cour de Louis XIV : le registre est satirique.
4	Les **codes du genre** sont-ils respectés ou détournés ?	✔ La Fontaine s'inspire d'**une fable latine de Phèdre**, qu'il renouvelle à travers un récit vivant et percutant.

ÉTAPE 2

Questionner le texte

Pour que tu puisses mieux voir le lien entre les observations ci-dessous et le plan proposé p. 80, j'anticipe en te donnant ci-contre les trois grandes parties. Et je note – en regard de chaque observation – la sous-partie où elle pourrait être utilisée.

I. Un récit rythmé et vivant

II. Un monde animal calqué sur celui des humains

III. Une réflexion morale et politique

Grille 1. La structure
Comment le texte est-il organisé ?

✔ **L'argumentation est-elle directe ou indirecte ?**

Cette fable contient une argumentation indirecte. C'est à travers le récit des mésaventures de courtisans malheureux (l'Ours et le Singe) que le fabuliste délivre un enseignement.

→ II.1. Le détour par le monde animal

✔ **Comment la thèse est-elle amenée ?**

Une première thèse est exprimée dans la morale des quatre derniers vers, à l'impératif : « Ne soyez à la cour [...] Ni fade adulateur, ni parleur trop sincère ». Cependant la satire laisse deviner une autre thèse : la critique d'un pouvoir trop arbitraire.

→ III.2. La valorisation de la ruse
III.3. La dénonciation des dangers du pouvoir absolu

✔ **Que révèlent les connecteurs logiques ou chronologiques ?**

Ces connecteurs organisent le récit : « D'abord » (v. 16) signale le point de départ de l'intrigue : l'odeur de l'antre du Lion. « Or », au v. 28, annonce un tournant dans le récit : c'est maintenant au Renard de répondre au Roi.

→ I.1. Un récit rythmé

Grille 2. Espace et temps
Quel est le cadre spatio-temporel ?

✔ **Les idées sont-elles mises en scène dans un récit (apologue) ?**

Les idées sont mises en scène dans un récit soigneusement scénarisé. Le nœud de l'intrigue est « l'odeur » qui incommode les courtisans. La chute est la solution trouvée par le Renard qui allègue un rhume pour justifier qu'il ne peut pas juger l'odeur.

→ I.3. Un dénouement qui surprend

✔ **Que révèlent les indications d'espace et de temps ?**

Nous sommes dans un monde animal calqué sur celui des humains. Le Lion envoie des « députés » à ses « vassaux ». Il les reçoit dans « son Louvre » ; l'odeur de « charnier » qui y règne laisse cependant augurer un prince cruel.

→ II.1. Le détour par le monde animal

✔ **Comment les modes et les temps servent-ils l'argumentation ?**

L'organisation de la « Cour plénière » est décrite à l'imparfait. Les actions qui s'y succèdent à un rythme rapide sont racontées au passé simple. Le succès de la ruse du Renard est rapporté au présent : « il s'en tire » (v. 32). De fait, c'est le seul des courtisans qui survit.

→ I.1. Un récit rythmé

Grille 3. L'auteur et ses personnages
Comment les idées sont-elles incarnées ?

✔ **Les points de vue en présence sont-ils incarnés par des personnages ?**

Chaque animal représente un comportement typique. Le Lion est un souverain colérique et arbitraire. L'Ours est maladroit et bourru. Le Singe se croit plus malin, mais en fait trop. Le Renard, rusé, parvient à trouver la juste mesure.

→ II.2. Des animaux courtisans

III.1. La satire morale

✔ **L'auteur rapporte-t-il un/des discours ? Comment ?**

Pour donner plus de vie au récit, le fabuliste varie la manière de rapporter les paroles des personnages. Les ordres du Lion sont exprimés sous une forme narrativisée, il « voulut connaître » (v. 1), « manda » (v. 3). Les flatteries du Singe sont rapportées au style indirect libre (v. 23-24).

Enfin la question du Lion au Renard est formulée au discours direct « Que sens-tu ? [...] parle sans déguiser » (v. 29).

→ I.2. Des personnages qu'on entend parler

✔ **Retrouve-t-on des émotions à travers des registres particuliers ?**

Le registre satirique est perceptible à travers les interventions discrètes du fabuliste. Notamment les références culturelles qui dissimulent mal la réalité brutale de l'exécution de l'Ours (« Le Monarque irrité/L'envoya chez Pluton ») puis du Singe (le Lion est alors présenté comme « parent de Caligula »).

→ III.3. La dénonciation des dangers du pouvoir absolu

Grille 4. L'implicite
Quels sont les enjeux implicites du passage ?

✔ **Quels champs lexicaux dominent ?**

Les nombreux termes désignant le Lion : « Majesté », « Roi », « Prince », « Monarque », « Monseigneur », « Sire », par opposition au terme « vassaux », disent bien l'excessive puissance du souverain dans une monarchie absolue.

→ II.3. Le Lion, symbole du monarque absolu

✔ **Quels procédés renforcent l'efficacité de l'argumentation ?**

On peut relever le contraste comique, à visée satirique, entre les préparatifs de la cour plénière laissant attendre une réception magnifique et la réalité de celle-ci. Ce contraste est souligné par la reprise du mot « Louvre » dans une exclamative au vers 15 : « En son Louvre il les invita. / Quel Louvre ! un vrai charnier [...] ».

→ III.1. La satire morale

✔ **Quelle est la visée implicite de l'auteur ?**

La morale délivre des règles de conduite aux courtisans. Mais l'objectif de La Fontaine, à travers le tableau de cette cour terrifiante, est aussi de dénoncer les monarques trop autoritaires.

→ III.3. La dénonciation des dangers du pouvoir absolu

ÉTAPE 3

Organiser sa réflexion

› Définir un plan pertinent

I. Un récit rythmé et vivant

1 Un récit rythmé

Une fois les circonstances posées, le récit est rondement mené : c'est l'Ours qui le premier fait les frais de la colère et de la cruauté du Lion ; puis le Singe. Le dénouement est opéré en trois vers.

2 Des personnages qu'on entend parler

Le fabuliste varie la manière dont il rapporte les paroles de ses personnages (au style direct ou indirect). Chaque discours caractérise celui qui parle : ainsi en est-il des flatteries du Singe.

3 Un dénouement qui surprend

La Fontaine crée un moment de suspense en laissant le Lion se tourner vers le Renard pour l'interroger à son tour. La rapidité avec laquelle celui-ci se sort du piège surprend et fait rire.

II. Un monde animal calqué sur celui des humains

1 Le détour par le monde animal

Les personnages sont bien des animaux et le lieu où le Lion les reçoit évoque l'antre du fauve et l'odeur de charnier qu'il dégage. Mais les animaux ont des traits empruntés aux humains.

2 Des animaux courtisans

De fait La Fontaine met en scène ces animaux dans un univers qui n'a plus rien à voir avec le monde animal : une cour où chacun, en bon courtisan, s'emploie à ne pas déplaire au Roi.

3 Le Lion, symbole du monarque absolu

Le personnage du Lion a rassemblé « ses vassaux » dans « son Louvre » et rend des jugements parfaitement arbitraires : on peut y lire une référence au roi de France.

III. Une réflexion morale et politique

1 La satire morale

Le récit animalier permet au moraliste de dénoncer sous une forme plaisante les défauts des personnages : la maladresse de l'Ours et du Singe comme l'orgueil excessif du Lion monarque.

2 La valorisation de la ruse

Seule la réponse du Renard a réussi à désamorcer la cruauté du Roi. Dans la morale finale, le fabuliste conseille ainsi, avec un certain réalisme, de « répondre en Normand ».

3 La dénonciation des dangers du pouvoir absolu

De manière implicite, le comportement du Lion est vivement attaqué. La Fontaine n'est pas révolutionnaire, il ne remet pas en cause la monarchie, mais il interroge son exercice.

Formuler la problématique

Comment cette fable, à travers le récit très vivant des mésaventures d'animaux courtisans, propose-t-elle une satire qui dénonce les dangers d'un pouvoir absolu ?

ÉTAPE 4 Rédiger l'introduction et la conclusion

Rédiger l'introduction

[Accroche] La Fontaine, après la disgrâce de son protecteur Nicolas Fouquet, évolue en marge de la cour. Il dédicace son premier recueil de *Fables* au Dauphin, et le deuxième à Mme de Montespan. Il est apprécié pour son talent, mais il ne sera jamais courtisan de Louis XIV.

La Fontaine a peut-être été présenté au roi lors de sa réception à l'Académie en 1684, mais sinon, il ne l'aurait jamais rencontré.

[Présentation du texte] Ses fables illustrent bien cette méfiance de La Fontaine pour la cour, son étiquette, ses règles arbitraires. Dans notre texte, le sort malheureux des animaux à la cour du Lion nous est raconté de manière à la fois plaisante et instructive. Le conseil final donné aux courtisans dissimule une réflexion politique.

La maxime latine *placere et docere* (« plaire et instruire ») provient de la *Poétique* d'Horace et sert de précepte aux grands moralistes du XVIIe siècle.

[Problématique] Comment cette fable, à travers le récit très vivant des mésaventures d'animaux courtisans, propose-t-elle une satire qui dénonce les dangers d'un pouvoir absolu ?

[Annonce du plan] Cette fable propose en premier lieu un récit rythmé et vivant. Le fabuliste y met en scène des animaux qui font référence aux courtisans de son époque. Avec le regard du moraliste, il dénonce les comportements excessifs observés à la cour, comme les dérives de la monarchie absolue.

Genre hybride, la fable emprunte à l'art du récit, au théâtre, à la poésie et délivre un enseignement.

Rédiger la conclusion

[Bilan] [I] Dans cette fable, La Fontaine met en scène de manière plaisante les mésaventures d'animaux courtisans. **[II]** Le détour par le monde animal permet de caricaturer plus efficacement les défauts du monde des humains. **[III]** Tout en délivrant des conseils de bon sens aux courtisans, le fabuliste dénonce les dérives d'un pouvoir monarchique absolu, qui se prive de conseils sincères par excès d'autorité.

Souvent, la fable offre un questionnement ouvert, une profondeur insoupçonnée à la première lecture !

[Ouverture] Au XIXe siècle, des auteurs pousseront jusqu'à l'absurde la représentation de l'arbitraire du pouvoir. Par exemple, Alfred Jarry, dans *Ubu roi* (1896), représente les excès du père Ubu d'une manière tellement frappante qu'on parle encore aujourd'hui de « situation ubuesque ».

Commentaire n° 8

Françoise de Graffigny
Lettres d'une Péruvienne

(1747-1752)

▸ Retrouve la lecture expressive du texte

hatier-clic.fr/MC_c8

Dans le roman épistolaire Lettres d'une Péruvienne, *Zilia, une jeune femme inca arrachée à son pays, raconte à son fiancé Aza son arrivée en France et lui décrit, avec un regard aiguisé, la société qu'elle découvre. Ce roman est précédé d'un Avertissement.*

Si la vérité, qui s'écarte du vraisemblable, perd ordinairement son crédit aux yeux de la raison, ce n'est pas sans retour[1] ; mais pour peu qu'elle contrarie le préjugé, rarement elle trouve grâce devant son tribunal.

Que ne doit donc pas craindre l'éditeur de cet ouvrage, en présentant au public les lettres d'une jeune Péruvienne, dont le style et les pensées ont si peu de rapport à l'idée médiocrement avantageuse qu'un injuste préjugé nous a fait prendre de sa nation.

Enrichis par les précieuses dépouilles du Pérou, nous devrions au moins regarder les habitants de cette partie du monde, comme un peuple magnifique, et le sentiment de respect ne s'éloigne guère de l'idée de la magnificence.

Mais toujours prévenus[2] en notre faveur, nous n'accordons du mérite aux autres nations, non seulement qu'autant que leurs mœurs imitent les nôtres, mais qu'autant que leur langue se rapproche de notre idiome[3]. *Comment peut-on être Persan ?*[4]

Nous méprisons les Indiens ; à peine accordons-nous une âme pensante à ces peuples malheureux ; cependant leur histoire est entre les mains de tout le monde ; nous y trouvons partout des monuments de la sagacité de leur esprit et de la solidité de leur philosophie.

Un de nos plus grands poètes a crayonné les mœurs indiennes dans un poème dramatique[5], qui a dû contribuer à les faire connaître.

Avec tant de lumières répandues sur le caractère de ces peuples, il semble que l'on ne devrait pas craindre de voir passer pour une fiction des lettres originales[6], qui ne font que développer ce que nous connaissons déjà de l'esprit vif et naturel des Indiens ; mais le préjugé a-t-il des yeux ? Rien ne rassure contre son jugement, et l'on se serait bien gardé d'y soumettre cet ouvrage si son empire était sans bornes.

Il semble inutile d'avertir que les premières lettres de Zilia ont été traduites par elle-même : on devinera aisément, qu'étant composées dans une langue, et tracées d'une manière qui nous sont également inconnues, le recueil n'en serait pas parvenu jusqu'à nous, si la même main ne les eût écrites dans notre langue.

Françoise de Graffigny, *Lettres d'une Péruvienne* (2e éd., 1752), « Avertissement ».

1. **Sans retour :** sans conséquence.
2. **Toujours prévenus en notre faveur :** ayant toujours une haute opinion de nous-mêmes.
3. **Idiome :** langue.
4. Voir Montesquieu, *Lettres persanes* (1721). Lettre 30, p. 98 : « Ah ! ah ! Monsieur est Persan ? c'est une chose bien extraordinaire ! Comment peut-on être Persan ? »
5. Voltaire, *Alzire ou les Américains* (1736), une pièce dont l'intrigue se déroule au Pérou.
6. « Avec tant de lumières [...] », je ne devrais pas craindre que ces lettres originales soient prises pour une fiction.

Sujets corrigés

ÉTAPE 1

Découvrir le sujet et le texte

Exploiter le paratexte

Utilise les lignes introductives en italique, ainsi que les autres éléments du paratexte.

Informations-clés du paratexte

1752
Le roman a été publié en plein siècle des Lumières, dans un contexte de remise en question de la monarchie absolue et des systèmes de valeurs traditionnelles.

Françoise de Graffigny
Cette autrice, qui remporta un immense succès de son vivant avec ce roman, est redécouverte à partir des années 1960 par la critique littéraire féministe.

Objet d'étude : la litt. d'idées
Ce roman épistolaire contient une critique acerbe de la société française, que permet le procédé du regard étranger.

Lettres d'une Péruvienne
Le titre fait référence aux *Lettres persanes* de Montesquieu (1721). Mais, dans ce cas, les lettres émanent d'une épistolière et nous transportent en Amérique du Sud.

Aborder le texte en douceur

Demande-toi...	Des réponses possibles
1 Quelles **émotions et surprises** le texte te fait-il ressentir ?	✔ On peut être touché par **la vigueur** avec laquelle l'autrice défend la vérité en butte aux préjugés.
2 Quels sont les **thèmes** principaux ?	✔ Il est question de **la vérité**, qui doit **triompher des préjugés**, et de valeur des lettres qui suivent.
3 Quel **registre littéraire** prédomine ?	✔ L'autrice loue **les qualités** du peuple péruvien (registre épidictique) et condamne énergiquement les idées préconçues à son sujet (registre polémique).
4 Les **codes du genre** sont-ils respectés ou détournés ?	✔ Selon les codes des romans épistolaires de l'époque, cet Avertissement invite le lecteur à considérer les lettres qui suivent comme **authentiques**.

ÉTAPE 2

Questionner le texte

Pour que tu puisses mieux voir le lien entre les observations ci-dessous et le plan proposé p. 86, j'anticipe en te donnant ci-contre les trois grandes parties. Et je note – en regard de chaque observation – la sous-partie où elle pourrait être utilisée.

I. Un avertissement au lecteur
II. La défense du peuple indien
III. La condamnation des préjugés

Grille 1. La structure
Comment le texte est-il composé ?

✔ **L'argumentation est-elle directe ou indirecte ?**
Cette préface relève de l'argumentation directe. Souhaitant convaincre le lecteur de l'intérêt des lettres qui suivent, Françoise de Graffigny développe une argumentation sur le thème du préjugé, **en exposant son point de vue de manière explicite**.

→ I. 1. Une préface de l'« éditeur » des lettres

✔ **Comment la thèse est-elle amenée ?**
Il s'agit de démontrer **l'illégitimité des préjugés envers les peuples non européens et, ce faisant, la valeur de ces lettres** présentées comme écrites par une Péruvienne. L'autrice débute par des généralités sur la force du préjugé face à la vérité, puis précise son propos en évoquant les préjugés à l'encontre des Amérindiens.

→ I. 3. Une épistolière remarquable

✔ **Que révèlent les connecteurs logiques ou chronologiques ?**
Les très nombreux connecteurs d'opposition (« au moins » l. 8, « mais » l. 2, 11, 12, « cependant », l. 16) soulignent **la contradiction entre la grandeur des peuples indiens et l'opinion que les Européens ont d'eux**.

→ II. 3. Un peuple pourtant méprisé

Grille 2. Espace et temps
Quel est le cadre spatio-temporel ?

✔ **Les idées sont-elles mises en scène dans un récit (apologue) ?**
Non, mais les idées clés de vérité et de préjugé sont **comme personnifiées** : ainsi, dans le premier paragraphe, la vérité est montrée en train de comparaître devant le tribunal du préjugé (l. 1-3) ; à la l. 24, l'autrice pose cette question : « mais le préjugé a-t-il des yeux ? ».

→ III. 2. Combattre le préjugé aveugle

✔ **Que révèlent les indications d'espace et de temps ?**
L'expression « précieuses dépouilles du Pérou » fait référence à **la conquête du Pérou par Pizarro** et ses troupes (à compter de 1531). Zilia est ainsi une jeune femme inca, enlevée par les conquistadors espagnols. Cependant libérée par un jeune officier français, elle se retrouve dans **la France du XVIIIe siècle**.

→ II. 1. Un peuple soumis par les Européens

✔ **Comment les modes et les temps servent-ils l'argumentation ?**
Le présent de vérité générale permet de donner plus de portée au propos : la défense par Graffigny de son livre et de son héroïne s'inscrit dans un combat plus large.

→ III. 2. Combattre le préjugé aveugle

Grille 3. L'autrice et ses personnages
Comment les idées sont-elles incarnées ?

✔ **Quelles sont les marques de la présence de l'autrice ?**

Graffigny se présente de manière neutre comme « l'éditeur de cet ouvrage » (l. 4). Plus loin, elle utilise **le pronom indéfini** « on » (l. 21, 27) comme pour s'effacer derrière Zilia, présentée comme la véritable autrice. Quand elle recourt à la 1re personne, à travers **le pronom « nous »**, c'est pour faire référence aux Européens, parmi lesquels elle s'inclut, qui font preuve d'un ethnocentrisme illégitime.

→ I. 2 Des lettres présentées comme authentiques

✔ **L'autrice rapporte-t-elle un/des discours ? Comment ?**

Pas de discours rapporté à proprement parler. Cependant, désireuse de mettre ses pas dans ceux des grands écrivains de son époque, Graffigny cite les *Lettres persanes* : ***« Comment peut-on être Persan ? »***. Une question que Montesquieu met ironiquement dans la bouche d'un Parisien pour dénoncer les préjugés des Français.

→ III. 1. Dénoncer l'ethnocentrisme

✔ **Retrouve-t-on des émotions à travers des registres particuliers ?**

L'éloge du peuple indien **(registre épidictique)** semble d'autant plus vibrant que Graffigny dénonce avec énergie **(registre polémique)** le mépris des Européens à leur égard et assume sa part de responsabilité à travers l'utilisation du « nous ».

→ II. 2. Un peuple « magnifique »
II.3. Un peuple pourtant méprisé

Grille 4. L'implicite
Quels sont les enjeux implicites du passage ?

✔ **Quels champs lexicaux dominent ?**

Le mot **« préjugé »** est utilisé trois fois (l. 2, 6, 24), accolé dans une occurrence à l'adjectif « injuste ». Le mot **« prévenus »** (l. 11) relève du même champ lexical. Ces termes évoquent une opinion toute faite, qui ne tient pas compte de la réalité.

→ III. 2. Combattre le préjugé aveugle

✔ **Quels procédés renforcent l'efficacité de l'argumentation ?**

On peut relever de **nombreux termes mélioratifs** : « magnifique » (l. 9), « magnificence » (l. 10), « sagacité » (l. 17), « solidité » (l. 18), « vif et naturel » (l. 23). Ils permettent d'exprimer la grandeur du peuple péruvien et de dénoncer en creux l'illégitimité des opinions défavorables à leur sujet.

→ II. 2. Un peuple « magnifique »

✔ **Quelle est la visée implicite de l'autrice ?**

En dénonçant l'ethnocentrisme des Européens, qui leur fait mépriser les peuples indiens, Graffigny s'inscrit dans **le sillage des philosophes des Lumières** qui invitent les hommes à accéder à la lumière de la raison et à sortir de la nuit des préjugés.

Cette entrée en matière lui permet également de présenter les *Lettres* comme authentiques et le regard de la jeune Péruvienne comme éclairé et éclairant.

→ III. 3. Lire les lettres avec un esprit éclairé

ÉTAPE 3

Organiser sa réflexion

› Définir un plan pertinent

I. Un avertissement au lecteur

1 Une préface de l'« éditeur » des lettres

Dans cette courte préface aux *Lettres d'une Péruvienne*, celle qui se présente comme « l'éditeur de cet ouvrage » s'adresse à son « public » pour lui présenter les lettres qui suivent.

2 Des lettres présentées comme authentiques

Le mot « éditeur » laisse entendre que l'autrice de l'ouvrage s'est contentée de rassembler les lettres « originales » de la jeune Péruvienne, que celle-ci a elle-même traduites.

3 Une épistolière remarquable

Graffigny loue le « style » et les « pensées » de Zilia, l'autrice des lettres. Mais cet avis tranche avec l'idée que se font les Européens du peuple péruvien.

II. La défense du peuple indien

1 Un peuple soumis par les Européens

L'éloge de Zilia est l'occasion pour Graffigny d'évoquer l'histoire du peuple inca qui, à l'époque des conquistadors espagnols, fut soumis et pillé, sans aucun égard pour les populations.

2 Un peuple « magnifique »

Ce peuple avait pourtant développé une civilisation brillante : des ouvrages historiques et littéraires ont fait la lumière sur ce sujet et ne permettent plus de douter de sa valeur.

3 Un peuple pourtant méprisé

Avec une référence implicite à la controverse de Valladolid (1550-1551), l'autrice rappelle comment on a pu nier aux Indiens la qualité d'humains, pour justifier leur colonisation forcée.

III. La condamnation des préjugés

1 Dénoncer l'ethnocentrisme

Ce que Graffigny condamne plus largement, c'est ce sentiment de supériorité des Européens, que traduit la citation ironique des *Lettres persanes* : « *Comment peut-on être Persan ?* ».

2 Combattre le préjugé aveugle

Faisant écho aux idées des Lumières, l'autrice met en scène le combat incertain de la vérité contre le préjugé : le préjugé est aveugle, heureusement son « empire » n'est pas sans bornes.

3 Lire les *Lettres* avec un esprit éclairé

Elle invite ainsi le lecteur à lire les *Lettres* qui suivent sans idée préconçue et à tirer profit du regard éclairé d'une étrangère sur la société française.

› Formuler la problématique

Comment cet avertissement au lecteur, qui fait l'éloge d'un peuple lointain, invite-t-il à combattre les préjugés ?

ÉTAPE 4 Rédiger l'introduction et la conclusion

Rédiger l'introduction

[Accroche] Au XVIIIe siècle, le roman épistolaire est en vogue. C'est le genre que Montesquieu choisit pour ses *Lettres persanes* (1721), où il imagine deux Persans venus en France et se livrant, à travers leur correspondance, à toutes sortes d'observations sur la société française. S'inspirant de son illustre aîné, Françoise de Graffigny fait paraître en 1747 *Lettres d'une Péruvienne* qui rencontrent un vif succès.

Témoin de ce succès, la mode vestimentaire que lance le roman dans les salons littéraires de l'époque : celle-ci imite les costumes et bijoux incas.

[Présentation du texte] Dans l'Avertissement, qui précède le roman, Françoise de Graffigny insiste sur l'authenticité des lettres : elle cède ainsi à l'illusion convenue d'un roman épistolaire. Cependant elle invite surtout son lecteur occidental à oublier ses préjugés à l'encontre de peuples non européens et à adopter un regard critique sur sa propre société.

On reconnaît une « âme pensante » aux Amérindiens depuis la fameuse controverse de Valladolid : en 1550, Las Casas défend cette idée avec succès contre Sepúlveda.

[Problématique] Comment cet avertissement au lecteur, qui fait l'éloge d'un peuple lointain, invite-t-il à combattre les préjugés ?

[Annonce du plan] Dans un premier temps, nous verrons en quoi ce texte, qui introduit le roman épistolaire, vise à accréditer l'idée d'une correspondance réelle. Les deux dernières parties permettront de mettre en évidence un autre objectif de l'autrice : convier le lecteur à faire une lecture éclairée du roman, débarrassée de tout préjugé.

Rédiger la conclusion

[Bilan] **[I]** Dans cette préface, Françoise de Graffigny se présente comme simple « éditeur de l'ouvrage » : elle n'a fait que réunir les lettres d'une jeune Péruvienne. **[II]** Cependant l'origine de l'épistolière la conduit à louer les qualités de sa nation et à dénoncer les préjugés des Européens à l'encontre des peuples indiens. **[III]** S'inscrivant dans le mouvement des Lumières, elle nous invite ainsi à lire les *Lettres*, sans idée préconçue, et à tirer les enseignements que peut délivrer un regard éloigné sur notre société.

Françoise de Graffigny connaissait et appréciait Voltaire. Dans l'édition de 1752 des *Lettres d'une Péruvienne*, elle lui rend hommage en mentionnant sa pièce de théâtre, *Alzire*, qui se déroule au Pérou.

[Ouverture] Vingt ans plus tard, Voltaire écrit un conte philosophique intitulé *L'Ingénu*, dans lequel le point de vue étranger et plein de candeur du Huron devient une redoutable arme satirique.

CHAPITRE 2

Comment faire une bonne **dissertation** ?

Ma méthode **pour réussir la dissertation** 90

Sujets corrigés **10 dissertations sur les œuvres au programme** 96

Dissertation n° 1 *Manon Lescaut.* Personnages en marge et plaisirs du romanesque 96

Dissertation n° 2 *La Peau de chagrin.* Des personnages condamnés ? 100

Dissertation n° 3 *Sido, Les Vrilles de la vigne.* Célébration du monde et éloge de la nature 104

Dissertation n° 4 *Cahiers de Douai.* Un acte d'émancipation ? 108

Dissertation n° 5 *Mes forêts.* Lyrisme poétique et vision de la nature 112

Dissertation n° 6 *Le Menteur.* Pourquoi ment-il autant ? 116

Dissertation n° 7 *On ne badine pas avec l'amour.* Camille et Perdican badinent-ils avec l'amour ? 120

Dissertation n° 8 *Pour un oui ou pour un non.* Dispute et vérité 124

Dissertation n° 9 *Gargantua.* Le rire pour transmettre un savoir 128

Dissertation n° 10 *La Déclaration des droits de la femme...* Le combat d'Olympe de Gouges 132

Ma méthode pour réussir la dissertation

La dissertation du nouveau bac de français porte sur une des œuvres au programme que tu as étudiées. Pense à bien gérer ton temps : 2 h pour le brouillon – en suivant bien les 4 étapes indiquées ci-dessous ; puis 2 h pour la rédaction au propre.

▶ **Retrouve ma méthode en vidéo**

hatier-clic.fr/MC3

ÉTAPE 1 Analyser le sujet

hatier-clic.fr/MC3_1

› Repérer les termes clés, formuler la problématique

→ Commence par repérer les **termes clés** du sujet : ceux qui construisent **une caractérisation de l'œuvre**. N'hésite pas à les expliciter si nécessaire en cherchant des synonymes. Demande-toi comment ils entrent **en résonance avec l'objet d'étude et le parcours associés** à l'œuvre étudiée. Appuie-toi sur cette analyse pour faire émerger la problématique.

→ Prenons **quatre sujets pour exemples**.

Demande-toi...	Conseil
A La maladie d'Argan dans *Le Malade imaginaire* de Molière n'engendre-t-elle qu'un spectacle comique ?	✔ **Objet d'étude :** le théâtre ✔ **Parcours :** « Spectacle et comédie » ✔ **Problématique :** La comédie de Molière est-elle seulement un spectacle divertissant ?
B Peut-on lire *La Peau de chagrin* de Balzac comme le tableau d'un monde exténué ?	✔ **Objet d'étude :** le roman ✔ **Parcours :** « Les romans de l'énergie, création et destruction » ✔ **Problématique :** Le roman de Balzac n'est-il que le tableau figé d'une société décadente, qui a perdu son énergie ?
C En quoi, dans les livres V à X des *Caractères* de La Bruyère, l'art de la mise en scène sert-il le projet du moraliste ?	✔ **Objet d'étude :** la littérature d'idées ✔ **Parcours :** « La comédie sociale » ✔ **Problématique :** En quoi le moraliste qu'est La Bruyère use-t-il des procédés du théâtre pour critiquer la société de son temps ?

D	
Baudelaire dédicace *Les Fleurs du Mal* à T. Gautier, en qui il voit un « parfait magicien ». En quoi peut-on dire que son recueil poétique procède lui aussi d'une parfaite magie ?	✔ **Objet d'étude :** la poésie ✔ **Parcours :** « Alchimie poétique : la boue et l'or » ✔ **Problématique :** En quoi la poésie de Baudelaire relève-t-elle d'une sorte d'alchimie ?

Interroger les limites du sujet

→ **Le plus souvent**, le sujet t'invite à discuter une thèse. Ta réponse va prendre la forme d'un « oui, mais » : tu vas partir de la caractérisation de l'œuvre proposée, pour aller plus loin, et adopter ainsi **un plan dialectique**.

La plupart des sujets proposés depuis la mise en place du nouveau bac de français sont sur ce modèle, invitant spontanément à adopter un plan dialectique. C'est le cas des sujets A et B cités ci-dessus.

Types de formulations appelant un plan dialectique :

« Pensez-vous / Peut-on considérer que… ? »
« Dans quelle mesure peut-on dire que… ? »
« Dans quelle mesure votre lecture correspond à [telle caractérisation de l'œuvre] ? »

→ Dans d'autres cas, le sujet te demande d'illustrer une thèse. Tu vas alors adopter **un plan thématique**, en développant deux ou trois points permettant de confirmer la caractérisation de l'œuvre proposée.

Types de formulations appelant un plan thématique :

- Montrez que l'œuvre correspond à [telle caractérisation].
- Comment [cette caractérisation] rend-elle compte de votre lecture ?
- En quoi l'œuvre illustre-t-elle [cette caractérisation] ?

Les sujets C et D cités ci-dessus entrent dans cette catégorie.

ÉTAPE 2 Élaborer le plan

hatier-clic.fr/MC3_2

Produire un véritable raisonnement

→ Dans les faits, il n'y a aucune obligation à faire un plan en trois parties : la 3e partie peut tout aussi bien être le dernier paragraphe de la 2e partie si tu manques de temps ou d'exemples. Cependant, au brouillon, **structurer ta pensée en trois temps** va te permettre de construire un véritable raisonnement.

→ Quand le sujet appelle **un plan dialectique**, voici la forme que prend ce raisonnement en trois temps (voir les exemples A et B ci-dessous).

1re partie	2e partie	3e partie
Dégage une idée simple qui servira de thèse : « Certes [on peut affirmer cette thèse]. »	Nuance cette thèse, en en montrant l'insuffisance : « Cependant [on peut la nuancer ainsi]. »	Dépasse la contradiction en prenant du recul : « En fait, [on peut affirmer plus largement que…]. »

→ Dans le cas d'**un plan thématique**, l'objectif premier est d'approfondir l'analyse, au fil des parties, au moyen d'un argumentaire progressif. Mais attention à ne pas faire un plan « catalogue » ! Pour cela je te conseille de faire de ton premier point une thèse qui sera discutée dans la suite de ta réflexion : c'est ainsi que tu produiras un véritable raisonnement (voir les exemples C et D ci-dessous).

Des exemples de plans pour comprendre

Voici comment on pourrait traiter les quatre sujets que nous avons analysés précédemment.

	Demande-toi...	Conseil
A	La maladie d'Argan dans *Le Malade imaginaire* de Molière n'engendre-t-elle qu'un spectacle comique ?	I. Certes la pièce est d'abord un spectacle comique. II. Cependant, elle interroge des sujets sérieux et dénonce des comportements nuisibles pour la société. III. En fait, elle correspond au projet de Molière : corriger les mœurs par le rire.
B	Peut-on lire *La Peau de chagrin* de Balzac comme le tableau d'un monde exténué ?	I. Certes le roman de Balzac peut être vu comme une fresque du début du XIXe siècle, représentant une société exténuée et décadente. II. Cependant, loin d'être un tableau figé, il met en scène des personnages en mouvement, utilisant leur énergie pour parvenir à leurs fins. III. En fait, Balzac se sert de son imagination romanesque pour mettre au jour les rouages d'une société sans cœur.
C	En quoi, dans les livres V à X des *Caractères* de La Bruyère, l'art de la mise en scène sert-il le projet du moraliste ?	I. L'art de la mise en scène – notamment dans ses portraits – permet bien à La Bruyère de critiquer efficacement les travers de ses contemporains. II. Cependant, le moraliste ne se contente pas de créer une succession de saynètes, il apporte son propre éclairage. III. Finalement, cet art de la mise en scène, par un effet de mise en abyme, permet de démontrer comment, dans la société de cour, chacun joue un rôle et vit masqué.
D	Baudelaire dédicace *Les Fleurs du Mal* à T. Gautier, en qui il voit un « parfait magicien ». En quoi peut-on dire que son recueil poétique procède lui aussi d'une parfaite magie ?	I. Baudelaire est bien un magicien en ce qu'il se saisit de la laideur du monde contemporain pour en extraire la beauté cachée, transformant ainsi la « boue » en « or ». II. Cependant, cette magie des *Fleurs du Mal* met au jour une beauté ambivalente et fugitive. III. Finalement, le recueil illustre, à travers ses différents poèmes, la puissance incantatoire du langage poétique.

ÉTAPE 3

Mobiliser ses idées et les organiser

› Mobiliser toutes les idées

→ Pour cette phase de recherche d'idées, je te conseille de prendre **plusieurs feuilles de brouillon**, en n'utilisant que le recto. Commence par noter en haut de la première feuille les notions clés et la problématique du sujet : ce sont ces éléments qui vont guider tes réflexions.

→ Le but est de retrouver **tous les éléments de l'œuvre en rapport avec le sujet**. Repasse l'œuvre dans ta tête, mobilise le cours de ton enseignant.

Cette phase sera d'autant plus facile que tu auras réalisé une fiche sur l'œuvre en amont, similaire à celle préparée pour la présentation d'une œuvre à l'oral (p. 139).

→ Pour t'aider, voici des questions que tu peux te poser pour faire ressortir rapidement des idées qui alimenteront ta dissertation. Je les ai réparties en trois catégories.

1. La structure de l'œuvre

✔ Les titres de l'œuvre, des chapitres, des poèmes, etc. sont-ils significatifs ?

Ex. : La structure de *La Peau de chagrin* en trois chapitres, conduisant à celui intitulé **« L'Agonie »**, correspond à la notion d'exténuation au cœur du sujet B (→ p. 92).

✔ Dans le cas d'un roman ou d'une pièce de théâtre, quelles étapes du schéma narratif recoupent le sujet ?

✔ Quels passages clés as-tu étudiés, qui permettent d'illustrer le sujet ?

2. L'auteur et ses personnages

✔ Comment l'auteur se manifeste-t-il dans son œuvre ? Que peut-on en tirer pour le sujet ?

✔ Quels traits de caractère, quelles actions des personnages peuvent être mis en lien avec le sujet ?

Ex. : Tels Giton ou Arrias, tous les personnages portraiturés dans les *Caractères* sont montrés comme **se donnant en spectacle** : c'est une idée pour la partie III du sujet C sur le thème de la comédie sociale (→ p. 92).

3. Thèmes et procédés d'écriture

✔ Quels thèmes clés recoupent le sujet ?

✔ Quels procédés d'écriture peuvent être cités comme significatifs ?

Ex. : **La présence du registre familier** dans *Les Fleurs du mal* permet de montrer, dans le sujet D (→ p. 92), comment Baudelaire extrait « l'or » poétique de « la boue » du langage ordinaire.

✔ Quelles citations mémorisées te permettront d'enrichir ta dissertation ?

Organiser toutes les idées

Sur ce premier brouillon, tous les moyens sont bons pour rassembler les idées selon chaque partie : code couleur, symboles, flèches, cercles. Prends ensuite **deux ou trois autres feuilles de brouillon, selon le nombre de parties** dans ton plan.

Au sein de chaque partie, les idées sont organisées de la plus simple à la plus avancée, constituant un véritable raisonnement.

Sous-partie
Chaque feuille est divisée en deux ou trois zones pour tes sous-parties.
Au début de chacune, énonce l'idée principale sous la forme d'une phrase.

Paragraphe argumentatif
Tu dois développer chaque idée – ou argument – en t'appuyant précisément sur l'œuvre au programme : ce sont tes exemples, parfois accompagnés d'une citation commentée.

Transition
Réserve une zone en bas de la page pour les transitions, que tu rédigeras au brouillon : c'est un moment clé de ta démonstration.

ÉTAPE 4

Rédiger l'introduction et la conclusion

hatier-clic.fr/MC3_4

› L'introduction

L'introduction de la dissertation suit cet ordre, selon **une progression logique** : 1. Accroche et présentation de l'œuvre • 2. Analyse du sujet • 3. Problématique • 4. Annonce du plan

L'accroche
Cite un élément de contexte en lien avec le sujet qui te permet de présenter l'œuvre.

L'analyse du sujet
Définis les termes et reformule la caractérisation de l'œuvre proposée par le sujet.

Introduction

ACCROCHE

Un événement historique, un élément de la biographie de l'auteur, un mouvement littéraire offrent déjà un rapport avec une notion clé du sujet. On peut alors naturellement présenter l'œuvre : elle entretient des liens avec ces notions.

ANALYSE DU SUJET

On définit alors les termes clés du sujet qui caractérisent l'œuvre, au regard des notions étudiées en cours au sein de l'objet d'étude et du parcours associé.

PROBLÉMATIQUE

Dès lors, nous pouvons nous demander si / en quoi / dans quelle mesure la caractérisation issue du sujet permet de décrire notre œuvre.

ANNONCE DU PLAN

Certes, les termes du sujet permettent bien de proposer une caractérisation de l'œuvre. Cependant, cette affirmation est insuffisante et mérite d'être nuancée. En fait, notre œuvre interroge ces notions d'une manière plus large et plus profonde.

La problématique
Tu peux la formuler de manière indirecte :
Dès lors, nous pouvons nous demander si.../ en quoi.../ dans quelle mesure... .

L'annonce du plan
Une phrase résume chaque partie.
Pense à utiliser des liens logiques pour articuler l'ensemble : certes, cependant, en fait.

Tu n'es pas obligé.e de toujours utiliser la première personne du pluriel « nous » : le sujet de tes phrases peut tout aussi bien désigner l'œuvre en elle-même, ou l'auteur.

› La conclusion

→ La conclusion d'une dissertation suit le même schéma que celle du commentaire littéraire : d'abord un bilan qui répond précisément à la problématique, puis une ouverture rapide.

→ Pour rédiger ton **bilan**, tu peux commencer par cette formule : *Dans notre roman / recueil de poèmes / pièce de théâtre* ... Repars de l'annonce du plan en insistant sur les liens entre les idées. Utilise le passé composé pour renforcer la dimension conclusive de ton texte. Surtout, à cette étape, n'apporte aucune idée nouvelle.

→ Dans **l'ouverture**, insiste sur la dernière idée, en montrant sa dimension universelle : d'autres artistes ont suivi la même démarche, mais d'une manière tout à fait différente. C'est le moment idéal pour citer une autre œuvre – livre, tableau, film... – , qui conclura ta dissertation en beauté !

Dissertation n° 1

L'abbé Prévost *Manon Lescaut* (1731)

Objet d'étude : Le roman et le récit du Moyen Âge au XXIe siècle

Parcours : Personnages en marge, plaisirs du romanesque

Sujet : En quoi la représentation de personnages en marge participe-t-elle au plaisir romanesque dans *Manon Lescaut* ?

ÉTAPE 1 Analyser le sujet

Repérer et définir les termes clés

mot interrogatif invitant à explorer l'idée proposée → **En quoi**

représentation par le romancier → **représentation**

personnages en rupture avec les conventions sociales → **personnages en marge**

procure une partie du → **participe-t-elle**

plaisir que l'on peut tirer de la lecture d'un roman → **plaisir romanesque**

En quoi la représentation de personnages en marge participe-t-elle au plaisir romanesque dans *Manon Lescaut* ?

Dans ce sujet, nous retrouvons les deux notions du parcours : « personnages en marge » d'un côté, « plaisir romanesque » de l'autre. Il s'agit bien de s'interroger sur le lien entre les deux (« participe-t-elle »).

Dégager la problématique et interroger les limites du sujet

→ Le sujet peut **être reformulé ainsi** : Pourquoi l'histoire de Manon et Des Grieux, deux personnages en rupture avec les conventions sociales, est-elle plaisante à lire ?

→ La question sous la forme « En quoi... ? » nous invite à explorer l'idée posée par le sujet (la représentation de personnages marginaux est source de plaisir romanesque), sans la remettre en question. À nous de **trouver les différentes raisons pour lesquelles cette représentation est plaisante** et d'approfondir la réflexion en distinguant différents types de plaisirs romanesques.

Il ne faudra pas hésiter à envisager le roman dans toutes ses dimensions : l'histoire d'amour, le récit d'aventures, le regard porté sur la société, etc.

ÉTAPE 2 Élaborer le plan

Voici une proposition de plan en trois parties :

I. La représentation de personnages en marge participe bien au plaisir romanesque : en premier lieu parce que ceux-ci sont au cœur d'une intrigue riche en rebondissements.

Parce qu'ils ne se conforment pas aux conventions sociales, Des Grieux et Manon connaissent de nombreuses aventures. Le premier plaisir que procure la lecture du roman prend donc sa source dans une intrigue riche en rebondissements de toutes sortes.

II. Cependant, le plaisir qu'on tire du roman tient aussi à la représentation de ces héros complexes.

La deuxième partie doit permettre d'évoquer une autre source de plaisir romanesque. Insiste sur la sympathie que suscitent ces héros émouvants et complexes : ils sont certes immoraux, mais ennoblis par l'amour qu'ils se portent.

III. En fait, la marginalité des héros est l'occasion d'un questionnement moral intéressant.

Pour finir, élargis la notion de plaisir romanesque en montrant que les transgressions des deux héros suscitent une réflexion morale stimulante, qui implique le lecteur.

ÉTAPE 3 Mobiliser ses idées et les organiser

I. Deux personnages en marge, au cœur d'une intrigue riche en rebondissements

1 Deux héros transgressifs

✔ Manon Lescaut profite de sa rencontre avec Des Grieux pour échapper au couvent.

✔ Des Grieux renonce à l'ordre de Malte pour fuir avec une prostituée.

✔ Leur histoire d'amour les entraîne dans une spirale de passions coûteuses.

> « Manon était passionnée pour le plaisir ; je l'étais pour elle. Il nous naissait, à tous moments, de nouvelles occasions de dépense ; et […] je fus le premier à lui procurer tout ce que je croyais propre à lui plaire. »

2 Des péripéties multiples : escroqueries, arrestations, évasions…

✔ Le personnage de Lescaut (le frère de Manon) incite Manon à se prostituer et escroquer de riches libertins, puis il fait entrer Des Grieux dans une association de tricheurs.

✔ Lescaut finit lui-même assassiné dans une histoire de règlement de comptes. Ses aventures font penser au roman picaresque.

Transition : La conduite transgressive des deux héros les plonge dans des péripéties variées que l'on prend plaisir à lire. À travers ces aventures, on découvre deux personnalités complexes.

II. Des personnages ambivalents, qui suscitent la sympathie

1 Des héros peu fréquentables

✔ D'emblée, Manon apparaît comme une jeune femme sans scrupule, guidée par son seul plaisir. Jusqu'à sa déportation en Amérique, elle se laisse séduire par les hommes qui sont prêts à l'acheter pour ses faveurs. Elle incarne alors la figure de la courtisane.

✔ La passion de Des Grieux pour Manon éteint son sens moral. On le voit entrer dans l'illégalité, et mentir régulièrement pour arriver à ses fins, même à Tiberge, son ami.

2 ... mais grandis par l'amour sincère qu'ils se portent

✔ Des Grieux est un homme qui, au bout du compte, sacrifie tout à l'amour qu'il porte à Manon : sa situation sociale mais aussi sa conscience morale, son honneur. L'amour devient chez lui une valeur absolue, qui transcende tout.

✔ Attirée par le plaisir, Manon aime cependant sincèrement Des Grieux. La fin du roman le confirme : quand elle se retrouve dans un monde privé de luxe, elle apprend à vivre simplement et son amour pour Des Grieux s'épanouit pleinement.

> « J'ai été légère et volage, et même en vous aimant éperdument, [...] je n'étais qu'une ingrate. Mais vous ne sauriez croire combien je suis changée. »

Transition : On prend du plaisir dans la découverte progressive de deux héros complexes ; leur ambivalence est l'occasion d'un questionnement moral.

III. Une marginalité qui porte un questionnement moral intéressant

1 Passion ou vertu : quel choix est préférable ?

✔ Des Grieux justifie ses actes par sa passion amoureuse ; mais son ami Tiberge condamne les excès auxquels elle le conduit et lui oppose la vertu.

> « Puissent vos criminels plaisirs s'évanouir [...] ! [...] Vous me trouverez [alors] disposé à vous aimer et vous servir, mais je romps aujourd'hui tout commerce avec vous, et je déteste la vie que vous menez. »

✔ Dès l'Avis de l'auteur, Renoncour sollicite le jugement moral du lecteur en présentant Des Grieux comme un « jeune aveugle, qui refuse d'être heureux ».

2 Un roman qui explore la question du bonheur

✔ Au terme de son voyage, Des Grieux comprend une vérité : l'amour et le bonheur se distinguent des passions qui font courir les êtres humains.

> « J'avais perdu, à la vérité, tout ce que le reste des hommes estime ; mais j'étais maître du cœur de Manon, le seul bien que j'estimais. »

✔ Les protagonistes finissent par susciter notre pitié quand Prévost les présente, à la fin du roman, prêts à s'amender, mais se heurtant aux normes sociales qui s'opposent à leur bonheur.

ÉTAPE 4

Rédiger l'introduction et la conclusion

› Rédiger l'introduction

[Accroche] Quand il écrit *Manon Lescaut* (1731), l'abbé Prévost vit dans une certaine marginalité : il a quitté l'ordre des bénédictins, voyage beaucoup, adopte le pseudonyme Prévost d'Exiles. Dans son récit, il nous invite à partager les mésaventures d'un jeune noble, Des Grieux, amoureux d'une prostituée, Manon.

De 1728 à 1734, la vie de Prévost est faite d'exils (Hollande, Angleterre), de scandales, de liaisons et de dettes.

[Présentation du sujet] La représentation de personnages en rupture avec les conventions sociales est donc au cœur d'un roman plein d'agrément.

[Problématique] Dès lors nous pouvons nous demander en quoi la conduite transgressive des héros participe au plaisir que procure le roman.

[Annonce du plan] Celle-ci alimente en premier lieu une intrigue riche en rebondissements et en émotions. Cependant, le plaisir que le roman procure tient aussi à la complexité des deux protagonistes. Leur marginalité est enfin l'occasion d'un questionnement moral intéressant pour le lecteur.

On va démontrer que l'agrément du roman tient à plusieurs raisons en lien avec la marginalité des héros.

› Rédiger la conclusion

[Bilan] [I] Dans notre roman, la représentation de deux héros en marge de la société offre bien au lecteur une expérience plaisante : leur conduite transgressive suscite ainsi une intrigue riche en péripéties et en émotions. **[II]** Cependant, ce récit haut en couleurs offre également le portrait ambivalent de deux personnages attachants. **[III]** Enfin il engage le lecteur dans une réflexion stimulante, en questionnant les valeurs morales au fondement de la société et la notion même de marge.

[Ouverture] D'autres romanciers, comme Émile Zola, ont construit leurs romans sur des personnages choquants aux yeux de la « bonne société ». Dans *Nana* (1880), l'auteur choisit pour héroïne une prostituée : « Alors, Nana devint une femme chic, rentière de la bêtise et de l'ordure des mâles, marquise des hauts trottoirs. »

Dans *Nana*, Zola peint, à travers l'ascension puis la chute d'une courtisane, la corruption de la société du Second Empire.

Dissertation n° 2

Honoré de Balzac *La Peau de chagrin* (1831)

Objet d'étude : Le roman et le récit du Moyen Âge au XXIe siècle

Parcours : Les romans de l'énergie, création et destruction

Sujet : Les personnages de *La Peau de chagrin* sont-ils fatalement condamnés à l'épuisement de leur énergie vitale ?

ÉTAPE 1 Analyser le sujet

Repérer et définir les termes clés

le héros et les autres personnages du roman

Les personnages de *La Peau de chagrin* sont-ils fatalement condamnés à l'épuisement de leur énergie vitale ?

- fatalement condamnés : inévitablement promis à une fin malheureuse
- épuisement : diminution jusqu'au tarissement
- énergie vitale : capital d'énergie dont dispose chaque individu selon Balzac

L'expression « épuisement de leur énergie vitale », qui fait écho à l'intitulé du parcours, évoque l'idée selon laquelle chaque être humain dispose à la naissance d'une quantité d'énergie innée (intellectuelle, physique et morale) qu'il peut dilapider ou préserver selon ses choix de vie.

Dégager la problématique et interroger les limites du sujet

→ Le sujet peut **être reformulé ainsi** : les personnages de *La Peau de chagrin* sont-ils inéluctablement amenés à dilapider leur énergie vitale ?

→ On peut répondre à la question par « oui, mais » : trouver une thèse implicite qu'on pourra ensuite nuancer et ouvrir. En effet, les personnages de *La Peau de chagrin* épuisent leur énergie vitale, mais, à l'encontre de Raphaël, certains développent **des stratégies différentes**. Par la multiplicité de ces différents choix, Balzac révèle les travers d'une société sans cœur.

ÉTAPE 2
Élaborer le plan

Voici une proposition de plan en trois parties :

I. Plusieurs personnages du roman, dont le héros, dissipent effectivement avec excès leur énergie vitale.

Raphaël de Valentin illustre bien cette trajectoire fatale, dissipant finalement entièrement son énergie vitale. Ses camarades de débauche semblent bien suivre la même voie.

II. Cependant, d'autres personnages se montrent avares dans la dépense de leur énergie ou l'utilisent différemment.

Fœdora ou l'antiquaire mettent en place des stratégies égoïstes qui leur permettent de conserver leur énergie. Rastignac, avide de plaisirs, dépense son énergie en anticipant sur des profits à venir.

III. Finalement, au sein d'une société dominée par l'argent, les êtres faibles et les passions sincères sont « fatalement condamnés ».

Ces personnages dévoilent les travers d'une société qui écrase les plus faibles et favorise les plus cyniques, ne laissant aucune chance à des êtres nobles et généreux comme Pauline.

ÉTAPE 3
Mobiliser ses idées et les organiser

I. Des personnages qui dissipent leur énergie vitale

1 Un héros qui se détourne de la création pour dilapider son énergie dans le plaisir

✔ Issu d'une famille noble désargentée, orphelin, ruiné, Raphaël s'enferme d'abord dans sa mansarde pour consacrer son énergie à l'écriture de sa *Théorie de la volonté*.

✔ Le héros acquiert ensuite chez un vieil antiquaire une « Peau de chagrin » qui a le pouvoir magique d'exaucer tous ses désirs, mais qui rétrécit à chaque vœu formulé et écourte d'autant sa vie. L'influence de Rastignac et son attirance pour Fœdora l'amènent à mener une vie oisive et frivole.

2 Des amis qui s'épuisent dans la débauche

✔ À la sortie de chez l'antiquaire, Raphaël rencontre des amis qui l'entraînent dans une soirée d'orgie organisée par le banquier Taillefer. Ceux-ci semblent avoir conclu un pacte diabolique, puisqu'ils se disent « sectateurs du dieu Méphistophélès ».

✔ Ivres, sinistres, les convives de la fête, rendus malades par les excès, incarnent déjà la mort :

> « C'était [...] le réveil de la débauche, quand de ses mains fortes elle a pressé tous les fruits de la vie, pour ne laisser autour d'elle que d'ignobles débris ou des mensonges auxquels elle ne croit plus. Vous eussiez dit la Mort souriant au milieu d'une famille pestiférée. »

Transition : Si Raphaël et ses amis font le choix de vivre intensément, d'autres personnages du roman adoptent une philosophie de vie différente et utilisent leur énergie à leur profit.

II. Des personnages qui envisagent autrement l'utilisation de leur énergie

1 La comtesse Foedora : le refus de toute vie affective

✔ À Raphaël tombé profondément amoureux d'elle, Fœdora répond par la froideur, l'avertissant qu'il ne doit jamais lui parler d'amour. Riche, mondaine, elle refuse de dissiper son énergie dans la moindre passion et symbolise l'égoïsme absolu de la société.

2 Rastignac : mettre son énergie à profit

✔ Rastignac, avide de plaisirs, malhonnête et prêt à tout pour parvenir à ses fins, évolue dans le monde afin d'en tirer un maximum de profit. À ses yeux, toute dépense est un investissement.

> « La dissipation, mon cher, est un système politique. La vie d'un homme occupé à manger sa fortune devient souvent une spéculation ; il place ses capitaux en amis, en plaisirs, en protecteurs, en connaissances. »

3 Le vieil antiquaire : consacrer son énergie au « Savoir »

✔ Loin des richesses et du divertissement, le vieil antiquaire consacre sa vie au « Savoir » qui n'épuise pas son énergie physique et lui apporte la longévité. Son choix le porte à vivre seul.

> « En deux mots, j'ai placé ma vie, non dans le cœur qui se brise, ou dans les sens qui s'émoussent ; mais dans le cerveau qui ne s'use pas et qui survit à tout. »

Transition : Cependant, sauf à être dotés d'un égoïsme leur permettant d'échapper aux pièges de la société, la plupart des personnages du roman semblent condamnés à une mort précoce ou au malheur.

III. Des êtres condamnés dans une société dominée par l'argent

1 L'antiquaire rattrapé par la réalité

✔ Alors qu'il apparaissait incorruptible, l'antiquaire finit par revenir sur son choix de vie et succombe aux séductions de la société en finissant au bras de la prostituée Euphrasie.

2 Raphaël brisé par sa passion destructrice

✔ Raphaël, terrifié par la perspective de sa mort prochaine, prend le parti d'économiser sa force vitale. Mais, malgré son existence recluse et ses efforts pour s'imposer une vie végétative, il se laisse emporter par ses sentiments et meurt de désirer Pauline.

> « [...] avec horreur, elle lisait dans les yeux de Raphaël un de ces désirs furieux, [...] et à mesure que grandissait ce désir, la Peau en se contractant, lui chatouillait la main. »

3 Pauline, une vision idéalisée de l'amour

✔ Pauline fait preuve d'un amour pur et désintéressé ; elle est prête à se sacrifier pour empêcher la mort de son amant. Elle incarne l'idéal amoureux, inaccessible. À la mort de Raphaël, elle perd son apparence matérielle pour devenir une figure allégorique.

ÉTAPE 4

Rédiger l'introduction et la conclusion

Rédiger l'introduction

[Accroche] De nombreux personnages de *La Comédie humaine* consacrent toute leur énergie vitale à leur passion comme le père Goriot qui sacrifie tout à ses filles.

[Présentation du sujet] Dans *La Peau de chagrin*, Raphaël de Valentin, le protagoniste, est doté d'un pouvoir exceptionnel qui ne fait que le condamner à une tragique impuissance. Le talisman de la Peau de chagrin symbolise cette dissipation de l'énergie vitale qui menace les personnages balzaciens.

[Problématique] Cependant, les personnages du roman sont-ils tous inéluctablement amenés à dilapider leur énergie vitale ?

[Annonce du plan] Certes, plusieurs personnages dépensent leur force vitale inconsidérément, mais d'autres en font une utilisation qui semble plus utile. Finalement, tous semblent être condamnés par une société sans cœur, dominée par l'argent qui écrase même les êtres désintéressés, en quête de valeurs spirituelles.

Lorsque Balzac conçoit le plan de sa « Comédie humaine » en 1852, il place *La Peau de chagrin* en tête de ses « Études philosophiques ».

L'artefact fantastique de la Peau de chagrin illustre une réflexion philosophique au service d'une fresque romanesque réaliste.

Rédiger la conclusion

[Bilan] Ainsi la vie de Raphaël, qui expérimente deux types de vie radicalement différents, propose une réflexion sur l'existence humaine et le choix à faire entre l'ambition et la passion, et le prix dont il faut les payer, ou l'immobilité et le non-désir, et l'ennui qui en découle. **[I]** Le protagoniste se perd d'abord dans une vie de débauche avec ses amis, **[II]** tandis que d'autres comme Fœdora et l'antiquaire cultivent une philosophie de vie égoïste qui préserve leur force vitale. Rastignac, quant à lui, prend le parti d'ériger en art de vivre la débauche et de tirer un maximum de profit de son « Système dissipationnel ». **[III]** Ces destins variés offrent un tableau pessimiste de la société du XIXe siècle : tous semblent irrésistiblement entraînés dans une course effrénée aux passions et aux richesses, au détriment des valeurs et des sentiments authentiques. **[Ouverture]** On retrouve ce thème dans d'autres œuvres de l'époque : par exemple dans *Le Rouge et le Noir* (1830), de Stendhal, où l'ambition de Julien Sorel se confronte à son amour vrai pour Madame de Rênal.

Balzac représente plus de 4 000 personnages dans *La Comédie humaine* ! Leur variété offre un tableau riche et complexe de la société du XIXe siècle.

Dissertation n° 3

Colette
Sido (1930)
Les Vrilles de la vigne (1908)

Objet d'étude : Le roman et le récit du Moyen Âge au XXIe siècle

Parcours : La célébration du monde

Sujet : La célébration du monde dans *Sido* et *Les Vrilles de la vigne* n'est-elle qu'un éloge de la nature ?

ÉTAPE 1 Analyser le sujet

› Repérer et définir les termes clés

La célébration du monde dans *Sido* et *Les Vrilles de la vigne* n'est-elle qu'un éloge de la nature ?

- « célébration du monde » : expression faisant référence à l'intitulé du parcours
- « n'… qu' » : sous-entend que cette célébration du monde inclut d'autres aspects
- « éloge » : faire l'éloge, c'est en révéler ses qualités
- « nature » : monde physique qui nous entoure (paysages, flore, faune…)

Le sujet s'appuie sur le présupposé suivant : dans *Sido* et *Les Vrilles de la vigne*, l'écrivaine célèbre le monde, en faisant notamment un éloge de la nature. Mais la formulation laisse entendre également que cette célébration dépasse le simple cadre de la nature.

› Dégager la problématique et interroger les limites du sujet

→ Le sujet peut donc **être reformulé ainsi** : dans quelle mesure la célébration du monde chez Colette dépasse-t-elle le simple discours élogieux des merveilles de la nature ?

→ La négation restrictive « ne… qu' » nous invite à nuancer et à élargir le propos : certes, Colette loue les merveilles de la nature, mais cet éloge s'inscrit dans **une célébration plus large**.

En reformulant le sujet avec la tournure interrogative « dans quelle mesure », nous annonçons que nous allons nuancer la thèse qu'il contient. Le verbe « dépasse » indique encore plus clairement le plan dialectique auquel obéira le développement.

ÉTAPE 2 Élaborer le plan

Voici une proposition de plan en trois parties :

I. *Sido* et *Les Vrilles de la vigne* contiennent effectivement un vibrant éloge de la nature

Dans ces deux recueils, Colette observe minutieusement le monde naturel qui l'entoure (plantes, paysages, animaux) et en souligne la beauté. Sous sa plume lyrique, la nature est transfigurée et revêt un caractère extraordinaire.

II. Cependant, la célébration par Colette des êtres qui lui sont chers occupe également une place centrale

Les tableaux enchanteurs de la nature s'accompagnent et se complètent par ceux des êtres qui ont peuplé l'enfance de Colette et son monde de jeune adulte.

III. Finalement, ce que célèbre Colette, c'est – plus largement – sa liberté et son indépendance, affirmée par son écriture

Les récits de Colette, mêlant descriptions, confidences, anecdotes, dialogues et chroniques mondaines, célèbrent surtout la liberté d'esprit et d'écriture d'une femme qui a osé affirmer son individualité et aborder des thèmes subversifs pour l'époque.

ÉTAPE 3 Mobiliser ses idées et les organiser

I. L'éloge de la nature

1 La célébration de la nature et du monde vivant dans sa diversité

✔ Colette chante les beautés des saisons, des campagnes de son enfance, et surtout celles du jardin de la maison familiale de Saint-Sauveur, lieu de sérénité qui recèle d'infinies merveilles.

✔ Dans *Sido*, elle évoque avec jubilation, par des termes savants et rares, la diversité de la faune et de la flore du lieu et vante ainsi le « bosquet de lauriers-cerises dominés par un junko-biloba ».

2 Le récit de moments d'intense communion avec la nature

✔ Dans *Sido*, Colette enfant part en pleine nuit pour voir l'aube se lever et s'immerger dans la nature mystérieuse. Cette expérience, de nature presque mystique, éveille l'enfant à tous ses sens.

✔ Dans « Jour Gris » (*Les Vrilles de la vigne*), l'autrice décrit avec nostalgie le pays qu'elle a quitté et invite l'être aimé à la rejoindre dans ce paradis perdu, source de volupté.

> « Et si tu passais, en juin, entre les prairies fauchées, à l'heure où la lune ruisselle sur les meules rondes qui sont les dunes de mon pays, tu sentirais, à leur parfum, s'ouvrir ton cœur. »

Transition : Si le lien entre l'autrice et son environnement est fusionnel et sensuel, elle n'en décrit pas moins avec sensibilité les êtres qui y sont associés.

II. Mais aussi la célébration des êtres chers de son enfance et de l'âge adulte

1 La célébration de sa famille

✔ Le jardin de Saint-Sauveur est un lieu symbolique de transmission et d'initiation entre la mère, Sido, figure centrale du roman *Sido*, et la petite fille, Colette. Celle-ci admire la faculté de sa mère à vivre en osmose avec la nature et à interpréter les signes donnés par les plantes ou le vent.

✔ Colette se remémore avec nostalgie des moments familiaux passés avec son père Jules, triste « héros » militaire méconnu, son demi-frère Achille, « l'aîné sans rivaux », son frère Léo, « ce sylphe de soixante-trois ans » et sa demi-sœur Juliette, et retrace leurs « parties de campagne ».

> « Assise au bord de l'étang, entre son mari et ses enfants sauvages, seule ma mère semblait recueillir mélancoliquement le bonheur de compter, gisants contre elle, sur l'herbe fine et jonceuse rougie de bruyère, ses bien-aimés… »

2 Une ode à la sensualité

✔ Le monde est aussi loué pour ses plaisirs : Colette dépeint en particulier l'amour qu'elle éprouve pour « M… », Mathilde de Morny, dite « Missy », à laquelle elle dédie les trois premiers textes des *Vrilles de la vigne*.

✔ « Nuit blanche » introduit le lecteur dans l'intimité du couple en évoquant la sensualité du lit des deux amantes, ce « vallon moelleux », puis le parfum de l'être aimé qui exhale « cette odeur d'herbes écrasées ».

Transition : À la description autobiographique des êtres aimés se mêle également la revendication forte de sa liberté, notamment à travers l'écriture.

III. Plus largement un hymne à la liberté et à la création littéraire

1 Le désir de liberté

✔ Colette célèbre la liberté sous toutes ses formes, par exemple celle du monde sauvage : dans « Nonoche », la chatte domestique sèvre brutalement son chaton car elle est happée par « l'Appel du Matou », « tentateur ».

✔ Parvenue à s'émanciper des conventions bourgeoises, l'autrice clame son indépendance comme dans « Toby chien parle », à travers le dialogue de son chien et de sa chatte :

> « Je veux faire ce que je veux. Je veux jouer la pantomime, même la comédie. Je veux danser nue, si le maillot me gêne et humilie ma plastique. »

2 Les pouvoirs de l'écriture

✔ Dans le premier texte des *Vrilles de la vigne*, Colette raconte comment elle conquiert sa liberté par l'écriture, tel un oiseau prisonnier qui parvient à s'échapper par son chant.

✔ En célébrant la nature et les êtres aimés dans les deux recueils, elle y démontre aussi la puissance de sa prose poétique qui, par sa musicalité, fait revivre le passé et les souvenirs.

ÉTAPE 4

Rédiger l'introduction et la conclusion

Rédiger l'introduction

[Accroche] *Sido* (1830), récit autobiographique qui raconte les souvenirs d'enfance de Colette, et *Les Vrilles de la vigne* (1908), recueil de textes brefs et variés, expriment tous deux le désir de l'autrice de faire revivre des instants disparus.

Sido est une œuvre de maturité (composée en 1929-1930) tandis que *Les Vrilles de la vigne* sont une œuvre de jeunesse, écrite lorsque Colette s'est libérée de Willy, son premier mari.

[Présentation du sujet] Une large part de ses recueils est consacrée à faire l'éloge de la nature.

[Problématique] Cependant, cet éloge ne dépasse-t-il pas la simple célébration des merveilles de la nature ?

[Annonce du plan] Nous verrons que l'autrice dresse un vibrant éloge des lieux de son enfance, mais que les êtres qu'elle a aimés et qui ont peuplé son univers y occupent également une place centrale. Nous analyserons enfin comment l'autrice, au-delà de la simple peinture de la nature et des êtres vivants, célèbre la vie qui l'amène à se découvrir et s'inventer elle-même, notamment à travers l'écriture.

Le mot « éloge » est emprunté au mot latin *elogium* qui signifie « inscription funéraire ». Par rapprochement avec le mot grec *eulogia* (« les belles paroles »), le terme a évolué en « éloge » pour signifier « louange en faveur de quelqu'un ou de quelque chose ».

Sujets corrigés

Rédiger la conclusion

[Bilan] **[I]** Ainsi Colette, dans *Sido* et *Les Vrilles de la Vigne*, rend un vibrant hommage à la nature, dans toute sa diversité. **[II]** Cet amour de la nature, transmis par sa mère dans le lieu de son enfance en Bourgogne, est indissociable des membres de sa famille et des êtres aimés, évoqués avec nostalgie. **[III]** Mais cette célébration du monde est d'abord une ode à la liberté et à l'écriture de soi.

[Ouverture] Colette était une grande admiratrice de Marcel Proust qui, à la même époque, organisait également son récit à partir de ses souvenirs et interrogeait le processus d'écriture.

Marcel Proust (1871-1922) est l'auteur d'un long roman *À la recherche du temps perdu*, composé de sept volumes, dont l'un des thèmes essentiels est la vocation littéraire.

Dissertation n° 4

Arthur Rimbaud
Cahiers de Douai (1870)

Objet d'étude : La poésie du XIXe au XXIe siècle

Parcours : Émancipations créatrices

Sujet : En quoi les *Cahiers de Douai* représentent-ils un acte d'émancipation ?

ÉTAPE 1

Analyser le sujet

› Repérer et définir les termes clés

En quoi | les *Cahiers de Douai* | représentent | -ils un **acte** d'**émancipation** ?

- **En quoi** : Le mot interrogatif appelle un plan thématique
- **représentent** : Il s'agit de mettre en évidence la signification profonde du recueil
- **acte** : fait référence à la dimension performative du langage
- **émancipation** : action de s'affranchir d'une autorité, de se libérer de contraintes pour atteindre l'autonomie

Le sujet nous invite à explorer la notion d'« acte d'émancipation ». Le terme « émancipation » est emprunté à l'intitulé du parcours « Émancipations créatrices ». Faire de la poésie un acte, c'est donner au langage une dimension performative.

› Dégager la problématique et interroger les limites du sujet

→ Le sujet peut **être reformulé ainsi** : comment les *Cahiers de Douai* constituent-ils un véritable acte d'émancipation, où la liberté est non seulement revendiquée, mais aussi conquise ?

→ La question appelle un plan thématique. Nous pouvons partir du constat que la poésie de Rimbaud est un acte d'émancipation car elle traduit le désir d'un adolescent cherchant à **échapper au carcan de son milieu d'origine**.

Le mot *poésie* provient du grec *poíêsis* (« action de faire », « création »). L'étymologie associe donc le poète à un artisan, un créateur.

ÉTAPE 2 Élaborer le plan

Voici une proposition de plan en trois parties :

I. Les *Cahiers de Douai* traduisent bien le désir d'émancipation d'un adolescent qui cherche à échapper au carcan de son milieu d'origine

Rimbaud exprime divers désirs d'émancipation : quitter sa ville natale, se libérer des contraintes sociales, explorer d'autres horizons, vivre des aventures amoureuses.

II. Cependant, le jeune poète en vient à questionner l'ordre social et le régime impérial dans un discours satirique, voire révolutionnaire

Cette aspiration à la liberté du jeune Rimbaud se heurte à l'ordre social du Second Empire et à la religion qui maintiennent l'un et l'autre le peuple dans la misère. Rimbaud adopte un ton satirique pour fustiger l'Empereur, les classes dominantes et Dieu, en appelle à l'insurrection et à la défense des opprimés.

III. Plus fondamentalement, le recueil représente un acte d'émancipation poétique : développant une langue poétique nouvelle, Rimbaud fait de la poésie une manière de vivre

Rimbaud opère un travail poétique par lequel il tend à s'émanciper de ses prédécesseurs. Le recueil offre une langue nouvelle, souvent provocatrice, qui aspire à transformer le monde.

ÉTAPE 3 Mobiliser ses idées et les organiser

I. Le désir d'émancipation d'un adolescent

1 La revendication d'une vie libre, sans contrainte

✔ Le jeune homme exprime une profonde volonté de vivre selon ses désirs et ses rêves. Multipliant les fugues, insouciant et solitaire, le poète n'est heureux que dans l'errance, comme il le proclame dans « Ma Bohême » ou « Au Cabaret-Vert ».

✔ Rimbaud revendique sa marginalité et sa différence : dans « À la musique », il est « débraillé comme un étudiant » face au « gandin » prétentieux et « aux gros bureaux bouffis ».

2 L'éloge du plaisir amoureux

✔ L'amour est un premier facteur d'émancipation pour l'adolescent qui découvre les jeux de séduction et livre, heureux, ses premiers émois sensuels, comme dans « Première soirée ».

✔ Les poèmes qui retracent les fugues de Rimbaud sont émaillés de rencontres féminines exaltantes sur lesquelles le poète porte souvent un regard amusé, se moquant de sa naïveté : « On n'est pas sérieux, quand on a dix-sept ans », écrit-il dans « Roman ».

Transition : Les aspirations du poète à la liberté se heurtent à la rigidité de la société du Second Empire : Rimbaud en révèle les injustices et en désigne les responsables.

II. Une révolte politique contre le Second Empire et la religion

1 Une violente hostilité envers Napoléon III et Dieu

✔ Dans « Rages de Césars », le poète affiche son mépris pour Napoléon III qu'il décrit comme un dictateur qui a « soufflé la Liberté », réduisant le Second Empire à « vingt ans d'orgie ».

✔ Dans « Le Mal », le « Roi » (l'Empereur) est indifférent aux atrocités de la guerre dont il est pourtant responsable. Antimilitariste, Rimbaud dénonce la mort inutile de ces « milliers d'hommes », réduits à « un tas fumant ». « Le Dormeur du val » exprime également toute l'indignation du poète.

> « Il [le soldat] dort dans le soleil, la main sur la poitrine
> Tranquille. Il a deux trous rouges au côté droit. »

✔ Au dédain de l'Empereur, répond celui de Dieu qui ne fait qu'exploiter la détresse humaine, insensible aux pleurs et à la misère, mais attiré par le son du « gros sou » (« Le Mal »).

2 La satire des classes dominantes et la défense des opprimés

✔ Le poète réitère ses attaques directes contre « les bourgeois poussifs » de sa petite ville de province, pauvres intellectuellement et moralement (« À la musique »).

✔ L'aristocratie est tout autant virulemment pointée du doigt, elle qui affame le peuple en colère et le considère comme une « Crapule » (Le Forgeron »).

Transition : Dans *Cahiers de Douai*, Rimbaud en appelle donc à s'émanciper de l'ordre politique, social et religieux. Le poète propose de faire de la poésie une arme pour changer la réalité.

III. Une nouvelle conception de la poésie

1 Un langage poétique renouvelé

✔ Rimbaud respecte la tradition poétique, mais s'en écarte néanmoins : ses sonnets, loin des codes traditionnels, présentent souvent des vers courts parmi des vers longs. Le lecteur découvre une versification nouvelle formée par la dislocation du rythme des alexandrins, l'importance des rejets et contre-rejets, et des rimes inattendues (comme dans « Venus Anadyomène » où « Venus » rime avec « anus »).

✔ Le poète ponctue ses vers de mots grossiers (« Le Forgeron » s'exclame : « Merde à ces chiens-là »), reprend des expressions populaires et peint des scènes prosaïques (le « jambon rose et blanc » dans « Au Cabaret-Vert ») peu usuelles en poésie.

2 La poésie, comme art de vivre

✔ Rimbaud exhorte le lecteur à revenir à la vraie vie par la poésie, qui nous apprend à privilégier les sensations, à renouer un lien véritable avec la nature et fait renaître nos rêves.

> « Les tilleuls sentent bon dans les bons soirs de juin !
> L'air est parfois si doux, qu'on ferme la paupière » (« Roman »)

✔ De ce nouvel art de vivre, qui demande de s'émanciper par la poésie, dépendent finalement notre bonheur et un monde meilleur.

ÉTAPE 4

Rédiger l'introduction et la conclusion

› Rédiger la conclusion

[Accroche] Précoce à l'école et dans ses lectures, Rimbaud, passionné de poésie, écrit, dès seize ans, ses *Cahiers de Douai* dans lesquels s'expriment déjà une profonde originalité et une marginalité en lutte contre son milieu et la société.

[Présentation du sujet] Conscient très tôt des problèmes de son temps et faisant preuve d'une maturité exceptionnelle dans son écriture, le poète lance, dans ce recueil, un vrai cri de révolte.

[Problématique] Dès lors, on peut se demander en quoi la poésie des *Cahiers de Douai* constitue un acte d'émancipation, où la liberté est non seulement revendiquée, mais aussi conquise.

[Annonce du plan] Nous verrons que le recueil traduit bien le désir d'émancipation d'un adolescent qui a soif de mener une vie libre. Cependant, cette révolte s'élargit – au-delà de la simple sphère personnelle –, pour incriminer et lutter contre l'ordre politique et social du Second Empire. Nous analyserons enfin comment la poésie de Rimbaud devient un vrai choix de vie, apte à changer le monde.

Paul Demeny, poète et éditeur, encourage Rimbaud dans sa démarche poétique. Celui-ci lui confie, lors d'une de ses fugues en 1870, 22 poèmes recopiés sur des feuilles volantes. En 1871, Rimbaud demande à son ami de les brûler, mais Demeny les conserve.

Les *Cahiers de Douai* ne seront publiés qu'en 1888 puis en 1893, après la mort de Rimbaud.

› Rédiger la conclusion

[Bilan] [I] Les *Cahiers de Douai*, révèlent bien le désir d'évasion du jeune poète, en quête de liberté et d'amour. **[II]** Cette volonté d'émancipation l'amène à remettre en cause, avec rage et dérision, l'ordre établi et à lutter contre le pouvoir politique et économique. **[III]** Plus fondamentalement, Rimbaud invite le lecteur à partager une nouvelle langue poétique, capable de penser le monde différemment.

[Ouverture] L'écriture des *Cahiers de Douai*, qui demeure en partie de facture classique, amorce un travail de déconstruction de la forme qui trouvera sa plénitude et deviendra révolutionnaire dans *Une Saison en enfer* (1873) et les *Illuminations* (1886).

Rimbaud envisage dès 1871 une grande révolution poétique dans les Lettres dites du « Voyant » qu'il adresse à Paul Demeny : il porte un jugement critique sur les poètes de son époque et annonce déjà les principes d'une poésie inédite.

Dissertation n° 5

Hélène Dorion
Mes forêts (2021)

Objet d'étude : La poésie du XIXe au XXIe siècle

Parcours : La poésie, la nature, l'intime

Sujet : Le lyrisme poétique de *Mes forêts* ne vise-t-il qu'à exprimer une vision personnelle de la nature ?

ÉTAPE 1 Analyser le sujet

› Repérer et définir les termes clés

Le **lyrisme poétique** de *Mes forêts* [ne] vise-t-il [qu'] à exprimer une **vision personnelle** de la **nature** ?

- lyrisme poétique : poésie à la 1re personne où l'autrice exprime ses sentiments
- ne … qu' / vise : sous-entend que la poésie de *Mes forêts* a une autre visée [viser = s'efforcer d'atteindre un objectif]
- vision personnelle : vision marquée par des émotions et des convictions intimes
- nature : le monde physique, dans ses différents aspects : minéral, végétal et animal

› Dégager la problématique et interroger les limites du sujet

→ Le sujet peut donc **être reformulé ainsi** : dans *Mes forêts*, la poétesse ne tente-t-elle que de rendre compte des sensations et émotions que suscite en elle la nature qui l'environne ? Le recueil outrepasse-t-il cette visée ?

→ Une thèse de départ est suggérée : le « lyrisme poétique » du recueil exprime « une vision personnelle de la nature » ; c'est ce que suggère le pronom possessif dans le titre *Mes forêts*. Mais par la formulation restrictive « ne vise-t-il qu'à… », le sujet nous invite à chercher comment cette poésie de l'intime déborde cet objectif et amène à **une réflexion plus large**.

Il faut rester dans les limites du sujet et ne pas remettre en cause le lyrisme de la poésie de Dorion : c'est la visée de ce lyrisme qu'il est nécessaire d'interroger.

ÉTAPE 2

Élaborer le plan

Voici une proposition de plan en trois parties :

I. Certes, dans *Mes forêts*, la poétesse exprime une vision personnelle de la nature

Comme l'indique le titre *Mes forêts*, le recueil évoque moins les forêts réelles que la poétesse explore au cours de ses promenades que les paysages intérieurs qui en ont surgi. Le recueil relève bien du registre lyrique en ce qu'il est centré sur ses émotions et sentiments personnels.

II. Cependant, elle montre également comment les forêts racontent une histoire collective

Passant régulièrement du « je » au « nous » ou au « on », le recueil oscille entre l'intime et le collectif. La poétesse sait lire dans les paysages qu'elle traverse les marques de l'histoire des hommes et les dangers de notre époque.

III. Finalement, le recueil permet avant tout d'illustrer le pouvoir de la poésie

Hélène Dorion croit en la capacité de la poésie à réparer les blessures intimes et collectives. Sur un mode original, ses poèmes questionnent le monde et ouvrent des chemins.

ÉTAPE 3

Mobiliser ses idées et les organiser

I. L'expression d'une vision personnelle de la nature

1 Les forêts comme lieu d'affirmation de soi

✔ Le titre *Mes forêts* annonce d'emblée l'intention de l'autrice de faire dialoguer les espaces naturels avec sa propre expérience intérieure. Le recueil n'a pas de prétention scientifique ni botanique. L'emploi du possessif « *Mes* » affiche cette appropriation subjective et sensible.

✔ L'autrice ne donne aucun indice géographique permettant de localiser ces forêts : ce sont des espaces intérieurs, dissimulés, « au fond de l'âme ». La forêt n'est ainsi ni un décor ni un prétexte à l'introspection, mais un lieu de définition de soi : parler de la forêt, c'est parler de soi.

2 Les forêts comme espace de réflexion personnelle

✔ La forêt représente un espace de contemplation et de méditation. Les promenades qu'effectue Hélène Dorion dans ces forêts réelles entraînent une réflexion sur la planète, le monde contemporain et ses enjeux. Elle part à la recherche d'un sens sur cette Terre en pleine mutation.

✔ Son cheminement intérieur l'amène à décrire chaque élément de la forêt (l'arbre, le tronc, la branche, les feuilles...) et à restituer les cycles de vie. La poétesse écoute attentivement ces forêts humanisées qui « hurlent » et qui « grincent ».

> « j'écoute cette partition
> du temps
> je déchiffre enfin
> le désordre des branches » (« L'arbre »)

Transition : Cette écriture métaphorique, où la nature extérieure traduit le paysage intérieur de la poétesse, dévoile progressivement une expérience humaine collective.

II. L'évocation de paysages témoins d'un destin collectif

1 Des forêts reflets de l'histoire des hommes

✔ La description des espaces naturels amène à dérouler le long processus de l'histoire humaine. Très vite, le « nous » collectif (« savons-nous/gravir la montagne/jusqu'à nous », « L'onde du chaos ») se substitue au « je » de l'autrice.

✔ La forêt est le témoin privilégié de l'écoulement du temps et de l'accomplissement de l'existence : « La terre a commencé à recueillir nos histoires/dans les arbres et sous la couche d'humus » (« Avant l'horizon »). La forêt est un pont jeté entre le récit individuel et celui de notre monde, universel : « Mes forêts sont de longues tiges d'histoire » (dernier poème du recueil).

2 Des forêts où se lisent les bouleversements du monde contemporain

✔ Les forêts disent les douleurs et les blessures humaines, elles sont le théâtre de tragédies où le monde s'effrite et lutte : les forêts ne sont plus que « des aiguilles qui percent la terre ».

✔ Ces forêts, dépositaires de notre passé, sont aussi celles qui révèlent les dangers du monde contemporain dominé par les écrans et les réseaux sociaux, et dessinent un avenir incertain.

Transition : Pourtant, dans ce monde fragile et sauvage, qui part en lambeaux, apparaît la possibilité d'une résistance grâce à la poésie.

III. Une célébration très personnelle de la poésie

1 Une poésie qui répare les blessures

✔ Dans « ce temps de bile et d'éboulis », voué à la destruction, alors que « la nuit approche », la poésie ouvre la voie à une renaissance.

✔ La forêt, lieu de connivence entre l'autrice et la nature, répare autant qu'elle brise : « les forêts entendent nos rêves/et nos désenchantements » et « nous dénouons nous réparons/ce que nous pouvons ».

2 Une poésie qui ouvre des chemins

✔ La fin du recueil promet un horizon ouvert, « un rayon qui dure ». L'image du chemin, récurrente dans l'œuvre, figure une voie poétique pour renouveler nos rapports au monde.

« un poème murmure
un chemin vaste et lumineux
qui donne sens
à ce qu'on appelle humanité »

✔ Revenir à soi, apprendre « à vivre avec soi-même », permet ainsi de trouver une relation apaisée avec le monde qui nous entoure et transforme notre regard sur le vivant.

ÉTAPE 4

Rédiger l'introduction et la conclusion

Rédiger la conclusion

[Accroche] C'est lors de la pandémie de Covid-19, pendant la période de confinement, en 2020, qu'Hélène Dorion a écrit les poèmes regroupés dans *Mes forêts*. Dans sa maison entourée de forêts au Canada, elle dit s'être alors « mise à l'écoute de la pulsation du monde ».

N'hésite pas à citer des extraits d'entretiens et interviews d'Hélène Dorion dans ton accroche.

[Présentation du sujet] Le recueil issu de cette période d'écriture dresse un état de notre monde à l'heure où une catastrophe humanitaire et écologique frappe l'humanité.

[Problématique] Dès lors, nous pouvons nous interroger sur sa visée : s'agit-il seulement pour la poétesse d'explorer « [ses] forêts » et les émotions qu'elles suscitent en elle ? L'objectif n'est-il pas également d'interroger notre lien à l'autre et d'une manière générale notre rapport au monde ?

[Annonce du plan] Certes, dans *Mes forêts*, la poétesse exprime une vision personnelle de la nature. Cependant, elle implique le lecteur et l'inclut dans une histoire collective. Finalement, elle s'emploie à révéler le pouvoir d'une poésie capable de préserver le présent et de transformer l'avenir.

Le recueil propose un cheminement littéraire et progressif : scandé par des poèmes intitulés « Mes forêts », une soixantaine de poèmes sont balisés par quatre épigraphes qui précèdent quatre sections, à l'image des quatre saisons de notre temps.

Rédiger la conclusion

[Bilan] [I] Ainsi, à l'image des romantiques, Hélène Dorion crée, dans *Mes forêts*, une poésie qui dit l'expérience intime du monde sensible. **[II]** Mais elle offre aussi une méditation sur les rapports entre l'homme et la nature et interroge notre rapport au temps et à l'universel. **[III]** Questionnant nos dérives et pointant leurs ravages sur la nature, sa poésie nous suggère une autre voie, plus humaine et respectueuse du vivant et nous incite à modifier nos comportements quand il en est encore temps, pour préserver le présent et préparer le futur.

[Ouverture] D'autres auteurs et artistes, par leur présence poétique, portent également un message écologique. Le poète François Cheng, dans *Double chant* (1998), immerge, à l'image d'Hélène Dorion, le lecteur au sein de la nature pour en appeler à une nouvelle vie et réorienter l'humain.

Mes forêts convoque une constellation de références et d'auteurs hétéroclites qui ont nourri la poésie de l'écrivaine : Galilée, Dante, Rilke, Giordano Bruno, des poétesses américaines, comme la Canadienne Annie Dillard.

Dissertation n° 6

Pierre Corneille
Le Menteur (1644)

Objet d'étude : Le théâtre du XVIIe siècle au XXIe siècle

Parcours : Mensonge et comédie

Sujet : Pourquoi le personnage principal du *Menteur* ment-il autant ?

ÉTAPE 1

Analyser le sujet

Repérer et définir les termes clés

Pourquoi le <u>personnage principal</u> du *Menteur* ment-il autant ?

- Pourquoi : pour quelles raisons (au pluriel)
- personnage principal : Le sujet invite à se concentrer sur Dorante.
- ment-il : dissimule la vérité, exprime des choses fausses
- autant : aussi souvent, avec un tel décalage par rapport à la réalité

Le sujet insiste sur la notion de « mensonge » au cœur du parcours. Il n'évoque pas celle de « comédie », ni plus largement la dimension théâtrale de l'œuvre. Il faudra faire appel à ces notions pour construire la réponse.

Dégager la problématique et interroger les limites du sujet

→ Le sujet peut **être reformulé ainsi :** Quelles sont les différentes raisons qui amènent Dorante à mentir ? Pourquoi Corneille fait-il mentir son personnage ?

→ La question avec « Pourquoi » appelle **un plan thématique.** Nous pouvons commencer par une raison évidente : Dorante ment pour parvenir à ses fins ou se sortir d'embarras. D'autres raisons viendront alors naturellement dans la suite de la dissertation.

Le sujet nous incite à chercher d'abord les raisons du côté de Dorante. Mais cette recherche pourra être élargie en s'interrogeant sur le projet littéraire de Corneille.

ÉTAPE 2

Élaborer le plan

Voici une proposition de plan en trois parties :

I. Dorante ment en premier lieu pour satisfaire ses désirs ou se sortir d'une difficulté

Le jeune Dorante, qui vient à peine de quitter sa province dans l'espoir de conquérir les belles dames de Paris, met son ingéniosité et son imagination au service de ses objectifs, accumulant les mensonges sans crainte d'être démasqué.

II. Il ment également parce qu'il vit dans une société fondée sur le paraître

Dorante n'est que le miroir grossissant d'une société basée sur le mensonge généralisé et qui ne juge que sur les apparences.

III. Corneille, enfin, n'exploite-t-il pas l'imagination de son protagoniste afin de célébrer le théâtre ?

Les récits fantaisistes et excessifs de Dorante qu'il se plaît à mettre en scène, traduisent une véritable délectation de sa part à mentir et contribuent grandement au plaisir du spectateur.

ÉTAPE 3

Mobiliser ses idées et les organiser

I. Dorante ment pour parvenir à ses fins

1 Le mensonge au service de la galanterie

✔ Arrivé récemment de Poitiers à Paris, Dorante a l'ambition de changer de vie et de devenir un expert en galanterie. Pour séduire Clarice qu'il a rencontrée par hasard aux Tuileries, Dorante n'hésite pas à reconstruire le monde selon ses rêves pour éblouir sa belle : étudiant en droit, il s'invente un passé de cavalier intrépide, revenant des guerres d'Allemagne.

✔ Pour impressionner son ami Alcippe et susciter sa jalousie en lui montrant son art de la galanterie, Dorante s'invente organisateur d'une collation nocturne, aussi riche qu'extravagante.

2 Le mensonge pour échapper à une situation embarrassante

✔ Dorante a aussi recours à des mensonges calculés, pour échapper au projet paternel de le voir marié : il s'invente d'abord un mariage forcé à Poitiers, puis, plus tard, affirme à son père, qui souhaite voir sa femme, qu'elle est enceinte et qu'elle ne peut se déplacer.

✔ À son valet Cliton qui voit surgir Alcippe alors qu'il vient de lui déclarer qu'il l'a tué en duel, Dorante prétend connaître une poudre miraculeuse capable de ressusciter un mort ! Dorante s'adapte ainsi, avec rapidité, à chaque situation. Fanfaronnant, il explique ainsi à Cliton son art :

> « Il y faut promptitude, esprit, mémoire, soins,
> Ne se brouiller jamais, et rougir encor moins. » (v. 935-936)

Transition : Avec une prodigieuse faculté d'adaptation, Dorante ment à ses interlocuteurs pour servir son amour ou pour s'extraire d'une situation difficile. Mais ne donne-t-il pas ainsi le change à une société basée sur les apparences ?

II. Dorante ment dans une société fondée sur les apparences

1 Le règne des apparences sociales

✔ Corneille donne à voir dans la pièce le paraître de la société de son temps. Dès la scène 1 de l'acte I, Dorante a le pressentiment que ses ambitions seront déçues s'il ne se conforme pas aux codes et aux artifices de la haute société parisienne : « on est mal reçu si l'on ne leur ressemble. »

✔ Cliton ne fait que confirmer les impressions de son maître : pour réussir à Paris, il faut se donner une condition et entrer dans le jeu, et non être ce que l'on est réellement :

> « Paris est un grand lieu plein de marchands mêlés,
> L'effet n'y répond pas toujours à l'apparence » (v. 72-73)

2 Le mensonge généralisé dans le grand théâtre du monde

✔ Dorante n'est donc pas le seul à mentir, comme le confie Isabelle à sa maîtresse, Clarice : comme tant d'autres, il s'invente un rôle « pour être mieux reçu » et briller en société.

✔ Dorante ment parce que chacun dans la société joue un rôle. Il ne fait qu'exploiter la crédulité d'une société soumise aux apparences : il avance masqué pour séduire Clarice, sensible comme toutes les femmes aux héros militaires ; il vante ses prouesses courageuses et généreuses face à son père, soucieux de son rang.

Transition : Ainsi, les mensonges de Dorante ne sont-ils que le reflet symptomatique d'une vaste comédie sociale. Pourtant, par leur force comique, ils contribuent aussi au plaisir du spectateur.

III. Des mensonges pour célébrer le théâtre ?

1. Le mensonge au service de l'intrigue

✔ En se donnant le costume d'un homme marié, futur père, d'un vaillant militaire et d'un séducteur, Dorante alimente abondamment les péripéties et les rebondissements de la pièce.

✔ À la scène 5 de l'acte III, Clarice ruse, à l'aide de Lucrèce, pour piéger Dorante lors d'un rendez-vous nocturne donné du haut du balcon de son amie, et lui faire croire qu'elle est Lucrèce. Les deux femmes participent aussi à créer un imbroglio, dupant le menteur même.

2. Le mensonge pour célébrer l'art du théâtre

✔ Les inventions verbales de Dorante, souvent gratuites et outrancières, contribuent au plaisir du spectateur : ainsi en est-il, par exemple, à la scène 5 de l'acte II où Dorante, se mettant en scène, fait le récit rocambolesque de son mariage forcé, à son père, et invente toute une série d'événements extravagants.

✔ Les exploits imaginaires de Dorante, de l'ordre du baroque burlesque, donnent ainsi naissance à des scènes colorées, riches en détails, qui mettent en abyme l'art du théâtre.

ÉTAPE 4

Rédiger l'introduction et la conclusion

› Rédiger la conclusion

[Accroche] Corneille revient soudainement à la comédie en 1644, avec *Le Menteur*, après des succès tragiques qui lui ont apporté la gloire.

[Présentation du sujet] Dorante, le protagoniste de la pièce, est un véritable anti-Rodrigue, dont les valeurs sont loin des aspirations aristocratiques chères à l'auteur. La pièce repose sur un quiproquo initial, mais surtout sur le spectacle de ses mensonges.

[Problématique] Dès lors, nous pouvons nous demander quelles sont les différentes raisons qui amènent Dorante à mentir, et pourquoi Corneille choisit de faire mentir autant son personnage.

[Annonce du plan] Nous verrons dans un premier temps que Dorante ment surtout pour séduire et pour se défaire de situations qui l'importunent, puis que ses mensonges révèlent aussi son souhait de s'intégrer dans une société où chacun ment et joue un rôle. Nous étudierons enfin l'art du dramaturge qui fait du caractère de son personnage un ressort efficace de la comédie.

Le Menteur est une pièce d'inspiration espagnole : Corneille a réécrit la comédie d'Alarcon, *La Verdad sospechosa* (*La Vérité suspecte*, 1625), qu'il a transposée en France.

Rodrigue est le protagoniste du *Cid*, tragi-comédie de Corneille qui se construit sur un dilemme entre les lois de l'honneur aristocratique et celles de l'amour.

› Rédiger la conclusion

Bilan] [I] Dorante ment bien, dans *Le Menteur*, pour satisfaire son objectif de galanterie et échapper à des situations contraignantes qui font obstacle à ses objectifs amoureux. **[II]** Arrivant fraîchement de sa province, il s'adapte aussi à une société parisienne où chacun évolue masqué, selon ses intérêts. **[III]** Acteur et metteur en scène à lui tout seul, Dorante est, aux yeux du public, un menteur finalement bien sympathique et peu condamnable, car ses mensonges assurent un divertissement comique réussi et enlevé, à la tonalité baroque.

[Ouverture] En 1665, Molière, portera à la scène un menteur, dans *Dom Juan*. Mais le protagoniste est, à l'encontre de Dorante, un libertin manipulateur dangereux qui bafoue les codes sociaux de l'époque.

La pièce connaît un succès immédiat dès sa première représentation en janvier 1644. Corneille écrira alors *La Suite du Menteur* (1644-1645) en s'inspirant d'une comédie espagnole de Lope de Vega.

Dissertation n° 7

Alfred de Musset *On ne badine pas avec l'amour* (1834)

Objet d'étude : Le théâtre du XVIIe siècle au XXIe siècle

Parcours : Les jeux du cœur et de la parole

Sujet : Dans quelle mesure peut-on dire que Camille et Perdican badinent avec l'amour ?

ÉTAPE 1 Analyser le sujet

Repérer et définir les termes clés

appelle un plan dialectique → Dans quelle mesure

les deux protagonistes de la pièce → Camille et Perdican

Dans quelle mesure peut-on dire que Camille et Perdican badinent avec l'amour ?

badinent : 1. badiner : parler de manière enjouée 2. badiner avec quelque chose : prendre à la légère

amour : le sentiment amoureux en général

L'intitulé du sujet fait référence au titre de la pièce, et pose cette question : contrairement au conseil délivré par ce titre en forme de proverbe, Camille et Perdican badinent-ils avec l'amour ? Le verbe « badiner », qui évoque une parole enjouée – peu soucieuse de sincérité –, permet de faire le lien avec le thème du parcours : « Les jeux du cœur et de la parole ».

Dégager la problématique et interroger les limites du sujet

→ Le sujet peut **être reformulé ainsi** : Les deux protagonistes de la pièce accordent-ils à l'amour plus de valeur que leur badinage apparent ne le laisse penser ?

→ Le sujet invite d'emblée à adopter **un point de vue « mesuré »**. La question suggère une thèse et son dépassement : certes, tout au long de la pièce – jusqu'à la scène 8 de l'acte III – Camille et Perdican badinent avec l'amour, mais qu'en est-il au fond ?

Il ne faudra pas oublier d'évoquer le fait que ce badinage amoureux a des conséquences dramatiques (la mort de Rosette).

ÉTAPE 2 Élaborer le plan

Voici une proposition de plan en trois parties :

I. Certes, Perdican et Camille badinent avec l'amour

Jusqu'à la scène 8 de l'acte III, Perdican et Camille semblent se comporter comme « deux enfants insensés » : ils jouent avec leurs sentiments et ceux de Rosette, sans tenir compte des conséquences de ce badinage.

II. Cependant, leurs paroles et leurs comportements sont en décalage avec leurs sentiments réels

Par orgueil mais aussi par crainte de s'engager, dans le cas de Camille, les deux cousins dissimulent leurs vrais sentiments et jouent chacun un rôle, sans être eux-mêmes.

III. Au fond, ces deux héros romantiques rêvent d'un amour absolu

La scène du grand débat sur l'amour (acte II, scène 5), comme la scène de l'aveu final, nous révèlent à quel point les deux personnages sont habités par une vision absolue de l'amour.

ÉTAPE 3 Mobiliser ses idées et les organiser

I. Deux personnages qui, chacun à leur manière, badinent avec l'amour

1 Camille cherche à piéger Perdican

✔ Camille rejette d'abord catégoriquement l'amour de Perdican et refuse de s'avouer qu'elle est amoureuse de lui. Elle n'ose pas aimer et se retranche derrière sa foi religieuse.

✔ Mais, à partir de l'acte III, jalouse de Rosette, elle décide de se venger de Perdican. L'humiliation subie, alors qu'il courtisait Rosette en sa présence (scène 3), la pousse à élaborer des stratagèmes pour le confondre. À la scène 6, elle en vient alors à tenir ces propos sur le ton du badinage :

> « Je voudrais qu'on me fît la cour ; je ne sais si c'est que j'ai une robe neuve, mais j'ai envie de m'amuser. » (acte III, scène 6)

2 Par dépit, Perdican joue avec l'amour de Rosette

✔ Après l'échec des retrouvailles, Perdican, perdu dans ses sentiments et désespéré par la froideur de Camille, se réfugie auprès de Rosette et la courtise par jeu.

✔ Cependant, blessé par la lettre de Camille adressée à une amie de couvent, il décide de lui démontrer son indifférence et persiste ainsi dans son souhait d'épouser Rosette, sans se soucier des sentiments de la jeune paysanne :

> « Je trouve plaisant qu'on dise que je ne t'aime pas quand je t'épouse. Pardieu ! nous les ferons bien taire. » (acte III, scène 7)

Transition : L'affrontement de Camille et Perdican, dont Rosette est victime, trahit leur amour-propre qui les empêche de se déclarer mutuellement leur amour.

II. Des paroles et des actes en décalage avec les élans du cœur

1 Orgueil et sarcasmes

✔ Lors de leurs retrouvailles, Camille, peu nostalgique du passé, reproche à Perdican son orgueil et sa naïveté d'avoir espéré qu'elle serait encore amoureuse de lui après ces longues années de séparation. À l'acte II, scène 5, c'est au tour de Perdican de déplorer son insensibilité et sa fierté :

> « Tu es une orgueilleuse ; prends garde à toi. »

✔ Dès que son désir de vengeance s'installe, le badinage affectueux de Perdican fait place à une amertume (acte III, scène 2), puis à une franche colère (scène 7) : le couple en vient à des échanges cinglants, « sur un ton de persiflage », chacun tentant de confondre et de ridiculiser l'autre.

2 Camille et Perdican pris à leur propre jeu

✔ Chacun reproche à l'autre de jouer un rôle : pour Perdican, Camille ne fait que s'en remettre par crainte à l'avis de nonnes, sans oser vivre par elle-même ; pour Camille, Perdican ne peut croire « qu'on puisse mourir d'amour », inconstant, il fait son « métier de jeune homme » :

> « Est-ce donc une monnaie que votre amour, pour qu'il puisse passer ainsi de mains en mains jusqu'à la mort ? » (acte II, scène 5)

✔ Le couple est pris dans un engrenage incontrôlable : les échanges de billets que les deux jeunes gens s'envoient pour assurer leur riposte et les scènes où l'un des personnages assiste à une conversation à l'insu d'un des interlocuteurs, transforment le badinage en tragédie.

Transition : Le badinage de Camille et Perdican prend une tournure inquiétante au fil de la pièce ; cette dramatisation révèle la haute valeur qu'ils accordent à l'amour.

III. Deux héros romantiques habités par une haute vision de l'amour

1 Deux conceptions également exigeantes de l'amour

✔ Camille est effrayée par l'inconstance des hommes et par les récits des souffrances de ses amies religieuses. Dans la scène 5 de l'acte II, elle exprime sa soif d'absolu :

> « Je veux aimer, mais je ne veux pas souffrir ; je veux aimer d'un amour éternel, et faire des serments qui ne se violent pas. »

✔ Rejetant la religion, Perdican a également une très haute vision de l'amour terrestre dont il fait « une chose sainte et sublime », une union de deux êtres « si imparfaits et si affreux ».

2 Un dénouement qui leur fait mesurer la gravité de l'amour

✔ Dans la scène finale, le couple, en s'avouant son amour, prend conscience de sa démesure et du malheur engendré par tant de « vanité », de « bavardage » et de « colère ».

✔ Rosette, qui a observé la scène à leur insu, comprenant qu'elle n'a été qu'un jouet dans leurs mains, meurt de déshonneur et d'amour, suggérant ainsi que badiner peut tuer.

ÉTAPE 4

Rédiger l'introduction et la conclusion

Rédiger l'introduction

[Accroche] Le drame de la passion orageuse que Musset vit avec l'écrivaine George Sand de 1833 à 1835, lui inspire sa pièce *On ne badine pas avec l'amour* (1834).

[Présentation du sujet] Alors que Camille et Perdican sont promis l'un à l'autre depuis leur enfance et que rien ne semble s'opposer à cette union, les deux jeunes gens jouent avec leurs sentiments qu'ils s'efforcent de cacher.

[Problématique] Dès lors, on peut se demander si les deux protagonistes de la pièce accordent à l'amour plus de valeur que leur badinage apparent ne le laisse penser.

[Annonce du plan] Nous verrons que, si les deux personnages, poussés par leur orgueil, jouent effectivement avec leurs sentiments, comme le montrent leurs paroles et leurs actes, c'est qu'ils sont habités par une vision absolue de l'amour, en opposition à leur badinage apparent.

Rédiger la conclusion

[Bilan] [I] Bien que le titre de la pièce semble inaugurer une intrigue teintée de légèreté et de jeu sans conséquence, Camille et Perdican jouent, dès leurs retrouvailles, avec la réalité de leurs sentiments, jusqu'à s'engager dans une lutte sourde, mêlant l'innocente Rosette à leur badinage cruel. **[II]** Les stratagèmes de plus en plus dangereux qu'ils mettent en scène pour piéger et dominer l'autre, révèlent leur orgueil, **[III]** mais aussi la haute conception que chacun se fait de l'amour. Le badinage, en apparence innocent, est loin d'être sans risques, car il conduit à un dénouement inattendu, la mort tragique de Rosette, que le titre ne laissait pas présager.

[Ouverture] La fin tragique de la pièce fait écho à celle du drame romantique de Victor Hugo, *Hernani* (1830) : alors que les noces d'Hernani et de Doña Sol ont lieu et que le bonheur est enfin à leur portée, le retour de Don Ruy Gomez met fin à leur union.

On ne badine pas avec l'amour appartient au second recueil de pièces *Un spectacle pour un fauteuil*. À la suite de son échec de *La Nuit vénitienne* en 1830, Musset ne souhaite plus voir représenter ses pièces qui ne seront donc plus qu'imprimées.

Il faut attendre 1861 pour que la pièce soit jouée pour la première fois à la Comédie-Française. Elle est néanmoins en partie censurée pour ses passages mettant en cause la religion.

Musset campe ici deux protagonistes qui portent les caractéristiques de héros romantiques : pleins d'amertume et d'orgueil, mais aussi sensibles et hésitants, aveuglés par leur passion, ils sont fatalement voués au malheur.

Dissertation n° 8

Nathalie Sarraute *Pour un oui ou pour un non* (1981)

Objet d'étude : Le théâtre du XVIIe siècle au XXIe siècle

Parcours : Théâtre et dispute

Sujet : En quoi la dispute entre H. 1 et H. 2, dans *Pour un oui ou pour un non*, permet-elle de faire éclater la vérité ?

ÉTAPE 1

Analyser le sujet

Repérer et définir les termes clés

Le mot interrogatif appelle un plan thématique

discussion vive, qui peut se transformer en conflit

les deux protagonistes de la pièce

En quoi la **dispute** entre H. 1 et H. 2, dans *Pour un oui ou pour un non*, permet-elle de **faire éclater** la **vérité** ?

mettre en lumière, révéler

connaissance conforme au réel, sur laquelle tout le monde s'accorde

Le mot « dispute » fait directement référence à l'intitulé du parcours « Théâtre et dispute ». Il est mis en lien ici avec la notion de vérité. C'est bien sur l'articulation des deux notions que le sujet nous demande de nous interroger.

Dégager la problématique et interroger les limites du sujet

→ Le sujet peut **être reformulé ainsi** : Quelle (s) vérité (s) la dispute entre H. 1 et H. 2, mise en scène dans la pièce, fait-elle surgir ?

→ La question appelle **un plan thématique**. Pour trouver notre thèse, partons de la réponse la plus évidente : interrogé par H. 1, en quête de vérité sur leur relation, H. 2 révèle progressivement **les raisons de son éloignement**.

Il faudra ensuite montrer que cette révélation ne fait qu'accroître l'incompréhension entre les deux hommes, et élargir par conséquent la notion de vérité.

ÉTAPE 2 Élaborer le plan

Voici une proposition de plan en trois parties :

I. La discussion entre H. 1 et H. 2 met bien au jour les raisons de l'éloignement de H. 2

Le dialogue aboutit bien à une première révélation : aux questions insistantes de H. 1 sur son éloignement, H. 2 finit par révéler le grief qui en est à l'origine.

II. Cependant, cette discussion, qui tourne au règlement de comptes, révèle surtout une opposition profonde entre les deux hommes

La quête d'une vérité permettant la réconciliation n'aboutit pas et le dialogue s'envenime au fil de la pièce – jusqu'à la rupture –, révélant deux philosophies de vie que tout oppose.

III. En fait, ce logodrame met en évidence une vérité plus générale qui a trait au langage

Progressivement, le spectateur prend conscience des failles du langage et de sa dangerosité puisqu'il peut briser une amitié ancienne comme celle entre H. 1 et H. 2. Au-delà de l'opposition entre les deux protagonistes, ce sont les dessous de nos conversations que révèle la pièce.

ÉTAPE 3 Mobiliser ses idées et les organiser

I. Une discussion qui révèle les raisons de l'éloignement de H. 2

1 Une quête de vérité

✔ L'intrigue de la pièce est fondée sur l'interrogation initiale de H. 1 qui veut savoir pourquoi son ami H. 2 s'est éloigné de lui ; avec cette approche rationnelle qui le caractérise, H. 1 espère obtenir une réponse permettant leur réconciliation.

> « Écoute, je voulais te demander… C'est un peu pour ça que je suis venu… je voudrais savoir… que s'est-il passé ? »

✔ Mais cette quête de vérité s'avère difficile. Elle se heurte aux dénégations de H. 2 qui semble d'abord juger trop exigeant ou trop risqué cet effort d'élucidation.

2 La révélation progressive des motifs de l'éloignement

✔ Peu à peu, les causes de la prise de distance deviennent de plus en plus explicites : une expression malheureuse, que H. 1 et H. 2 tentent d'analyser pour en comprendre les intentions.

> « H. 2, *prenant courage* : Tu m'as dit : "C'est bien… ça…" Juste avec ce suspens… cet accent… »

Transition : La raison de l'éloignement est finalement explicitée, mais cette mise au clair ne permet pas aux amis de clarifier leur relation : au contraire. La pièce ferait-elle émerger un autre type de vérité ?

II. Une dispute qui révèle deux êtres que tout oppose

1 Une discussion qui tourne au conflit

✔ Les raisons évoquées par H. 2 demeurent incompréhensibles pour H. 1. De son côté, H. 2 se sent incompris. Le ton monte, la recherche de vérité s'enlise, chacun restant dans sa logique.

✔ L'intervention des voisins met en évidence ce cloisonnement généralisé des consciences. L'exposé des doléances de chaque personnage laisse H. 3 et F. perplexes et sans réponse.

> « H. 2 : Oh mais qu'est-ce que vous pouvez comprendre…
> H. 3 : Pas grand-chose, en effet. »

2 La révélation de deux visions du monde contradictoires

✔ Le texte fait émerger un antagonisme profond entre deux manières d'être au monde : d'un côté H. 1, l'homme parfaitement intégré dans la société ; de l'autre, H. 2, l'homme en marge qui rejette la vision bourgeoise du bonheur et son pragmatisme.

✔ À la fin de la pièce, H. 1 et H. 2 font le constat qu'ils sont engagés dans une « lutte à mort ». La nécessité de la rupture s'impose en même temps à tous deux.

> « H. 1 : À quoi bon s'acharner ?
> H. 2 : Ce serait tellement plus sain…
> H. 1 : Pour chacun de nous… plus salutaire… »

Transition : La dispute révèle ainsi les vrais visages des deux protagonistes et l'écart entre deux visions du monde. Mais quelle autre vérité cette dispute, prise dans sa dimension langagière, met-elle au jour ?

III. Un logodrame qui révèle les failles du langage

1 Des conversations parasitées par les tropismes

✔ La question du langage domine la pièce : Sarraute cherche à montrer à quel point les paroles des protagonistes en cachent d'autres, implicites et plus fondamentales, qui forment une « sous-conversation ».

✔ Cette « sous-conversation » est alimentée par des « tropismes », mouvements profonds et informulés relevant de l'inconscient, qui se révèlent notamment par les nombreuses phrases inachevées et les silences, dans les échanges entre H. 1 et H. 2.

2 La révélation du pouvoir destructeur des non-dits

✔ La dispute n'a pas permis de pacifier les rapports entre les deux « amis » car aucun des deux n'a eu le désir de rechercher une conciliation. L'écart qui existait entre eux n'a fait que se creuser par le poids des non-dits et de la rancœur accumulée au fil du temps.

✔ Ainsi la dispute a bien fait éclater la vérité, mais a surtout abouti à un déchirement tragique entre deux êtres désormais irréconciliables.

ÉTAPE 4 Rédiger l'introduction et la conclusion

Rédiger l'introduction

[Accroche] L'intégralité de l'œuvre de Sarraute est consacrée à un travail d'exploration du langage, où elle tente par l'écriture, dès *Tropismes* (1939), de dépasser les apparences langagières en exprimant les mouvements inconscients à l'origine de nos gestes et de nos paroles.

[Présentation du sujet] Cherchant à élucider la raison de leur éloignement, les deux amis de la pièce *Pour un oui ou pour un non* s'engagent dans une discussion où chacun défend âprement sa compréhension des paroles prononcées par l'autre.

[Problématique] Dès lors, on peut se demander si ce duel verbal parvient à faire surgir la vérité.

[Annonce du plan] Nous verrons d'abord que la dispute révèle bien la cause de leur séparation, mais qu'elle pointe surtout leur opposition fondamentale, forgée au fil des années par les non-dits, ces sous-entendus redoutables qui finissent par miner toute relation.

Toute la progression de *Pour un oui ou pour un non* est contenue dans le dialogue entre les deux acteurs et non dans l'action, laissant ainsi une grande liberté d'interprétation aux acteurs pour rendre compte des intonations subtiles du langage.

Si le différend entre les deux hommes engendre une rupture tragique, il n'en livre pas moins des confrontations comiques qui provoquent l'adhésion du spectateur.

Rédiger la conclusion

[Bilan] [I] Ainsi, rien ne pouvait présager que la dissension entre H. 1 et H. 2, qui semblait porter sur une broutille, une simple intonation d'une parole interprétée par H. 2 de manière condescendante, **[II]** serait à l'origine d'un antagonisme radical entre deux êtres qui ne partagent pas la même vision du monde. **[III]** Les nombreux sous-entendus, dans leurs échanges d'autrefois et d'aujourd'hui, masqués par l'insignifiance des paroles, et pourtant révélateurs de ce qu'ils sont réellement, justifient finalement leur rupture inéluctable.

[Ouverture] D'autres logodrames, comme *Juste la fin du monde* (1990) de Jean-Luc Lagarce, analysent la difficulté d'une véritable communication entre les différents membres d'une famille. Sous un voile de rancœur, les vieilles querelles resurgissent, les malentendus s'accumulent, empêchant la parole de se libérer.

H. 1 et H. 2 peuvent aussi être perçus comme les deux pôles de la personnalité d'un même individu ; les oppositions pouvant être aussi complémentaires.

Dissertation n° 9

François Rabelais
Gargantua (1534)

Objet d'étude : La littérature d'idées du XVIe au XVIIIe siècle

Parcours : Rire et savoir

Sujet : Pourquoi Rabelais accorde-t-il une si grande place au rire dans *Gargantua* ?

ÉTAPE 1

Analyser le sujet

› Repérer et définir les termes clés

pour quelles (différentes) raisons → Pourquoi

Rabelais fait (du rire) un élément constitutif de l'œuvre → accorde-t-il une si grande place

Pourquoi Rabelais accorde-t-il une si grande place au rire dans *Gargantua* ?

réaction provoquée par des éléments comiques → rire

Seul le premier terme de l'intitulé du parcours – « rire » – se trouve dans le sujet. Mais la question nous invite à faire le lien avec le second : parmi les raisons à évoquer, certaines se rapportent à la notion de « savoir ».

› Dégager la problématique et interroger les limites du sujet

→ Le sujet peut **être reformulé ainsi** : Rabelais entend faire rire son lecteur : pour quelles raisons ? Quelles sont les différentes fonctions du rire dans *Gargantua* ?

→ Pour éviter l'effet « catalogue », nous pouvons imaginer une thèse, en partant de la fonction la plus évidente du rire dans *Gargantua* : Rabelais entend en premier lieu **divertir son lecteur** avec ces aventures de géant au comique démesuré. Il faudra ensuite trouver d'autres raisons plus « sérieuses ». Le rire n'a-t-il pas aussi **une fonction critique** ? **philosophique** (en lien avec les idées humanistes de l'époque) ?

N'oublie pas que, pour les humanistes, l'homme doit rechercher son épanouissement en développant ses capacités intellectuelles.

ÉTAPE 2 Élaborer le plan

Voici une proposition de plan en trois parties :

I. Certes, Rabelais entend d'abord divertir son lecteur avec une histoire de géants

Les personnages de *Gargantua* sont des géants, issus du folklore populaire, qui se prêtent à tous les excès. Leurs aventures comiques suscitent un rire franc et libérateur.

II. Cependant, le rire dans *Gargantua*, a aussi une intention critique et contestataire

À travers ses personnages caricaturaux, Rabelais épingle les vices et impostures de son époque : la fausse science des doctes, les superstitions religieuses, le comportement belliqueux d'un souverain…

III. Finalement, Rabelais fait du rire un instrument philosophique conforme à l'idéal humaniste

Le rire permet à l'écrivain d'éviter tout didactisme et manifeste la confiance qu'il place en son lecteur, qui est invité à penser par lui-même.

Sujets corrigés

ÉTAPE 3 Mobiliser ses idées et les organiser

I. Faire rire pour amuser et divertir le lecteur

1 Des aventures de géants farcesques

✔ Le ton est donné dès la naissance de Gargantua qui vient au monde d'une façon bien étrange et peu ragoûtante : il naît précipitamment par l'oreille de sa mère qui a mangé trop de tripes, en criant : « À boire ! À boire ! À boire ! ».

✔ Hérité de la tradition de la farce médiévale, le rire rabelaisien semble purement gratuit et naît de la démesure : 17 900 vaches sont ainsi nécessaires pour alimenter Gargantua bébé.

2 De multiples procédés comiques : farce, parodie et décalage burlesque

✔ Le récit des prouesses guerrières de Gargantua est une parodie des romans de chevalerie qui donne à voir des batailles brutales, comme celle de Frère Jean à l'abbaye de Seuilly :

> « Frère Jean cogna alors si rudement sur eux, par surprise, qu'il les renversa comme une bande de porcs, frappant à tort et à travers, à la vieille escrime. » (chapitre 27)

✔ Rabelais multiplie les allusions grivoises ou paillardes et les injures grossières, en partie à l'origine de la guerre contre Picrochole. Le « bas-corporel » est également omniprésent par de nombreuses images scatologiques : Grandgousier éprouve de l'admiration pour l'intelligence et l'inventivité prodigieuse de son jeune fils qui a mis au point le meilleur « torche-cul ».

Transition : Le rire farcesque et parodique dans *Gargantua* permet de divertir le lecteur, qui a vite fait cependant de percevoir sa force critique.

II. Le rire pour critiquer et faire réfléchir

1 La critique des mauvais pédagogues et des faux-savants

✔ Rabelais livre une satire féroce de Maître Thubal Holoferne, précepteur sophiste de Gargantua, qui dispense une éducation scolastique, inefficace et abrutissante, basée sur la répétition :

> « On lui recommanda [...] Maître Thubal Holoferne, qui lui apprit si bien son alphabet qu'il le récitait par cœur et à l'envers. Cela l'occupa cinq ans et trois mois. » (chapitre 14)

✔ Le théologien sophiste, Janotus de Bragmardo, est ridiculisé par sa harangue pédante (chapitre 19) dont la logique ne produit qu'un absurde galimatias qui fait rire toute l'assemblée.

2 La réflexion sur le thème de la guerre

✔ La guerre picrocholine, déclenchée pour une vulgaire dispute au sujet de fouaces, est l'objet d'une parodie, mais aussi d'une critique sévère de la tyrannie exercée par le roi Picrochole qui attaque le peuple de Grandgousier, par simple désir de conquête.

✔ Le registre épique (employé pour décrire des actions héroïques) est revisité pour montrer l'absurdité de la violence :

> « Les uns mouraient sans parler. Les autres parlaient sans mourir. Les uns mouraient en parlant. Les autres parlaient en mourant. » (chapitre 27)

Transition : Dans *Gargantua*, le rire, qui conteste tous ceux qui nuisent à la société, conduit le lecteur à réfléchir et à développer son esprit critique.

III. Le rire, un principe philosophique ?

1 La figure de Socrate : une sagesse fondée sur l'ironie

✔ Dans le prologue, l'auteur avertit le lecteur de ne pas se fier à l'apparence comique de l'ouvrage et s'en remet au philosophe Socrate dont l'allure extérieure, grotesque, jurait avec sa force intérieure, « une intelligence surhumaine, une force d'âme incroyable ».

✔ Le lecteur doit donc dépasser l'extérieur, trompeur (« rompre l'os »), pour accéder au sens caché du texte (« sucer la substantifique moelle »).

> « Car, dans ce livre, vous trouverez un goût bien différent et un savoir caché qui vous révéleront de très hauts mystères horrifiques concernant tant notre religion que notre vie politique et économique ». (Prologue de l'auteur)

2 Le rire pour penser par soi-même

✔ Mais, déroutant le lecteur, Rabelais discrédite, dans un second temps, ce premier appel à rechercher un sens caché pour privilégier le divertissement et le rire.

✔ Cette hésitation entre lecture comique et lecture savante porte à penser que le lecteur reste libre d'interpréter à sa guise le comique farcesque de l'œuvre. Rabelais fait confiance à la capacité d'esprit critique de ce dernier pour se méfier des préjugés et forger sa propre vision du monde.

ÉTAPE 4

Rédiger l'introduction et la conclusion

Rédiger l'introduction

[Accroche] « Mieux est de rire que de larmes écrire, Parce que rire est le propre de l'homme ». Dès l'Avis aux lecteurs », Rabelais place ainsi *Gargantua* sous le signe du rire.

[Présentation du sujet] Cependant, cette importance accordée au rire semble suggérer que son pouvoir est multiple.

[Problématique] Dès lors, on peut se demander quelles sont les différentes fonctions du rire dans *Gargantua* et s'interroger sur les objectifs recherchés par l'auteur.

[Annonce du plan] Nous verrons que, si l'écrivain entend d'abord nous divertir avec une histoire de géants au comique farcesque, le rire rabelaisien a aussi une intention critique et contestataire et finalement, nous incite à penser par nous-mêmes.

Les théologiens de la Sorbonne obtiennent que *Gargantua* soit censuré en 1543. À l'époque de François Ier, ceux qui critiquent les excès de l'Église comme le fait Rabelais, sont perçus comme des dangers, tout autant que les protestants.

Rabelais est un humaniste de la Renaissance qui souhaite dépasser l'ignorance des hommes du Moyen Âge.

Rédiger la conclusion

[Bilan] **[I]** Parodique, satirique, farcesque, *Gargantua* est une œuvre délibérément placée sous le signe du gigantisme et du rire divertissant. **[II]** Cependant, cet aspect ludique apporte une distance critique et favorise la réflexion du lecteur qui est ainsi amené à remettre en cause les dogmes, les préjugés et les discours absurdes et creux. **[III]** Le rire permet donc à l'homme de devenir un humaniste, un homme accompli de la Renaissance, ouvert au progrès et au savoir.

Les humanistes de la Renaissance avaient foi en l'homme et en ses capacités. Ils l'incitaient à s'interroger sur les questions politiques et la transmission des savoirs.

[Ouverture] Érasme, contemporain de Rabelais, dans *Éloge de la folie* (1511), une des œuvres les plus fondamentales de l'humanisme, part également en guerre contre l'obscurantisme du Moyen Âge, les abus du clergé et la violence de la civilisation.

Dissertation n° 10

Olympe de Gouges
Déclaration des droits de la femme et de la citoyenne (1791)

Objet d'étude : La littérature d'idées du XVIe au XVIIIe siècle

Parcours : Écrire et combattre pour l'égalité

Sujet : Quel est le combat d'Olympe de Gouges dans la *Déclaration des droits de la femme et de la citoyenne* ?

ÉTAPE 1 Analyser le sujet

› Repérer et définir les termes clés

lutte pour une cause (avec l'arme de l'écriture) → combat

Olympe de Gouges prend explicitement la parole dans son texte : les idées défendues sont les siennes → Olympe de Gouges

Le mot interrogatif invite à préciser l'objet du combat → Quel

Quel est le combat d'Olympe de Gouges dans la *Déclaration des droits de la femme et de la citoyenne* ?

Le sujet reprend une notion qui se trouve au cœur du parcours : l'écriture peut être un véritable « combat ». La notion « d'égalité » n'est pas mentionnée : elle devra être évoquée comme l'objet principal du combat, même s'il n'est pas exclusif.

› Dégager la problématique et interroger les limites du sujet

→ Le sujet peut **être reformulé ainsi** : Dans ce texte engagé qu'est la *Déclaration*, quels sont les objectifs de l'autrice ? Au service de quelles causes met-elle son écriture ?

→ La question du sujet nous engage à décrire toutes les dimensions du combat mené par Olympe de Gouges. On peut partir de l'intitulé du parcours pour élaborer la thèse : l'autrice lutte pour **l'égalité entre les hommes et les femmes**. Mais d'autres causes peuvent être citées.

Pense à évoquer le titre de la *Déclaration* d'Olympe de Gouges. Celui-ci affirme implicitement que les femmes et citoyennes disposent de droits, à égalité de ceux revendiqués pour les hommes dans la *Déclaration de l'homme et du citoyen* de 1789.

ÉTAPE 2 Élaborer le plan

Voici une proposition de plan en trois parties :

I. Certes, Olympe de Gouges, à travers sa *Déclaration*, combat en premier lieu pour que les femmes aient les mêmes droits que les hommes

Il s'agit de réclamer pour les femmes ces droits dont elles sont privées et qui leur permettront de devenir des femmes libres et indépendantes, les égales des hommes.

II. Cependant, ce combat se double d'une âpre critique de la domination masculine

Le sort actuel des femmes tient au fait que les hommes les considèrent comme inférieures et leur imposent leur tutelle. Les femmes doivent « se réveiller » si elles veulent s'émanciper.

III. Finalement, l'autrice lutte, de manière plus globale, pour une vie en société plus heureuse

Dans sa défense acharnée de l'égalité entre les hommes et les femmes, Olympe de Gouges se situe dans le sillage des philosophes des Lumières. L'exercice de la raison, la lutte contre l'ignorance et l'intolérance, doivent permettre l'avènement d'une société plus juste, avec des conditions de vie meilleures pour tous.

ÉTAPE 3 Mobiliser ses idées et les organiser

I. Un combat pour l'égalité entre les femmes et les hommes

1 Une Déclaration à la forme significative

✔ La *Déclaration des droits de la femme et de la citoyenne* est la réécriture au féminin de la *Déclaration des droits de l'homme et du citoyen* rédigée en 1789 par l'Assemblée nationale constituante : à travers sa forme, le texte d'O. de Gouges exprime la nécessité d'inclure les femmes dans la Déclaration initiale, et d'inscrire ainsi l'égalité entre les hommes et les femmes dans la Constitution.

> « La femme naît libre et demeure égale à l'homme en droits. » (Article premier)

2 La revendication d'une stricte égalité : sur le plan juridique, politique et social

✔ L'autrice revendique pour les femmes les mêmes droits juridiques et politiques que les hommes : « la liberté, la propriété, la sûreté », « la résistance à l'oppression (article II) ; la liberté d'opinion et d'expression (article X et XI), ainsi que le droit de propriété (article XVII).

✔ L'article XIV rappelle la stricte égalité entre hommes et femmes dans la gestion des biens, l'accès à la fonction publique, et devant l'impôt.

✔ Dans les articles X, XI, XIII, XVI, elle réclame des droits spécifiques.

> « La femme a le droit de monter sur l'échafaud ; elle doit avoir également celui de monter à la tribune. » (Article x)

✔ Dans la nouvelle « forme du contrat social », la femme doit pouvoir dire devant la loi qui est le père de son enfant et les prostituées doivent être protégées « dans des quartiers désignés ».

Transition : Cependant, au-delà d'une simple revendication d'égalité, O. de Gouges souligne la nécessité de lutter contre la domination masculine.

II. Un combat contre la domination et la violence masculines

1 L'âpre critique de la tyrannie des hommes

✔ Dans l'« Exhortation aux hommes », l'autrice prend violemment à partie les hommes qui ont consciemment et injustement « opprimé » la moitié de l'humanité alors que dans « la nature », les deux sexes « coopèrent » d'une façon harmonieuse.

✔ Le Préambule rappelle que les hommes ont exclu « par ignorance, oubli ou mépris des droits » les femmes de la vie civique et du droit de vote alors qu'elles sont des citoyennes à part entière.

2 L'appel à l'émancipation des femmes

✔ Dans sa « Dédicace à la reine », l'autrice s'adresse à Marie-Antoinette d'égale à égale, pour la convaincre « de donner du poids à l'essor des droits de la femme, et d'en accélérer les succès ».

✔ Le postambule en appelle à la volonté d'émancipation des femmes, condition nécessaire à l'abolition de ces injustices :

> « Femme, réveille-toi ; le tocsin de la raison se fait entendre dans tout l'univers ; reconnais tes droits. » (Postambule)

Transition : Le combat contre cette domination masculine permettra aussi l'amélioration de la société tout entière.

III. Un combat plus global pour une société meilleure

1 Un combat inspiré des valeurs des Lumières

✔ À l'article V, O. de Gouges invoque le droit naturel, modèle d'équilibre dont les deux sexes doivent s'inspirer. Elle rejoint ainsi la pensée du philosophe Rousseau qui considère que la société seule génère des inégalités et des injustices.

✔ Dans la « Forme du contrat social de l'homme et de la femme », l'autrice sollicite la raison de ses lecteurs pour lutter contre « les tartufes, les bégueules, le clergé et toute la séquelle infernale » qui véhiculent une pensée obscurantiste et dangereuse.

2 Une société harmonieuse, plus juste pour tous

✔ Dépassant le registre du pamphlet, O. de Gouges en appelle à une nation apaisée « qui n'est que la réunion de la femme et de l'homme » (article III).

✔ Ce désir d'égalité et de liberté doit englober la totalité de la nation et amener à une lutte contre l'esclavage et la discrimination envers les personnes noires, une autorisation du mariage des prêtres et un statut protecteur pour les prostituées.

ÉTAPE 4

Rédiger l'introduction et la conclusion

Rédiger l'introduction

[Accroche] Le 14 septembre 1791, Olympe de Gouges publie sa *Déclaration des droits de la femme et de la citoyenne*, réécriture de la *Déclaration des droits de l'homme et du citoyen*, datant du 26 août 1789, pour affirmer la stricte égalité des droits des femmes avec celle des hommes.

[Présentation du sujet] Cette réécriture, qui entend prolonger l'œuvre de la Révolution en l'élargissant au combat pour l'égalité en faveur des femmes, exprime avec audace de nouveaux et ambitieux combats.

[Problématique] Quelles sont donc les causes que l'autrice s'attache à défendre dans sa *Déclaration* qu'elle complète d'une « Dédicace à la reine », d'une « Exhortation aux hommes » et d'un nouveau « contrat social » ?

[Annonce du plan] À son combat pour accorder aux femmes les mêmes droits que les hommes, Olympe de Gouges ajoute une virulente critique de la domination masculine, avec la finalité d'améliorer la société tout entière.

En 1790, Condorcet, philosophe des Lumières proche de Voltaire et d'Alembert, publie un manifeste, *Sur l'admission des femmes au droit de cité*, qui défend la cause des femmes, mais scandalise les députés de l'Assemblée constituante.

Le texte d'Olympe de Gouges reprend le lexique et la syntaxe de *La Déclaration des droits de l'homme et du citoyen* en le féminisant et en ajoutant des formules percutantes pour sensibiliser le lecteur.

Rédiger la conclusion

Bilan] [I] Dans sa *Déclaration des droits de la femme et de la citoyenne*, Olympe de Gouges pose les bases d'une égalité nouvelle entre les hommes et les femmes [II] en appelant ces dernières à s'émanciper d'une injuste tyrannie des hommes qui les maintient dans un état de dépendance. [III] Hommes et femmes parviendront ainsi à une société plus juste, ouverte à la philosophie des Lumières, et libérée des préjugés qui entravent son bon fonctionnement.

[Ouverture] Olympe de Gouges a notamment ouvert la voie aux féministes du XIXe siècle telles que George Sand, puis au mouvement des suffragettes britanniques au XXe siècle, qui ont poursuivi la lutte pour les droits des femmes.

Les femmes de l'époque d'Olympe de Gouges n'ont pas répondu à son militantisme très en avance sur son temps. Son œuvre est passée en grande partie inaperçue et a été oubliée jusqu'au XXe siècle qui l'a réhabilitée.

CHAPITRE 3

Comment faire une **explication de texte** avec aisance ?

Ma méthode **pour réussir l'explication de texte** 138

Sujets corrigés **12 explications de texte sur les œuvres au programme** 146

Explication n° 1 L'abbé Prévost, *Manon Lescaut* 146

Explication n° 2 Honoré de Balzac, *La Peau de chagrin* 151

Explication n° 3 Colette, *Sido* 156

Explication n° 4 Arthur Rimbaud, *Cahiers de Douai* 160

Explication n° 5 Francis Ponge, *La rage de l'expression* 165

Explication n° 6 Hélène Dorion, *Mes forêts* 170

Explication n° 7 Pierre Corneille, *Le Menteur* 175

Explication n° 8 Alfred de Musset, *On ne badine pas avec l'amour* 181

Explication n° 9 Nathalie Sarraute, *Pour un oui ou pour un non* 186

Explication n° 10 François Rabelais, *Gargantua* 191

Explication n° 11 Jean de La Bruyère, *Les Caractères* 196

Explication n° 12 Olympe de Gouges, *La Déclaration des droits de la femme et de la citoyenne* 201

Ma méthode pour réussir l'explication de texte

L'explication de texte compte pour la moitié de ta note de l'oral du bac. Cela vaut le coup de maîtriser… Voici ma méthode, en 4 étapes, pour réussir l'exercice !

▶ Retrouve ma méthode en vidéo

hatier-clic.fr/MC2

ÉTAPE 1 Organiser ses révisions de textes

hatier-clic.fr/MC2_2

En premier lieu, il s'agit de bien t'organiser, en amont du jour J.

Bâtir un programme de travail à partir du descriptif

→ Le descriptif établi par ton enseignant associe à chaque objet d'étude :
- au moins trois extraits de l'œuvre analysée en classe ;
- au moins un texte tiré d'une autre œuvre, en lien avec le thème du parcours.

→ Au final, tu te retrouves avec un programme d'**au moins 16 textes à réviser**.

Relire les textes à voix haute

→ C'est la meilleure manière de prendre conscience de l'effet produit par les mots et des intentions de l'auteur. C'est également un bon moyen de préparer la lecture expressive notée sur 2 points !

→ **Balise chaque texte** en y repérant notamment :
- les moments qui te permettent de reprendre ta respiration,
- les points d'interrogation, qui appellent une intonation montante,
- les points d'exclamation, qui traduisent une émotion,
- les termes rares, qu'il ne faut pas écorcher,
- les liaisons indispensables.

Attention, le jour de l'oral, les extraits que tu présenteras ne doivent pas être annotés. Je te conseille donc d'en faire des photocopies.

→ Voici des conseils de balisage plus spécifiques, pour un poème ou une scène de théâtre.

Pour la poésie en vers

- ✔ Souligne les « e » qui doivent être prononcés, ainsi que les diérèses.
- ✔ Repère les enjambements ou rejets, qui suppriment la pause à la fin du vers.

ÉTAPE 2

Ficher chaque texte

Ces fiches sont un véritable outil pour t'approprier les textes et les présenter avec aisance. Pour chaque texte, tu dois – en t'appuyant sur tes notes de cours – établir une introduction, un développement et une conclusion.

L'introduction

Tu peux adopter des tournures orales pour éviter de donner l'impression de réciter, mais conserve au maximum un niveau de langue soutenu.

→ Je te conseille de **rédiger l'introduction** et de l'apprendre par cœur.

→ Sur la fiche, **les différentes étapes** de l'introduction – l'accroche, la situation de l'extrait, la problématique, et l'annonce des mouvements – se distinguent visuellement.

L'accroche
En commençant directement par le siècle et la date de publication, tu donnes tout de suite une tournure un peu dramatique à ta prise de parole et tu peux avancer un élément de contexte lié à l'auteur.

La situation
Dans une logique d'entonnoir : l'accroche est générale, la situation de l'extrait est au plus proche du texte et rend la problématique évidente.

La problématique
La problématique est l'élément qui doit ressortir le mieux sur ta fiche. C'est une question en « Comment… ? » qui caractérise rapidement le texte, avant d'exprimer ton interprétation du projet de l'auteur.

L'annonce des mouvements
Essaye de la justifier par un élément stylistique récurrent : liens logiques, changements de prise de parole, anaphores rhétoriques, etc.

Nom de l'auteur, titre de l'œuvre, date.
« intitulé de l'extrait »

☆ *INTRODUCTION*

Accroche
Rédiger ici une phrase ou deux contenant le siècle, la date de publication, le nom de l'auteur, un élément de contexte, et éventuellement une anecdote liée à l'œuvre.

Situation
Expliquer ici l'importance du passage dans l'œuvre, puis le caractériser et résumer en quelques mots ce qui s'y passe.

Problématique
Comment [un tel texte] révèle-t-il (choisir un verbe) [un tel projet littéraire] ?

Annonce des mouvements
Le passage est structuré selon [citer un procédé qui revient régulièrement] :
1) Titre long qui exprime l'enjeu du premier mouvement.
2) Titre long qui permet d'aller plus loin dans l'interprétation.
3) Titre long qui explique l'aboutissement de l'extrait.

› Le développement

→ Pour le développement, établis **une fiche pour chaque mouvement**, en la structurant comme indiqué ci-dessous.

Titrer les mouvements
Donne à chaque mouvement un titre explicite, qui annonce ce que tu souhaites démontrer. Mets-le en relief.

Nom de l'auteur, titre de l'œuvre, date.
« intitulé de l'extrait »

☆ *Premier mouvement décrit par une phrase-titre (qui annonce bien ce qu'on va démontrer)*

Premier effet (microanalyse)
- *Nom du procédé, « citation entre guillemets » (N° de ligne).*
- *Nom du procédé, « citation entre guillemets » (N° de ligne).*
- *Nom du procédé, « citation entre guillemets » (N° de ligne).*

▶ *Conclusion partielle rédigée qui confirme l'effet et prépare la suite.*

Deuxième effet (microanalyse)
- *Nom du procédé, « citation entre guillemets » (N° de ligne).*
- *Nom du procédé, « citation entre guillemets » (N° de ligne).*
- *Nom du procédé, « citation entre guillemets » (N° de ligne).*

▶ *Conclusion partielle rédigée qui confirme l'effet et prépare la suite.*

Troisième effet (microanalyse)
- *Nom du procédé, « citation entre guillemets » (N° de ligne).*
- *Nom du procédé, « citation entre guillemets » (N° de ligne).*
- *Nom du procédé, « citation entre guillemets » (N° de ligne).*

▶ *Conclusion partielle rédigée qui confirme l'effet et prépare la suite.*

Transition
Cette phrase de transition permet de préparer ce qu'on peut attendre du mouvement suivant.

Regrouper les remarques
En regroupant les remarques par effet, tu aboutis à trois micro-analyses (trois sous-parties) par mouvement.
Chacune est illustrée par quelques procédés (nommés, accompagnés de citations précises, avec le numéro de ligne).

Ajouter des conclusions partielles
Ces conclusions partielles sont des moments stratégiques du passage à l'oral, je te conseille de les rédiger.

Dans chaque phrase de conclusion partielle, tu confirmes une analyse et introduis un nouveau questionnement, qui sera l'objet de l'analyse suivante.

→ Pour trouver les idées du développement, le mieux est de **partir de ton cours de français** : ton professeur a conçu un raisonnement adapté à un développement oral. Tu peux ensuite utiliser **les exemples de ce livre** (→ p. 212-219) et de mon site pour compléter ces analyses.

La conclusion

La dernière fiche est consacrée à la conclusion qui se fait **en deux temps.**

Le bilan
Il s'agit de reformuler les titres des trois mouvements en insistant sur leur progression. Tu peux rappeler un effet ou deux, mais ne reviens pas sur les exemples.

L'ouverture
Insiste sur l'idée finale du texte, en expliquant que d'autres artistes se sont penchés sur la même question, mais qu'ils l'ont traitée différemment. C'est alors le moment de citer une œuvre d'art qui te servira d'ouverture.

Nom de l'auteur, titre de l'œuvre, date.
« intitulé de l'extrait »

☆ CONCLUSION

Bilan
Reformuler le cheminement du premier mouvement, et éventuellement un effet que tu as brillamment démontré. Revenir sur le lien avec le deuxième mouvement, puis avec le troisième mouvement. Insister sur l'idée finale.

Ouverture
D'autres artistes ont abordé la même question de manière différente, par exemple [citer un autre artiste, si possible postérieur à l'œuvre étudiée].

Il est tout à fait possible de citer des œuvres contemporaines : peinture, sculpture, événement, exposition, bande-dessinée, etc. Du moment qu'il ne s'agit pas d'une œuvre trop provocatrice !

ÉTAPE 3

Réviser efficacement jusqu'au jour J

Trois méthodes de révision complémentaires

1. La « révision sur fiche »

Teste chaque fiche en la récitant à haute voix, avec un chronomètre (la présentation doit tenir en dix minutes). Au cours de cet entraînement, n'hésite pas à améliorer tes fiches en supprimant tous les éléments superflus, et en insistant sur les plus convaincants.

Réserve un temps spécial à la lecture expressive du texte, en te munissant de la version que tu as balisée.

2. La « révision sur extrait »

Après avoir attribué une couleur à chaque microanalyse, surligne les procédés dans le texte lui-même. Tu pourras ainsi t'entraîner à les développer à l'oral, **en gardant uniquement le texte sous les yeux**.

3. La « révision sans support »

Restitue la fiche par cœur sur une feuille de brouillon. Tu as le droit d'oublier des éléments : vérifie dans un deuxième temps ce qui manque. Complète ta fiche avec un autre stylo : ce que tu as oublié cette fois-ci sera certainement ce qui te reviendra le plus facilement la prochaine fois ! Cette méthode est la plus efficace pour revoir et mémoriser un cours.

Réviser à plusieurs ?

C'est efficace surtout pour enrichir vos fiches et vous entraîner sur des éléments très précis. Par exemple, travaillez uniquement sur l'accroche, une microanalyse, la conclusion... Chacun.e tire au sort un texte et présente uniquement ce que vous avez prévu de travailler.

› Deux cycles de révision

Ces différentes manières de réviser sont complémentaires, et vont guider tes deux programmes de révision : un premier à long terme pour finaliser et roder les fiches, un second pour la dernière ligne droite.

Premier cycle de révision : finaliser et roder les fiches

Tout au long de l'année, pour profiter au mieux de ton cours de français sur un texte, tu as fiché l'explication le soir même, en te remémorant les analyses et remarques de ton enseignant.

→ **À compter de mars-avril**, tu vas entreprendre de finaliser ces fiches. Je te recommande de le faire à raison de **deux textes par semaine**. Comme tu auras environ 16 textes à préparer en tout, cela représente environ deux mois de travail. Ce premier cycle de révision se termine donc au plus tard fin mai.

→ Durant cette période, le principe est – **pour chaque texte** – de programmer une **« révision sur fiche » en début de semaine, puis une « révision sur extrait » en fin de semaine**. Ainsi, tu mobilises ta mémoire à intervalles réguliers et tu consolides ton savoir.

Ces révisions ne sont pas une perte de temps pour les écrits : elles te permettent de revoir les arguments utiles pour la dissertation et de mettre en application des méthodes qui sont aussi celles du commentaire littéraire !

Second cycle de révision : la dernière ligne droite

Un mois avant le jour J	**Lors de la dernière semaine avant le jour J**
✔ Entraîne-toi à réciter une fiche le soir pour te la remettre en mémoire. ✔ Puis, après une bonne nuit de sommeil, fais une « révision sans support » le matin. ✔ Ainsi, chaque jour, tu t'appropries définitivement une fiche (le matin) et tu prépares déjà celle du lendemain (le soir).	✔ Reviens sur des explications que tu maîtrises moins bien. ✔ Entraîne-toi à faire des lectures expressives. ✔ Enfin, garde un jour ou deux de repos avant ton passage.

ÉTAPE 4

Exploiter le temps de préparation le jour J

hatier-clic.fr/MC2_3

→ Le jour J, tu as devant les yeux un exemplaire non annoté du texte sélectionné par l'examinateur, sur lequel tu as le droit d'écrire. Je te conseille vivement de **baliser la lecture expressive**, surtout si c'est un poème.

→ Pour bien restituer ton explication linéaire, **rédige l'introduction, la conclusion, les transitions et les titres des mouvements**. Les feuilles de brouillon te sont fournies : n'hésite pas à en consommer cinq, en écrivant sur leur recto seul :

- une feuille pour l'introduction,
- une autre pour chaque mouvement,
- une dernière pour la conclusion.

Titre du mouvement, une phrase longue rédigée qui exprime bien ce que tu vas démontrer.

D'abord

L'idée à développer dans cette première microanalyse.

- *Procédé, « citation » (N° de ligne).*
- *Procédé, « citation » (N° de ligne).*
- *Procédé, « citation » (N° de ligne).*

> Tous ces éléments convergent vers cet effet.

Ensuite

L'idée à développer dans cette deuxième microanalyse.

- *Procédé, « citation » (N° de ligne).*
- *Procédé, « citation » (N° de ligne).*
- *Procédé, « citation » (N° de ligne).*

> Tous ces éléments convergent vers cet effet.

Enfin

L'idée à développer dans cette troisième microanalyse.

- *Procédé, « citation » (N° de ligne).*
- *Procédé, « citation » (N° de ligne).*
- *Procédé, « citation » (N° de ligne).*

> Tous ces éléments convergent vers cet effet.

Transition sous la forme d'une phrase rédigée.
(Dire cette phrase en regardant l'examinateur).

Astuce : Sur ton brouillon, note les liens logiques entre les parties, ainsi qu'un petit rappel à chaque transition pour t'inciter à regarder l'examinateur.

LES 3 NOTIONS DE GRAMMAIRE
à maîtriser pour l'oral

hatier-clic.fr/MC2_4

1. L'interrogation

→ On parle d'interrogation **directe** quand la phrase se termine par un point d'interrogation.

Cette phrase présente alors souvent une inversion de l'ordre sujet-verbe :
simple (verbe + sujet inversé) ou complexe (sujet + verbe + pronom de reprise du sujet).

Ex. : « Comment peut-on être persan ? » (Montesquieu) > inversion simple

Ex. : Comment Orgon peut-il être aveugle à ce point ? > inversion complexe

→ On parle d'interrogation **indirecte** quand la question posée est rapportée sous la forme d'une proposition subordonnée.

Ex. : Nous ne savons pas [quelles sont ses intentions].

→ L'interrogation est **totale** lorsque la question porte sur l'ensemble de la phrase et que la réponse attendue est oui ou non.

Ex. : Cet événement modifie-t-il les relations entre les personnages ?

Formulée de manière indirecte, une interrogation totale devient une subordonnée interrogative indirecte introduite par l'adverbe interrogatif ***si***.

Ex. : On se demandera [si cet événement modifie les relations entre les personnages].

✔ L'interrogation est **partielle** lorsque la question porte sur un élément de la phrase. Elle est toujours introduite par un mot interrogatif, que l'interrogation soit directe ou indirecte.

Ex. : « **Qu**'entends-je ? **Qui** remue là entre les branches ? » (Musset)
→ Je me demande **ce que** j'entends, **qui** remue là entre les branches.

✔ Les **mots interrogatifs** peuvent être classés selon leur nature.

Nature	Mots interrogatifs
pronom	*qui, que, quoi, lequel..., ce qui, ce que*
déterminant	*quel* (accordé avec le nom auquel il se rapporte)
adverbe	*où, quand, comment, pourquoi, combien, si*

2. L'expression de la négation

→ **La négation lexicale** consiste à former le contraire d'un mot (antonyme), en utilisant :
– un préfixe privatif (apesanteur, déplaisant, illogique, malheureux...) ;
– l'adverbe *non* avec un trait d'union (la non-violence, le non-respect).

→ **La négation syntaxique** consiste à exprimer le contraire d'une phrase positive, à l'aide d'un adverbe négatif associé ou non à d'autres mots.

Ex. : « On **ne** naît pas femme : on le devient. » (Beauvoir)

Négation = un seul mot	adverbe ***ne*** avec les verbes *oser, pouvoir, savoir*…
	adverbe ***non*** utilisé comme noyau d'une proposition
Négation = locution négative	***ne*** + adverbe (*pas, point, plus, guère, jamais*…)
	ne + pronom (*rien, personne*) ou déterminant (*aucun , nul*)
	ne + conjonction de coordination *ni*

→ Attention, dans un langage soutenu, un ***ne***, **dit explétif**, peut être employé sans valeur négative dans certaines propositions subordonnées.

Ex. : Je crains qu'il ne vienne. = Je crains qu'il vienne.

→ Une négation syntaxique est **totale** quand elle porte sur l'ensemble de la phrase.

Ex. : « Va, je **ne** te hais **point**. » (Corneille) > négation totale de la phrase « Je te hais. »

→ Elle est **partielle** quand elle porte sur un des éléments de la phrase.

Ex. : « Je **ne** demande **rien** à l'immense univers » (Lamartine)
> négation de « Je demande quelque chose… »

→ Construite avec *ne… que*, la négation **restrictive** permet d'exprimer une exception.

Ex. : « On **n'**est heureux **que** par des goûts et des passions satisfaites. » (du Châtelet)

3. Les subordonnées conjonctives circonstancielles

→ Une subordonnée conjonctive circonstancielle **équivaut à un GN complément circonstanciel**. Comme lui, elle peut être supprimée.

Ex. : « [**Parce que** vous êtes un grand seigneur], vous vous croyez un grand génie ! » (Beaumarchais)

Ex. : « [**Quoiqu'**elle fût dans une extrême jeunesse], l'on avait déjà proposé plusieurs mariages. » (Lafayette)

Circonstance	Conjonction de subordination
temps	*quand, avant que…*
but	*pour que, afin que, de peur que…*
cause	*parce que, puisque, comme…*
conséquence	*de sorte que, si bien que, tellement… que…*
comparaison	*comme, autant que…*
opposition/concession	*alors que, tandis que, bien que, quoique…*
condition	*si, à condition que, à supposer que…*

→ Le verbe d'une subordonnée conjonctive circonstancielle est **à l'indicatif ou au subjonctif**. Le subjonctif apparaît pour signaler que l'action est seulement envisagée. Pour justifier l'emploi du mode, il faut analyser le mot subordonnant.

Ex. : « Une minute plus tard, [**sans que** nous eussions échangé d'autres paroles], elle pleurait… » (Colette) > *Sans que* est suivi du subjonctif.

Explication de texte n° 1

L'abbé Prévost *Manon Lescaut* (1731)

▶ Retrouve en vidéo la lecture expressive
hatier-clic.fr/MC_e1

La première rencontre

La veille même de celui que je devais quitter cette ville, étant à me promener avec mon ami, qui s'appelait Tiberge, nous vîmes arriver le coche d'Arras, et nous le suivîmes jusqu'à l'hôtellerie où ces voitures descendent. Nous n'avions pas d'autre motif que la curiosité. Il en sortit quelques femmes, qui se retirèrent aussitôt. Mais il en resta une, fort jeune, qui s'arrêta seule dans la cour, pendant qu'un homme d'un âge avancé, qui paraissait lui servir de conducteur, s'empressait pour faire tirer son équipage des paniers.

Elle me parut si charmante que moi, qui n'avais jamais pensé à la différence des sexes, ni regardé une fille avec un peu d'attention, moi, dis-je, dont tout le monde admirait la sagesse et la retenue, je me trouvai enflammé tout d'un coup jusqu'au transport. J'avais le défaut d'être excessivement timide et facile à déconcerter ; mais loin d'être arrêté alors par cette faiblesse, je m'avançai vers la maîtresse de mon cœur.

Quoiqu'elle fût encore moins âgée que moi, elle reçut mes politesses sans paraître embarrassée. Je lui demandai ce qui l'amenait à Amiens et si elle y avait quelques personnes de connaissance. Elle me répondit ingénument qu'elle y était envoyée par ses parents pour être religieuse. L'amour me rendait déjà si éclairé, depuis un moment qu'il était dans mon cœur, que je regardai ce dessein comme un coup mortel pour mes désirs. Je lui parlai d'une manière qui lui fit comprendre mes sentiments, car elle était bien plus expérimentée que moi. C'était malgré elle qu'on l'envoyait au couvent, pour arrêter sans doute son penchant au plaisir, qui s'était déjà déclaré et qui a causé, dans la suite, tous ses malheurs et les miens.

L'abbé Prévost, *Manon Lescaut*, 1731
(p. 35-36 dans l'édition Classiques & Cie lycée).

Introduction

Accroche

L'abbé Prévost, devenu moine bénédictin en 1720, quitte les ordres quelques années plus tard et se trouve embarqué dans d'étonnantes pérégrinations amoureuses avec une aventurière, Lenki (Hélène) Eckhardt. Dans son roman *Manon Lescaut*, comme en écho à ses propres aventures, il narre l'histoire du chevalier Des Grieux, tombé follement amoureux de Manon.

Situation

C'est Des Grieux qui raconte. S'adressant à Renoncour, rencontré deux ans auparavant, alors qu'il souhaitait embarquer vers l'Amérique, il rapporte les mésaventures qui l'ont conduit dans l'état misérable où il est, en commençant par sa première rencontre avec Manon.

Problématique

Comment l'abbé Prévost fait-il de cette scène de rencontre un moment clé du roman où se joue le destin de personnages moins ingénus qu'il n'y paraît ?

Mouvements

1. Une apparition décisive (l. 1-13). Des Grieux raconte l'apparition de Manon et le bouleversement que cette rencontre provoque en lui.

2. Une scène ambivalente (l. 14-22). Le dialogue qui suit, rapporté de manière indirecte, révèle deux personnages dont les intentions sont ambivalentes. Finalement, Des Grieux et Manon subissent-ils ou choisissent-ils leur destin ?

MOUVEMENT 1

Une apparition décisive

La veille même de celui que je devais quitter cette ville, étant à me promener avec mon ami, qui s'appelait Tiberge, nous vîmes arriver le coche d'Arras, et nous le suivîmes jusqu'à l'hôtellerie où ces voitures descendent. Nous n'avions pas d'autre motif que la curiosité. Il en sortit quelques femmes, qui se retirèrent aussitôt. Mais il en resta une, fort jeune, qui s'arrêta seule dans la cour, pendant qu'un homme d'un âge avancé, qui paraissait lui servir de conducteur, s'empressait pour faire tirer son équipage des paniers.

Elle me parut si charmante que moi, qui n'avais jamais pensé à la différence des sexes, ni regardé une fille avec un peu d'attention, moi, dis-je, dont tout le monde admirait la sagesse et la retenue, je me trouvai enflammé tout d'un coup jusqu'au transport. J'avais le défaut d'être excessivement timide et facile à déconcerter ; mais loin d'être arrêté alors par cette faiblesse, je m'avançai vers la maîtresse de mon cœur.

L'entrée en scène de Manon

- Après les premières lignes décrivant le contexte de la rencontre, la conjonction « Mais » (l. 5), annonce un tournant important dans le récit.
- La forme impersonnelle « il en resta une », où le « il » semble incarner une force du destin, met **Manon au premier plan**. Le pronom numéral « une » la présente comme unique.
- Ses actions, rapportées au passé simple (« s'arrêta » « parut »), se détachent de l'arrière-plan du récit, décrit à l'imparfait (« paraissait », « s'empressait »).

Conclusion partielle : Tous les projecteurs sont sur Manon, pour ainsi dire, le narrateur n'a d'yeux que pour elle.

Un véritable coup de foudre

- « Elle me parut si charmante » (l. 8) : dans ce portrait de Manon, dont Des Grieux assume la subjectivité (« me »), **l'héroïne est à peine décrite**. On ne sait d'elle que le charme qu'elle exerce sur le narrateur.
- Plusieurs termes indiquent un coup de foudre : « enflammé », « transport », l'adverbe « tout d'un coup » exprimant **la force et la soudaineté du phénomène**.
- On relève par ailleurs une forte opposition entre les expressions caractérisant Des Grieux avant la rencontre (« sagesse », « retenue », « excessivement timide », « facile à déconcerter ») et son attitude lors de cette rencontre.

Conclusion partielle : Au cours de cette scène de coup de foudre, Des Grieux est complètement métamorphosé par Manon.

Des Grieux, jouet de la passion ?

- Des Grieux **semble soumis à des forces qui le dépassent** : « charmante » provient du mot latin *carmen*, « sortilège, incantation » (c'est une action magique).
- Cependant la dernière phrase du paragraphe le présente sous un autre jour : surmontant sans effort sa timidité (« loin d'être arrêté... »), il s'avance vers Manon (« je m'avançai »).
- L'inconnue est déjà désignée par la périphrase « la maîtresse de mon cœur » (l. 12-13).

Conclusion partielle : Des Grieux se présente comme une victime de la passion, mais il se montre particulièrement entreprenant au cours de cette scène.
Transition entre les deux parties : Le récit se poursuit : Des Grieux rapporte, au discours indirect, la conversation qui suit le premier échange de regards, révélant une scène pleine d'ambiguïtés.

MOUVEMENT 2

Une scène ambivalente

Quoiqu'elle fût encore moins âgée que moi, elle reçut mes politesses sans paraître embarrassée. Je lui demandai ce qui l'amenait à Amiens et si elle y avait quelques personnes de connaissance. Elle me répondit ingénument qu'elle y était envoyée par ses parents pour être religieuse. L'amour me rendait déjà si éclairé, depuis un moment qu'il était dans mon cœur, que je regardai ce dessein comme un coup mortel pour mes désirs. Je lui parlai d'une manière qui lui fit comprendre mes sentiments, car elle était bien plus expérimentée que moi. C'était malgré elle qu'on l'envoyait au couvent, pour arrêter sans doute son penchant au plaisir, qui s'était déjà déclaré et qui a causé, dans la suite, tous ses malheurs et les miens.

› Une héroïne ambiguë

- La subordonnée de concession « Quoiqu'elle fût encore moins âgée que moi... », exprime une dissonance : Manon semble avoir **plus d'expérience que son âge ne le laisse supposer**.
- L'ingénuité que lui prête le narrateur (« Elle me répondit ingénument », l. 16) est-elle bien réelle ?
- Quand, à la fin du passage, elle précise à Des Grieux que « C'était malgré elle qu'on l'envoyait au couvent « (l. 20-21), n'est-elle pas intéressée ? N'espère-t-elle pas ainsi que Des Grieux la sauve d'un destin peu enviable ?

Conclusion partielle : Dans cette scène, Manon – malgré son jeune âge – semble consciente du charme qu'elle exerce sur Des Grieux et paraît vouloir l'utiliser pour échapper au couvent.

› L'amour, véritable acteur de la scène ?

- Dans la phrase « L'amour me rendait déjà si éclairé... » (l. 17), l'amour est personnifié et présenté comme le véritable acteur de la scène.
- Le groupe nominal qui le désigne est le sujet grammatical, tandis que le narrateur, désigné par « me », est complément d'objet du verbe d'action « me rendait ».
- Les indications temporelles « déjà » et « depuis un moment » (= depuis un instant) expriment **la rapidité de son emprise**. La comparaison hyperbolique « comme un coup mortel pour mes désirs » exprime l'intensité des sentiments qu'il suscite.

Conclusion partielle : Cependant le lecteur s'interroge : Des Grieux ne présente-t-il pas les choses à son avantage ?

Un narrateur habile

- Des Grieux est un héros beaucoup **moins emprunté qu'il ne dit l'être**. Le complément « d'une manière qui lui fit comprendre mes sentiments » (l. 19-20) indique qu'il a su tout de suite trouver les mots pour convaincre Manon de son amour.
- C'est également un narrateur habile, qui **sait construire un récit qui l'innocente**. Ainsi la formule « on l'envoyait au couvent » (l. 21) accuse indirectement les parents de Manon. Le possessif « son », dans « son penchant au plaisir » (l. 21), accuse Manon.
- Quand, à la fin de l'extrait, Des Grieux annonce la suite du récit (prolepse), il accuse le destin : « qui a causé, dans la suite, tous ses malheurs et les miens. »

Conclusion partielle : Finalement, Des Grieux subit-il son destin ou choisit-il délibérément de se détourner du droit chemin ? Difficile d'avoir un avis tranché.

Conclusion

Bilan

Le coup de foudre de Des Grieux pour Manon Lescaut est donc un événement déclencheur dans la narration, qui suscite plusieurs questions sur les personnages et les intentions de l'auteur : Des Grieux regrette-t-il ou justifie-t-il son choix ? Manon est-elle la figure ingénue que décrit Des Grieux ? Enfin, quel est le point de vue réel de l'abbé Prévost au-delà des références aux valeurs morales de l'époque ?

Ouverture

Ce type d'énonciation laissant poindre en filigrane le point de vue du moraliste se retrouve dans d'autres œuvres du XVIIIe siècle. Dans *Les Liaisons dangereuses*, Choderlos de Laclos nous laisse la liberté de critiquer les justifications que se donne le vicomte de Valmont :

> « Il passait ainsi sa vie, ne cessant de faire des sottises, et ne cessant de dire après : Ce n'est pas ma faute. »

Choderlos de Laclos, *Les Liaisons dangereuses*, 1782.

Explication de texte n° 2

Honoré de Balzac
La Peau de chagrin
(1831)

▶ Retrouve en vidéo la lecture expressive

hatier-clic.fr/MC_e2

Le portrait de Raphaël

Au premier coup d'œil les joueurs lurent sur le visage du novice[1] quelque horrible mystère, ses jeunes traits étaient empreints[2] d'une grâce nébuleuse, son regard attestait des efforts trahis, mille espérances trompées ! La morne impassibilité du suicide donnait à ce front une pâleur mate et maladive, un sourire amer dessinait de légers plis dans les coins de la bouche, et la physionomie exprimait une résignation qui faisait mal à voir. Quelque secret génie scintillait au fond de ces yeux voilés peut-être par les fatigues du plaisir. Était-ce la débauche qui marquait de son sale cachet cette noble figure jadis pure et brûlante, maintenant dégradée ? Les médecins auraient sans doute attribué à des lésions au cœur ou à la poitrine le cercle jaune qui encadrait les paupières, et la rougeur qui marquait les joues, tandis que les poètes eussent voulu reconnaître à ces signes les ravages de la science, les traces de nuits passées à la lueur d'une lampe studieuse. Mais une passion plus mortelle que la maladie, une maladie plus impitoyable que l'étude et le génie, altéraient[3] cette jeune tête, contractaient ces muscles vivaces, tordaient ce cœur qu'avaient seulement effleuré les orgies, l'étude et la maladie. Comme, lorsqu'un célèbre criminel arrive au bagne, les condamnés l'accueillent avec respect, ainsi tous ces démons humains, experts en tortures, saluèrent une douleur inouïe, une blessure profonde que sondait leur regard, et reconnurent un de leurs princes à la majesté de sa muette ironie, à l'élégante misère de ses vêtements.

Honoré de Balzac, *La Peau de chagrin*, « Le Talisman », 1831
(p. 31 dans l'édition Classiques & Cie lycée).

1. **Novice** : qui manque d'expérience, débutant.
2. **Empreints** : marqués.
3. **Altéraient** : détérioraient, endommageaient.

Introduction

Accroche

Dans *La Confession d'un enfant du siècle* (1836), Alfred de Musset employait l'expression « mal du siècle » pour désigner les tourments de la génération romantique de 1830. Dans *La Peau de chagrin* (1831), Balzac donne déjà à son personnage principal, Raphaël de Valentin, les caractéristiques de cette génération tourmentée et exaltée.

Situation

L'extrait proposé se situe au début du roman, le lecteur découvre donc ici le protagoniste, Raphaël. Un après-midi d'octobre 1830, celui-ci, désespéré et ruiné, pénètre dans une maison de jeu du Palais-Royal avec l'intention de jouer sa dernière pièce d'or.

Problématique

Comment ce portrait physique et moral du jeune inconnu nous donne-t-il déjà les clés pour comprendre le destin insolite de ce personnage ?

Mouvements

1) Une arrivée remarquée dans la maison de jeu (l. 1-06). Le portrait est fait à travers le regard des joueurs de la salle de jeu.

2) Les marques d'une dégradation physique et morale (l. 6-12). Des hypothèses de lecture sont données pour tenter d'expliquer la lente destruction du héros.

3) Un être au destin tragique (l. 12-19). Le portrait révèle un être à part, condamné à une mort funeste. Finalement, le texte a donné tous les indices de lecture qui annoncent la suite du roman.

MOUVEMENT 1

Une arrivée remarquée dans la maison de jeu

Au premier coup d'œil les joueurs lurent sur le visage du novice quelque horrible mystère, ses jeunes traits étaient empreints d'une grâce nébuleuse, son regard attestait des efforts trahis, mille espérances trompées ! La morne impassibilité du suicide donnait à ce front une pâleur mate et maladive, un sourire amer dessinait de légers plis dans les coins de la bouche, et la physionomie exprimait une résignation qui faisait mal à voir.

Un portrait brossé à travers le regard des joueurs

- Le lecteur découvre Raphaël, dont l'identité n'a pas encore été révélée, à travers le regard des joueurs de la salle de jeu (« les joueurs lurent »). Le narrateur, dont le point de vue est omniscient, nous donne ainsi accès à leurs pensées et à leurs réactions. Notons que ce choix du point de vue permet souvent aux auteurs de délivrer des informations utiles à la compréhension de la suite de l'histoire.

- L'entrée de Raphaël dans la salle de jeu focalise **l'attention de tous les joueurs** qui lisent en lui, sur-le-champ (« Au premier coup d'œil »), comme dans un livre ouvert. L'emploi du passé simple (« lurent ») place cette action au premier plan : le portrait de Raphaël est ensuite fait à l'aide de verbes descriptifs à l'imparfait (« étaient », attestait »...).
- Les joueurs ressentent d'emblée de **la pitié** (« faisait mal à voir ») pour ce jeune inconnu (« novice »), car il semble souffrant : le champ lexical de la maladie (« pâleur mate et maladive ») côtoie celui de la mort (« morne impassibilité ») ; le sourire de Raphaël n'étant déjà plus qu'un rictus (« sourire amer »).

Conclusion partielle : C'est à travers les yeux des joueurs que le lecteur découvre le héros : d'emblée, celui-ci suscite la compassion et s'auréole de mystère.

Le portrait d'un jeune homme romantique et mystérieux

- Jeune, mais déjà désenchanté, Raphaël incarne **le mal de vivre** qui touche la jeunesse romantique de l'époque : la phrase exclamative suggère le désespoir né de ses efforts déjà « trahis », de ses idéaux anéantis (« mille espérances trompées ») et de son absence d'espoir (« la physionomie exprimait une résignation »).
- Cette désillusion romantique est auréolée d'un « horrible mystère ». L'adjectif « horrible » apporte une zone d'ombre inquiétante au tableau et fait basculer le texte progressivement dans une dimension fantastique.
- L'évocation prémonitoire du « suicide », amplifiée par la personnification (« la morne impassibilité du suicide ») et portée par une longue phrase emphatique au rythme ternaire, achève d'apporter à l'ensemble de la description **une portée tragique**.

Conclusion partielle et transition : Ce portrait présente un personnage représentatif des jeunes gens romantiques de l'époque, mais avec une grande part de mystère, poussant ainsi le lecteur à se questionner sur son passé et son avenir.

MOUVEMENT 2

Les marques d'une dégradation physique et morale

Quelque secret génie scintillait au fond de ces yeux voilés peut-être par les fatigues du plaisir. Était-ce la débauche qui marquait de son sale cachet cette noble figure jadis pure et brûlante, maintenant dégradée ? Les médecins auraient sans doute attribué à des lésions au cœur ou à la poitrine le cercle jaune qui encadrait les paupières, et la rougeur qui marquait les joues, tandis que les poètes eussent voulu reconnaître à ces signes les ravages de la science, les traces de nuits passées à la lueur d'une lampe studieuse.

Un « génie » dégradé

- « Quelque secret génie », faisant écho à « horrible mystère », confirme l'impression première d'**un être ambivalent**, hors du commun, mi ange, mi démon.
- Autrefois respectable et digne (« noble figure jadis pure »), Raphaël a subi une « dégradation ».
  Le narrateur émet trois hypothèses pour l'expliquer. Les modalisateurs employés, tels la question rhétorique (« Était-ce... ? »), l'adverbe « peut-être », la locution adverbiale « sans doute », le conditionnel passé « auraient attribué » et le subjonctif plus-que-parfait « eussent voulu », font écho aux doutes et questionnements des joueurs.

Conclusion partielle : Le portrait de Raphaël vire à l'enquête. Comment expliquer ses traits marqués à la fois par la pureté et la déchéance ?

Les différentes hypothèses

- Cette apparence est d'abord mise en relation avec **une vie de débauche**. Cette hypothèse annonce la scène d'orgie chez le banquier Taillefer.
- L'interprétation des médecins qui supputent des « lésions au cœur ou à la poitrine », évoque **l'aveuglement** de Raphaël, incapable d'apprécier l'amour désintéressé de Pauline, ne s'attachant qu'à la froide et égoïste Fœdora.
- Les « poètes », quant à eux, diagnostiquent dans les maux de Raphaël les « ravages de la science », référence au passé de Raphaël, quand il menait **une vie austère et studieuse**. Mais peut-être faut-il y voir aussi une évocation du « Savoir », la solution du vieil antiquaire, qui rend également aveugle à l'amour.

Conclusion partielle et transition : Ce portrait, qui contient en germe les différents thèmes du roman, présente un protagoniste qui semble déjà condamné au malheur.

MOUVEMENT 3

Un être au destin tragique

Mais une passion plus mortelle que la maladie, une maladie plus impitoyable que l'étude et le génie, altéraient cette jeune tête, contractaient ces muscles vivaces, tordaient ce cœur qu'avaient seulement effleuré les orgies, l'étude et la maladie. Comme, lorsqu'un célèbre criminel arrive au bagne, les condamnés l'accueillent avec respect, ainsi tous ces démons humains, experts en tortures, saluèrent une douleur inouïe, une blessure profonde que sondait leur regard, et reconnurent un de leurs princes à la majesté de sa muette ironie, à l'élégante misère de ses vêtements.

Un être en proie à une maladie dévorante

- La conjonction adversative « Mais » qui introduit la phrase, réfute les hypothèses avancées précédemment et ménage un effet de surprise.
- L'auteur annonce à grand renfort d'hyperboles (« passion plus mortelle, « maladie plus impitoyable ») et par la répétition du mot « maladie », le mal mystérieux qui envahit la totalité du corps de Raphaël (« tête », muscles », « cœur ») avec **une violence indicible** : les verbes d'action (« altéraient », « contractaient », « tordaient ») décrivent la violence de ce fléau destructeur, qui contraste avec la vigueur du héros évoquée par les adjectifs « jeune » et « vivaces ».
- Le verbe « effleuré », atténué par l'adverbe « seulement », achève de montrer que la débauche ainsi que les hypothèses des médecins et des poètes sont insignifiantes au regard du **conflit intérieur** qui se joue.

Conclusion partielle : Raphaël semble totalement prisonnier d'un combat contre un mal obscur qui dévore son énergie physique et ses forces vitales.

Le prince des ténèbres

- La comparaison (« comme lorsqu'un célèbre criminel... ») assimile le personnage à un être qui a commis un délit, une faute qu'il doit expier en mourant. Cependant, **son statut de criminel** ne lui retire pas pour autant l'estime que lui portent ses congénères qui reconnaissent en lui un être d'exception (« l'accueillent avec respect »).
- La métaphore « démons humains » transforme la maison de jeu en enfer, peuplé de joueurs devenus « experts en tortures », dont Raphaël est le souverain incontestable, le « prince » des ténèbres, c'est-à-dire **Satan**, cet ange déchu, précédemment évoqué dans la première partie de ce texte.
- Les oxymores (« muette ironie », « élégante misère ») soulignent **l'ambivalence du personnage** qui a vendu son âme au diable et qui en porte tous les attributs (« ironie », « élégance »).

Conclusion partielle : Balzac révèle ici les dimensions les plus sombres de son personnage et prépare le lecteur à sa déchéance tragique.

Conclusion

Bilan

Le portrait de ce jeune inconnu livre déjà toutes les clés pour comprendre la suite du récit. Le personnage principal, sombre et torturé, incapable d'aimer, est condamné à mourir. Victime d'une société malfaisante, luttant contre des forces qui l'épuisent, il court à sa perte.

Ouverture

Ce thème de la descente aux enfers a inspiré de nombreux auteurs. Les écrivains réalistes dénoncent, notamment par ce biais, une réalité sociale inacceptable, comme Zola dans *Germinal* (1885) quand Lantier découvre la mine pour la première fois.

Explication de texte n° 3

Colette
Sido (1930)

▶ Retrouve en vidéo la lecture expressive

hatier-clic.fr/MC_e3

L'aube

Car j'aimais tant l'aube, déjà, que ma mère me l'accordait en récompense. J'obtenais qu'elle m'éveillât à trois heures et demie, et je m'en allais, un panier vide à chaque bras, vers des terres maraîchères qui se réfugiaient dans le pli étroit de la rivière, vers les fraises, les cassis et les groseilles barbues.

À trois heures et demie, tout dormait dans un bleu originel, humide et confus, et quand je descendais le chemin de sable, le brouillard retenu par son poids baignait d'abord mes jambes, puis mon petit torse bien fait, atteignait mes lèvres, mes oreilles et mes narines plus sensibles que tout le reste de mon corps… J'allais seule, ce pays mal pensant était sans dangers. C'est sur ce chemin, c'est à cette heure que je prenais conscience de mon prix, d'un état de grâce indicible et de ma connivence avec le premier souffle accouru, le premier oiseau, le soleil encore ovale, déformé par son éclosion…

Colette, *Sido*, 1930 (p. 38 dans l'édition Livre de poche).

Introduction

› Accroche

Dès 1928, avec *La Naissance du jour*, Colette abordait déjà la thématique de l'aube, riche en symboles et propice à la découverte du monde et de soi-même.

› Situation

Cet extrait se situe au début du premier chapitre de *Sido* (1930), récit autobiographique, où Colette retrace avec lyrisme ses souvenirs d'enfance passée en Bourgogne dans la maison familiale et son jardin enchanteur. Elle y évoque notamment sa mère, Sido, qui l'éveille à la magie de la nature.

› Problématique

Comment ce récit d'enfance, au sein de la nature, permet-il à Colette de décrire l'éveil des sens de l'enfant qu'elle était alors ?

Mouvements

1) Une mère initiatrice (l. 1-4). La mère de la jeune Colette lui donne l'autorisation de partir en pleine nuit pour assister à la naissance du jour.

2) Un bain initiatique (l. 5-8). L'immersion dans la nature provoque l'éveil de ses sens.

3) L'éveil de l'écrivaine (l. 8-12). Colette, enfant, découvre la richesse de ses sensations, tandis que Colette, adulte, y voit déjà les prémisses de son travail d'écrivaine.

MOUVEMENT 1

Une mère initiatrice

> Car j'aimais tant l'aube, déjà, que ma mère me l'accordait en récompense. J'obtenais qu'elle m'éveillât à trois heures et demie, et je m'en allais, un panier vide à chaque bras, vers des terres maraîchères qui se réfugiaient dans le pli étroit de la rivière, vers les fraises, les cassis et les groseilles barbues.

Un départ nocturne

- Colette, enfant, « obtient » ici l'autorisation maternelle de partir en pleine nuit, seule, au cœur de la nature. La petite fille agit donc par plaisir, mais aussi à l'instigation de Sido qui guide sa fille et lui apprend à découvrir le monde.
- Le temps de l'imparfait, qui marque la récurrence de l'événement au cours de l'enfance, ne lui enlève pas pour autant **son caractère sacré et exceptionnel** : ce réveil nocturne est ressenti par l'enfant comme un privilège « accordé » à l'élue.
- L'adverbe « déjà » précise que cette attraction pour l'aube demeure toujours aussi vivace chez l'autrice, devenue adulte.

→ **Conclusion partielle :** Ce départ nocturne semble être consenti par la mère comme une faveur rare.

Une nature secrète et abondante

- Tel le jeune Rimbaud insouciant et solitaire de « Ma Bohême » (« Je m'en allais, les poings dans mes poches crevées »), l'enfant part vers des terres reculées et cachées (« des terres maraîchères qui se réfugiaient dans le pli étroit de la rivière »).
- Mais ce vagabondage semble avoir ici un objectif : la cueillette de fruits rouges qui évoque **une nature préservée et nourricière**, véritable jardin d'Éden.
- La personnification de la nature qui « se réfugie » et dont les fruits sont « barbus » annonce un tableau champêtre prometteur.

→ **Conclusion partielle et transition :** L'enfant se met en chemin vers une nature fertile et idyllique.

MOUVEMENT 2

Un bain initiatique

À trois heures et demie, tout dormait dans un bleu originel, humide et confus, et quand je descendais le chemin de sable, le brouillard retenu par son poids baignait d'abord mes jambes, puis mon petit torse bien fait, atteignait mes lèvres, mes oreilles et mes narines plus sensibles que tout le reste de mon corps…

Une plongée dans une nature mystérieuse

- L'enfant pénètre alors dans un monde endormi (« tout dormait »), ouaté et confus, cette atmosphère étant renforcée par un « brouillard » persistant (« retenu par son poids »).
- La fillette effectue une descente (« je descendais ») dans « un bleu originel », serein et pur, qui renvoie aux **origines du monde** et annonce la transformation à venir.
- Les éléments aqueux (« humide ») l'enserrent tel un bébé vivant dans le ventre maternel.

Conclusion partielle : L'enfant entame une descente vers un monde régénérant.

L'éveil des sens

- Les adverbes successifs (« d'abord », « puis ») jalonnent la descente qui agit comme **un bain purificateur** (« son poids baignait »). Le mouvement devenu ascendant marque l'accès à la vie sensible, successivement, des « jambes », du « torse » puis du visage (« lèvres, oreilles, narines »).
- Le participe passé « bien fait », qualifiant le « petit torse », évoque le corps du nouveau-né en pleine santé, prêt à effectuer **le passage vers la vie extérieure**.
- Les cinq sens de l'enfant s'éveillent alors, en particulier l'odorat (« mes narines plus sensibles »), les différentes sensations s'entremêlant progressivement et intimement l'une à l'autre (**synesthésie**), puis gagnant l'ensemble de l'être (« tout le reste de mon corps »). Les points de suspension soulignent ce moment unique et précieux.

Conclusion partielle et transition : L'immersion de la petite fille dans la nature s'accomplit comme un bain purifiant, libérant ses sensations.

MOUVEMENT 3

L'éveil de l'écrivaine

J'allais seule, ce pays mal pensant était sans dangers. C'est sur ce chemin, c'est à cette heure que je prenais conscience de mon prix, d'un état de grâce indicible et de ma connivence avec le premier souffle accouru, le premier oiseau, le soleil encore ovale, déformé par son éclosion…

Une expérience privilégiée

- Dans ce « pays mal pensant », cette excursion à l'écart du monde (« J'allais seule ») est paradoxalement ressentie comme « sans dangers » car vécue avec fierté.
- L'anaphore « c'est », renforcée par les déterminants démonstratifs (« cette »), marque ce temps unique qui valorise l'enfant (« je prenais conscience de mon prix »).
- Le bonheur extrême de la fillette acquiert **un caractère divin** (« état de grâce »), difficile à exprimer (« indicible »).

Conclusion partielle : La joie ressentie par la fillette confère à ce moment particulier, loin de la société humaine, une dimension magique.

La naissance d'une sensibilité d'écrivaine

- Dans cet état de grâce, l'enfant a le sentiment d'assister au **commencement de la Terre**, ce thème étant suggéré par le champ lexical de la naissance (« premier souffle »).
- Le « soleil encore ovale », qui pointe à l'horizon, est comparé par métaphore à un oiseau à peine sorti de son œuf et encore « déformé » par son apparition.
- Ce lien fusionnel et sensuel avec la nature (« ma connivence ») prend ici **une valeur symbolique** : l'aube renvoie à l'éveil de l'écrivaine adulte qui s'attachera à décrire la beauté poétique du monde, comme l'atteste cet extrait.

Conclusion partielle : L'exaltation de l'enfant transfigure le jour naissant en commencement du monde et annonce la vocation de l'autrice.

Conclusion

Bilan

Cet extrait autobiographique est révélateur du rapport sensuel que l'enfant entretient avec la nature qui contribue à l'éveil de tous ses sens et à la formation de l'écrivaine qu'elle deviendra.

Ouverture

Bien avant Colette, Arthur Rimbaud, dans les *Illuminations* (« Aube », 1886), décrivait l'aube comme un monde nouveau, né de l'imagination du poète : « J'ai embrassé l'aube d'été. »

Explication de texte n° 4

Arthur Rimbaud
Cahiers de Douai
(1870)

▶ Retrouve en vidéo la lecture expressive

hatier-clic.fr/MC_e4

Morts de Quatre-vingt-douze…

« …Français de soixante-dix, bonapartistes, républicains, souvenez-vous de vos pères en 92[1]*, etc… »*[2]

Paul de Cassagnac[3], *Le Pays.*

Morts de Quatre-vingt-douze et de Quatre-vingt-treize[4],
Qui, pâles du baiser fort de la liberté,
Calmes, sous vos sabots, brisiez le joug[5] qui pèse
Sur l'âme et sur le front de toute humanité ;

Hommes extasiés[6] et grands dans la tourmente,
Vous dont les cœurs sautaient d'amour sous les haillons[7],
Ô Soldats que la Mort a semés, noble Amante,
Pour les régénérer[8], dans tous les vieux sillons ;

Vous dont le sang lavait toute grandeur salie
Morts de Valmy, Morts de Fleurus, Morts d'Italie[9],
Ô million de Christs aux yeux sombres et doux ;

Nous vous laissions dormir avec la République,
Nous, courbés sous les rois comme sous une trique[10] :
— *Messieurs de Cassagnac*[11] nous reparlent de vous !

Fait à Mazas, 3 septembre 1870.
Arthur Rimbaud, *Cahiers de Douai*, 1870
(p. 73 dans l'édition Classiques & Cie lycée).

---

1. 92 : 1792, année de la Première République.

2. Cette phrase, mise en exergue par Rimbaud, est une citation d'un article du journal *Le Pays*.

3. Paul de Cassagnac : journaliste, député d'extrême droite, rédacteur du journal bonapartiste *Le Pays*. Soutien de Napoléon III, il appelait à la mobilisation de tous en invoquant les morts de la Révolution française et de la République.

4. Quatre-vingt-treize : 1793, année de la Terreur.

5. Joug : contrainte matérielle ou morale, esclavage.

6. Extasiés : ravis (à l'idée de défendre la République).

7. Haillons : vêtements en loques, guenilles.

8. Pour les régénérer : pour les faire renaître plus forts.

9. Valmy : victoire remportée en 1792 par l'armée de la Révolution sur les troupes austro-hongroises ;
Fleurus : victoire remportée en 1794 sur les Anglais et les Allemands ;
Italie : première campagne d'Italie menée en 1796-1797 par Napoléon Bonaparte contre les Autrichiens et leurs alliés.

10. Trique : gros bâton.

11. *Messieurs de Cassagnac* : Paul et son père, Bernard Granier de Cassagnac, journalistes bonapartistes.

Introduction

Accroche

Le 19 juillet 1870, Napoléon III déclare la guerre à la Prusse. Paul de Cassagnac, député bonapartiste et journaliste, défend cette guerre dans le journal *Le Pays*. Dans son appel au patriotisme, il évoque les soldats républicains, « *vos pères en 92* ».

Situation

La lecture de l'article du journal *Le Pays*, qui appelle au patriotisme républicain pour défendre une cause antirépublicaine, indigne Rimbaud : il écrit ce sonnet pour dénoncer ce qui n'est, à ses yeux, qu'une propagande honteuse.

Problématique

Comment l'invocation par le poète des soldats de la Révolution française constitue-t-elle un appel au combat contre les partisans du Second Empire ?

Mouvements

1) Un hommage aux morts pour la Révolution (v. 1-4). Le poète interpelle les morts de la Révolution française, âpres défenseurs de la liberté.

2) L'évocation d'un combat exemplaire et fécond (v. 5-8). Leur lutte, qui a demandé d'importants sacrifices humains, est digne d'admiration et va inspirer les générations suivantes.

3) Un cri d'indignation (v. 9-14). À l'instar des révolutionnaires, le poète appelle ses concitoyens à se libérer de l'autoritarisme de Napoléon III.

Sujets corrigés

MOUVEMENT 1

Un hommage aux morts pour la Révolution

Morts de Quatre-vingt-douze et de Quatre-vingt-treize,
Qui, pâles du baiser fort de la liberté,
Calmes, sous vos sabots, brisiez le joug qui pèse
Sur l'âme et sur le front de toute humanité ;

L'apostrophe aux héros de la Révolution

- Le poème débute par une apostrophe aux « Morts de Quatre-vingt-douze » qui ont combattu pour **défendre la Révolution française** contre les armées étrangères qui cherchaient à restaurer la monarchie. « Quatre-vingt-treize » évoque les victimes de la période dite de la « Terreur ».
- À l'aide d'adjectifs valorisants (« fort », « calmes »), le poète loue le courage et la détermination de ces soldats, animés par un **idéal de liberté** (« baiser fort de la liberté »).

- Un détail vestimentaire (les soldats sont chaussés de « sabots », chaussures en bois de l'époque) précise leur catégorie sociale : ces héros appartiennent au peuple et sont pauvres.

Conclusion partielle : Le poète apostrophe les soldats de la Révolution française, des héros morts pour s'être opposés aux forces antirévolutionnaires.

Des défenseurs de la liberté

- La métaphore du « joug », renforcée par l'enjambement des vers 3 et 4, marque la dureté des contraintes physiques et morales qui aliènent la liberté de ces combattants.
- Rimbaud loue la capacité de ces soldats à résister et à **se défaire de la tyrannie** dont ils « brisent le joug ».
- Ces héros ont soif de justice et se battent pour l'émancipation du peuple français, mais leur combat a également **une portée universelle** car elle concerne toute l'« humanité ».

Conclusion partielle : Défendant un idéal universel de liberté, les soldats ont pris les armes pour se défaire d'une monarchie oppressante et injuste.

MOUVEMENT 2

L'évocation d'un combat exemplaire et fécond

Hommes extasiés et grands dans la tourmente,
Vous dont les cœurs sautaient d'amour sous les haillons,
Ô Soldats que la Mort a semés, noble Amante,
Pour les régénérer, dans tous les vieux sillons ;

Un lyrisme pathétique et épique

- Le second quatrain amplifie le premier en poursuivant l'éloge des soldats sur un ton emphatique (« Hommes extasiés »), pour souligner **leur grandeur morale**.
- Le poète emprunte à l'épopée la tonalité épique pour raconter avec emphase les exploits héroïques des soldats, comme en témoigne notamment l'interjection « Ô Soldats ».
- La tonalité pathétique, très présente également, a pour objectif de **susciter la pitié et la compassion** du lecteur pour le sacrifice de ces soldats généreux dont « les cœurs sautaient d'amour sous les haillons ».

Conclusion partielle : Les différentes tonalités du poème émeuvent le lecteur, admiratif de la générosité morale des soldats.

Un sacrifice généreux et fécond

- Comme en atteste la majuscule, la Mort est personnifiée en « noble Amante » : telle une femme, elle tue (« sème ») ces héros, rendus dignes et magnanimes par leur sacrifice.
- Lors des affrontements, les soldats perdent un sang qui vient féconder (« régénérer ») la terre sur laquelle ils meurent.
- En écho au chant révolutionnaire de *La Marseillaise* qui parle d'abreuver de sang les sillons, le sang des soldats révolutionnaires devient ici **le terreau fertile** de toutes les luttes futures.

Conclusion partielle et transition : Cette lutte pour la liberté, loin d'être vaine, va nourrir les combats à venir.

MOUVEMENT 3 Un cri d'indignation

Vous dont le sang lavait toute grandeur salie
Morts de Valmy, Morts de Fleurus, Morts d'Italie,
Ô million de Christs aux yeux sombres et doux ;

Nous vous laissions dormir avec la République,
Nous, courbés sous les rois comme sous une trique.
— *Messieurs de Cassagnac* nous reparlent de vous !

Une transfiguration mystique

- L'éloge épique se prolonge dans le premier tercet : l'antithèse (« le sang lavait ») souligne la puissance de ces héros dont le sang permet de laver les affronts subis : leur mort n'engendre pas le malheur, mais ouvre **la voie à la liberté**.
- Le trimètre (v. 10), en scandant en trois parties égales les douze syllabes de l'alexandrin, rassemble les morts des batailles de Valmy, de Fleurus et d'Italie, gommant ainsi leurs spécificités pour les placer sur un pied d'égalité.
- Le vers 11 achève **l'identification de ces soldats à des « Christs »**, préparée notamment par les vers 8 et 9 qui évoquaient l'image de la résurrection puis une purification par le sang versé.

Conclusion partielle : Le poète assimile ces soldats qui ont sacrifié leur vie, à la figure immortelle et sacrée du Christ, donnant ainsi au poème une profondeur mystique.

Une condamnation des régimes monarchiques

- Le dernier tercet crée une rupture avec les vers précédents : quittant brutalement les valeureux morts de la Révolution, Rimbaud prend vivement à partie ses contemporains.
- **Cette rupture de ton** est marquée par une antithèse : le pronom personnel « Vous » (v. 9), glorieux, laisse la place au « Nous » (v. 12) désignant le peuple de France, asservi par la monarchie. L'image de la « trique » dénonce ce despotisme que les courageux soldats de la Révolution n'avaient pas accepté.
- Le derniers vers est une chute de **tonalité ironique et satirique**. Le poète fustige, par l'exclamative, les deux journalistes, partisans de l'Empereur Napoléon III et défenseurs de la guerre contre la Prusse, qui ont eu l'audace d'invoquer les morts de la Révolution pour justifier une guerre injuste et cruelle à l'encontre des valeurs républicaines.

Conclusion partielle : Le poète interpelle brusquement ses contemporains afin qu'ils réagissent et se libèrent de l'oppression qu'ils subissent.

Conclusion

Bilan

Dans ce sonnet, Rimbaud, s'appuyant sur l'actualité de son temps, se fait l'ardent défenseur de la démocratie et de la République en appelant ses concitoyens à lutter contre la monarchie, à l'image des soldats révolutionnaires. Il les exhorte à s'opposer au conflit contre la Prusse, initié injustement par Napoléon III et soutenu par les journalistes Paul et Bernard Granier de Cassagnac.

Ouverture

Tel Rimbaud, les poètes convoquent souvent des figures héroïques du passé pour insuffler à leurs contemporains l'énergie de nouveaux combats. Paul Éluard invite ainsi les Français à se libérer de l'occupant allemand durant la Seconde Guerre mondiale. Ici, il rend hommage à Gabriel Péri, résistant fusillé par les nazis.

« Un homme est mort qui n'avait d'autre route
Que celle où l'on hait les fusils
Un homme est mort qui continue la lutte
Contre la mort contre l'oubli »

Paul Éluard, *Au rendez-vous allemand*, « Gabriel Péri », 1944.

Explication de texte n° 5

Francis Ponge
La rage de l'expression
(1952)

▶ Retrouve en vidéo la lecture expressive

hatier-clic.fr/MC_e5

Le mimosa

Je ne choisis pas les sujets les plus faciles : voilà pourquoi je choisis le mimosa. Comme c'est un sujet très difficile il faut donc que j'ouvre un cahier.

Tout d'abord, il faut noter que le mimosa ne m'inspire pas du tout. Seulement, j'ai une idée de lui au fond de moi qu'il faut que j'en sorte parce que je veux en tirer profit. Comment se fait-il que le mimosa ne m'inspire pas du tout — alors qu'il a été l'une de mes adorations, de mes prédilections enfantines ? Beaucoup plus que n'importe quelle autre fleur, il me donnait de l'émotion. Seul de toutes il me passionnait. Je doute si ce ne serait pas par le mimosa qu'a été éveillée ma sensualité, si elle ne s'est pas éveillée aux soleils du mimosa. Sur les ondes puissantes de son parfum je flottais, extasié. Si bien qu'à présent le mimosa, chaque fois qu'il apparaît dans mon intérieur, à mon entour, me rappelle tout cela et fane aussitôt.

Il faut donc que je remercie le mimosa. Et puisque j'écris, il serait inadmissible qu'il n'y ait pas de moi un écrit sur le mimosa.

Mais vraiment, plus je tourne autour de cet arbuste, plus il me paraît que j'ai choisi un sujet difficile. C'est que j'ai un très grand respect pour lui, que je ne voudrais pas le traiter à la légère (étant donné surtout son extrême sensibilité). Je ne veux l'approcher qu'avec délicatesse…

…Tout ce préambule, qui pourrait être encore longuement poursuivi, devrait être intitulé : « Le mimosa et moi. » Mais c'est au mimosa lui-même — douce illusion ! — qu'il faut maintenant en venir ; si l'on veut, au mimosa sans moi…

Francis Ponge, *La rage de l'expression*, 1952, « Le mimosa »

Introduction

Accroche

Dans *La rage de l'expression* (1952), l'auteur nous offre sept pièces qui s'apparentent à des exercices de description littéraire, des expérimentations de laboratoire linguistique. Il se donne comme objectif, non pas de décrire l'objet, mais d'« en rendre compte » sans souci de la forme.

Situation

Ce texte est extrait du début de la cinquième pièce, « Le mimosa », dédiée à l'écrivain Fontenelle, qui s'est distingué en particulier pour ses travaux de vulgarisation scientifique.

Problématique

Comment ce texte, qui entend aborder le sujet du « mimosa » avec méthode, nous donne-t-il les clés d'une poétique originale ?

Mouvements

1) Le choix d'un sujet difficile (l. 1-5). Se détournant de la tradition poétique, le poète choisit son sujet pour sa difficulté.

2) Le mimosa, une passion du poète, enfant (l. 5-13). L'auteur établit une relation forte entre l'arbuste et l'éveil de sa sensualité.

3) S'affranchir de la poésie traditionnelle (l. 14-20). Ce préambule affirme la naissance d'une nouvelle poétique.

MOUVEMENT 1 Le choix d'un sujet difficile

Je ne choisis pas les sujets les plus faciles : voilà pourquoi je choisis le mimosa. Comme c'est un sujet très difficile il faut donc que j'ouvre un cahier.

Tout d'abord, il faut noter que le mimosa ne m'inspire pas du tout. Seulement, j'ai une idée de lui au fond de moi qu'il faut que j'en sorte parce que je veux en tirer profit.

Un sujet peu inspirant

- Par l'usage du pronom personnel « je », l'auteur entend d'emblée **expliquer sa démarche** (« voilà pourquoi ») : il a sélectionné les thèmes de son recueil pour leur difficulté.
- Ponge se donne également un ordre et **une méthode de travail** pratique : « il faut donc que j'ouvre un cahier ».
- La tradition poétique voulant que le poète se laisse guider par son inspiration est d'emblée rejetée par Ponge : contre toute attente, son sujet ne l'« inspire pas du tout ».

Conclusion partielle : Francis Ponge n'adopte pas la posture du poète inspiré, mais plutôt celle d'un scientifique qui nous invite à entrer dans son laboratoire.

Un sujet à l'état de souvenir

- Les multiples connecteurs logiques (« voilà pourquoi » « comme », « donc », « Tout d'abord », « Seulement », « parce que »...) qui jalonnent le texte par souci de clarté, permettent aussi au lecteur de **suivre le poète pas à pas** dans sa démarche.
- Ce sujet s'avère particulièrement difficile pour Ponge parce qu'il n'est encore qu'une « idée au fond de [lui] », comme **un souvenir** qu'il s'agit d'extirper avec difficulté de son intériorité.
- De cette extraction laborieuse, le poète va tirer un avantage (« profit ») : elle va lui permettre d'avancer son travail d'écriture.

Conclusion partielle et transition : Une des premières tentatives pour approcher le sujet sera d'extraire son souvenir de la mémoire.

MOUVEMENT 2 — Le mimosa, une passion du poète, enfant

Comment se fait-il que le mimosa ne m'inspire pas du tout — alors qu'il a été l'une de mes adorations, de mes prédilections enfantines ? Beaucoup plus que n'importe quelle autre fleur, il me donnait de l'émotion. Seul de toutes il me passionnait. Je doute si ce ne serait pas par le mimosa qu'a été éveillée ma sensualité, si elle ne s'est pas éveillée aux soleils du mimosa. Sur les ondes puissantes de son parfum je flottais, extasié. Si bien qu'à présent le mimosa, chaque fois qu'il apparaît dans mon intérieur, à mon entour, me rappelle tout cela et fane aussitôt.

Il faut donc que je remercie le mimosa. Et puisque j'écris, il serait inadmissible qu'il n'y ait pas de moi un écrit sur le mimosa.

Un souvenir olfactif puissant

- La question rhétorique (« Comment se fait-il... ») souligne un paradoxe : pour le poète enfant, le mimosa a été l'une de ses « adorations », alors qu'aujourd'hui, il n'est pas un modèle inspirant.
- À cette fleur, unique pour l'enfant (« Beaucoup plus que n'importe quelle autre fleur », « Seul[e] de toutes »), se rattache toute une mosaïque de sensations et de sentiments : une « émotion » forte et une « passion » qui vire à l'exaltation (« extase »), à l'origine de **l'éveil de sa « sensualité »**.
- L'intensité de **son pouvoir olfactif** (« ondes puissantes ») contraste cependant avec la rapidité de sa disparition (« fâne aussitôt »).

Conclusion partielle : Le mimosa occupe une place importante dans les souvenirs du poète car il est à la source de l'éveil de sa sensualité.

La nécessité de rendre hommage au mimosa

- Mais aujourd'hui (« à présent »), la force du souvenir, intacte (« me rappelle tout cela »), ne suffit pas à faire renaître durablement le plaisir sensuel du mimosa, qui **meurt et échappe** au poète adulte.
- Ponge décide donc d'agir, comme en témoigne le retour du pronom personnel « je » comme sujet, et de lui rendre hommage (« il faut donc que je remercie le mimosa ») par un poème (« un écrit ») ; peut-être est-ce pour lui témoigner la joie qu'il lui a offerte étant enfant.
- **La nécessité de l'écriture** s'impose alors et lui apparaît impérieuse (« il faut », « il serait inadmissible »).

Conclusion partielle et transition : En remerciement, le poète souhaite instaurer un lien personnel avec le mimosa qui se fera par l'écriture.

MOUVEMENT 3

S'affranchir de la poésie traditionnelle

Mais vraiment, plus je tourne autour de cet arbuste, plus il me paraît que j'ai choisi un sujet difficile. C'est que j'ai un très grand respect pour lui, que je ne voudrais pas le traiter à la légère (étant donné surtout son extrême sensibilité). Je ne veux l'approcher qu'avec délicatesse…

…Tout ce préambule, qui pourrait être encore longuement poursuivi, devrait être intitulé : « Le mimosa et moi. » Mais c'est au mimosa lui-même — douce illusion ! — qu'il faut maintenant en venir ; si l'on veut, au mimosa sans moi…

La difficulté de l'approche

- Le premier lien d'opposition « Mais vraiment » fait revenir brusquement le lecteur à la thématique du départ : la difficulté du sujet (« j'ai choisi un sujet difficile »), marquant ainsi **l'effort considérable** à fournir pour mener à bien ce travail.
- L'auteur justifie à nouveau son cheminement : il souhaite traiter avec « respect » le mimosa » et non « à la légère », et « l'approcher qu'avec délicatesse », annonçant ainsi la nécessité de travailler le langage pour qu'il soit en adéquation avec cet objet devenu sujet, car pourvu d'**une subjectivité** (« très grand respect pour lui », « extrême sensibilité »).
- Les verbes « tourner », « approcher » évoquent la difficulté de trouver le bon angle d'approche et les mots justes pour parvenir à restituer cet être vivant et délicat.

> **Conclusion partielle :** Ponge nous livre ici une des spécificités de sa méthode de travail : ne pas décrire frontalement l'objet, mais l'« approcher avec délicatesse », trouver l'angle d'approche le plus adéquat.

Une nouvelle poésie

- Les points de suspension marquent un arrêt de la pensée de l'auteur qui fait un point sur sa production : son texte n'est encore à ce stade qu'une entrée en matière (un « préambule »), de purs préliminaires dont le titre serait « Le mimosa et moi », c'est-à-dire le mimosa perçu à travers sa subjectivité. Le poète n'a donc retranscrit que **sa relation personnelle et intime à l'objet**.
- L'expression de l'intériorité du poète, son point de vue, n'est cependant pas suffisant pour décrire l'arbuste, comme le signale la conjonction à valeur adversative « Mais » qui suggère la nécessité de se tourner vers l'objet différemment (« Mais c'est au mimosa lui-même qu'il faut maintenant en venir »).
- La description devra se faire à présent du point de vue de l'objet lui-même, qui n'est plus seulement celui de l'homme (« au mimosa, sans moi... »), ouvrant ainsi la voie à **un compte rendu objectif**, quasi scientifique.

> **Conclusion partielle :** La seule subjectivité du poète, issue de la tradition poétique, n'est pas en mesure de rendre compte de la richesse totale d'un objet. Pour parvenir à sa connaissance, le poète doit en envisager également une étude objective.

Conclusion

Bilan

En s'affranchissant de la tradition lyrique littéraire, Ponge donne ici au poème une forme nouvelle. Son souci constant du sujet, comme celui du mimosa, difficile à appréhender, le conduit à livrer au lecteur une réflexion sur le processus créateur qui cherche à rendre compte de l'objet avec la plus grande justesse possible, tout en dépassant le simple prisme de la subjectivité.

Ouverture

Proche de Ponge par l'attention méthodique portée au langage, Raymond Queneau, à la même époque, interroge également le processus de création poétique.

> « L'herbe : sur l'herbe je n'ai rien à dire
> mais encore quels sont ces bruits
> ces bruits du jour et de la nuit
> Le vent : sur le vent je n'ai rien à dire »

Raymond Queneau, *Chêne et chien*, 1937.

Explication de texte n° 6

Hélène Dorion
Mes forêts
(2021)

▶ Retrouve en vidéo la lecture expressive
hatier-clic.fr/MC_e6

Mes forêts sont de longues traînées de temps
elles sont des aiguilles qui percent la terre
déchirent le ciel
avec des étoiles qui tombent
comme une histoire d'orage
elles glissent dans l'heure bleue
un rayon vif de souvenirs
l'humus de chaque vie où se pose
légère   une aile
qui va au cœur

mes forêts sont des greniers peuplés de fantômes
elles sont les mâts de voyages immobiles
un jardin de vent où se cognent les fruits
d'une saison déjà passée
qui s'en retourne vers demain

mes forêts sont mes espoirs debout
un feu de brindilles
et de mots que les ombres font craquer
dans le reflet figé de la pluie

mes forêts
sont des nuits très hautes

Hélène Dorion, *Mes forêts*, 2021,

Introduction

Accroche

La nature est une source de préoccupation majeure dans l'œuvre d'Hélène Dorion, poétesse québécoise, née en 1958. Dans *Mes forêts* (2021), écrites en partie lors de la crise sanitaire de 2020, l'évocation de ses promenades en forêt est le point de départ d'une méditation sur les enseignements de la nature et le sens de la vie contemporaine.

Situation

Le recueil s'organise en quatre sections encadrées par cinq poèmes intitulés « Mes forêts ». Le texte étudié ici correspond au premier de ces poèmes, il introduit la première section « L'écorce incertaine », où la forêt, ses constituants et son environnement sont décrits en détail.

Problématique

En quoi ce poème inaugural propose-t-il une définition plurielle et profondément personnelle de ce que représente la forêt pour la poétesse ?

Mouvements

1) Des forêts intimes (l. 1-10). Paysages bien réels, les forêts évoquées sont aussi le reflet des émotions et sentiments de la poétesse.

2) Des forêts témoins du temps qui passe (l. 11-15). Propices au souvenir et aux voyages intérieurs, les forêts symbolisent le cycle de la vie dans son éternel recommencement.

3) Des forêts source d'inspiration (l. 16-21). Les forêts insufflent de leur force à la poétesse et sont source de création poétique.

MOUVEMENT 1

Des forêts intimes

Mes forêts sont de longues traînées de temps
elles sont des aiguilles qui percent la terre
déchirent le ciel
avec des étoiles qui tombent
comme une histoire d'orage
elles glissent dans l'heure bleue
un rayon vif de souvenirs
l'humus de chaque vie où se pose
légère   une aile
qui va au cœur

Des forêts reflets de paysages intérieurs

- Le déterminant possessif « Mes forêts » qui inaugure le poème et le recueil, livre d'emblée l'intention de l'autrice : les forêts décrites refléteront ses paysages intimes, donnant ainsi accès à son intériorité.
- Ce passage de l'observation de la nature à une vision personnelle est confirmé par l'anaphore « Mes forêts sont… ». Celle-ci scande le poème inaugural et en sépare les strophes, tout en donnant naissance à des métaphores qui créent **un lien entre la réalité de la forêt et l'imaginaire de l'autrice**.
- La première de ces métaphores – « de longues traînées de temps » – inscrit d'emblée la description dans la temporalité ; les « traînées » évoquent un espace horizontal infini contrastant avec la verticalité vertigineuse de la forêt.

Conclusion partielle : Les forêts évoquées par la poétesse sont le reflet de sa vie intérieure ; elles portent également les traces du temps.

Entre chaos et légèreté, un lieu précieux et indispensable

- Dans les vers 2 à 5, les éléments naturels se déchaînent, évoquant **une violence météorologique** extrême : les « arbres », transformés en « aiguilles », « percent la terre » dans un mouvement descendant et « déchirent le ciel » dans un mouvement ascendant et concomitant. La forêt fait-elle ainsi écho aux conflits du monde ?
- Le champ lexical de la guerre (« aiguilles », « percent », « déchirent », « tombent », « orage ») qui embrase ces premiers vers, s'adoucit brusquement au vers 6 : à la frénésie succède un temps plus calme, un passage vers « l'heure bleue », entre jour et nuit, dont la lumière est propice à **la naissance de « souvenirs »**.
- La métaphore « l'humus de chaque vie » ainsi que la pause du vers 9, qui détache les deux derniers vers « une aile/qui va au cœur », expriment le rôle essentiel que joue la forêt pour la poétesse : elle est à la fois **source de vie et d'émotions**.

Conclusion partielle : Qu'elles soient balayées par des vents violents ou rendues au calme de l'heure bleue, les forêts sont présentées par la poétesse comme un lieu indispensable qui lui permet de se ressourcer.

MOUVEMENT 2

Des forêts témoins du temps qui passe

mes forêts sont des greniers peuplés de fantômes
elles sont les mâts de voyages immobiles
un jardin de vent où se cognent les fruits
d'une saison déjà passée
qui s'en retourne vers demain

Les forêts gardiennes de notre passé

- La métaphore des « greniers », ouvrant la deuxième strophe, renvoie à un lieu domestique plein de souvenirs, qui invite à **une exploration d'un passé** personnel.
- Ces greniers sont caractérisés comme « peuplés de fantômes » : les forêts sont bien des témoins précieux du temps qui passe, les gardiennes de notre passé et des êtres disparus.
- L'espace intime s'élargit avec l'évocation de « voyages » : les arbres sont comparés aux « mâts » verticaux des bateaux ; l'oxymore « voyages immobiles » suggère **des voyages intérieurs**, qui font la part belle aux rêves et à l'imagination.

Conclusion partielle : Les forêts forment un espace intérieur, riche du passé et propice à l'imagination.

Les forêts métaphore du cycle de la vie

- Par un retour à l'espace familier et rassurant, les forêts prennent aussi la forme d'un « jardin », brassé par le « vent » et productif puisqu'il donne des « fruits ».
- Cependant, dans ce jardin, les fruits, comme balayés par les bourrasques, « se cognent » dangereusement, évoquant un pourrissement prochain.
- Liés à « une saison déjà passée », ces fruits abîmés annoncent cependant ceux qui pousseront demain. « La saison déjà passée » et « demain » forment **un mouvement d'aller-retour** évoquant le cycle de la vie.

Conclusion partielle : Le temps linéaire de la première strophe a fait place à un temps cyclique ; les forêts illustrent ce perpétuel recommencement du cycle de la vie.

MOUVEMENT 3 Des forêts source d'inspiration

mes forêts sont mes espoirs debout
un feu de brindilles
et de mots que les ombres font craquer
dans le reflet figé de la pluie

mes forêts
sont des nuits très hautes

Des forêts qui suscitent l'espoir et l'inspiration

- La longueur des strophes s'amenuise au fil du poème (un dizain, un quintil, un quatrain puis un distique), mais les vers gagnent en intensité en passant progressivement de la description du cosmos au « je » de la poétesse (« mes espoirs »).

- Les forêts sont à présent résolument tournées vers l'avenir et traduisent **l'optimisme** (« mes espoirs ») de la poétesse « debout ».
- Ces forêts sont sources d'espoir par leur pouvoir caché et prometteur : elles sont **créatrices de poésie**, comme l'indique le rejet du vers 18 (« et de mots »), et présagent l'éclosion de l'œuvre de la poétesse.

Conclusion partielle : Le poème prend une tournure plus personnelle et laisse pressentir la force poétique émanant des forêts.

Des forêts pleines de mystère

- Mais, très vite, cette confiance semble se briser : les espoirs sont assimilés à un « feu de brindilles », une force fragile, soumise à des aléas qui la font « craquer ». Les forêts abritent à nouveau des oppositions fortes ; le « feu » côtoie « la pluie » tandis que le silence (« figé ») succède au bruit (« craquer »).
- La dernière strophe, courte et énigmatique, propose une dernière image : « Mes forêts/ sont des nuits très hautes ». Elle produit un effet de boucle : le groupe adjectival « très hautes » renvoie à la verticalité des arbres de la première strophe qui « percent la terre » et « déchirent le ciel ».
- Cette métaphore finale suggère à la fois la puissance poétique des forêts, soulignée par l'adverbe d'intensité « très » accolé à l'adjectif « hautes », et peut-être, à travers l'évocation d'une atmosphère nocturne, de **douloureuses et futures défaites** dont il faudra triompher.

Conclusion partielle : Les forêts de la poétesse sont sources d'émotions complexes, qui peuvent sembler contradictoires : entre espoir et crainte.

Conclusion

Bilan

Dans ce poème, Hélène Dorion définit « [ses] forêts » à travers des métaphores variées, qui dessinent un paysage intérieur subtil : entre mouvement et immobilité, menace et réconfort. Les forêts sont aussi l'occasion pour la poétesse d'une réflexion élargie sur le monde et le temps humain. Ce poème d'ouverture jette ainsi les premiers jalons de ce lyrisme, à la fois intime et universel, qu'elle développe à travers l'ensemble du recueil.

Ouverture

À l'image d'Hélène Dorion, l'astrophysicien et écologiste Hubert Reeves (1932-2023) nous appelle à regarder la richesse et la beauté de la Terre mise en péril par l'homme, et à réfléchir à son avenir. Le titre d'un de ses livres, *Là où croît le péril... croît aussi ce qui sauve* (2015), s'inspire du poète et philosophe Friedrich Hölderlin (1770-1843) qui défendait l'idée d'une philosophie de la contradiction : la fécondité réside au cœur de l'affrontement, et des jours meilleurs naissent des temps difficiles. Le désespoir, salvateur, permet de dresser le bilan de nos vies et d'ouvrir la voie à un possible changement.

Explication de texte n°7

Pierre Corneille *Le Menteur*

(1644)

▶ Retrouve en vidéo la lecture expressive

hatier-clic.fr/MC_e7

Acte I, scène 3

CLARICE
Quoi, vous avez donc vu l'Allemagne, et la guerre[1] ?

DORANTE
Je m'y suis fait quatre ans craindre comme un tonnerre.

CLITON
Que lui va-t-il conter[2] ?

DORANTE
Et durant ces quatre ans
Il ne s'est fait combats, ni sièges importants,
Nos armes n'ont jamais remporté de victoire,
Où cette main n'ait eu bonne part à la gloire,
Et même la Gazette a souvent divulgué…

CLITON, *le tirant par la basque*[3].
Savez-vous bien, Monsieur, que vous extravaguez ?

DORANTE
Tais-toi.

CLITON
Vous rêvez, dis-je, ou…

DORANTE
Tais-toi, misérable.

•••

CLITON
Vous venez de Poitiers, ou je me donne au Diable,
Vous en revîntes hier.

DORANTE, *à Cliton.*
Te tairas-tu, maraud[4] ?
à Clarice.
Mon nom dans nos succès s'était mis assez haut
Pour faire quelque bruit, sans beaucoup d'injustice,
Et je suivrais encore un si noble exercice,
N'était que l'autre hiver faisant ici ma Cour
Je vous vis, et je fus retenu par l'amour.
Attaqué par vos yeux, je leur rendis les armes,
Je me fis prisonnier de tant d'aimables charmes,
Je leur livrai mon âme, et ce cœur généreux
Dès ce premier moment oublia tout pour eux. [...]

Pierre Corneille, *Le Menteur*, acte I, scène 3, 1644
(p. 39 dans l'édition Classiques & Cie lycée).

1. Allusion à la guerre de Trente Ans entre le Saint Empire, catholique germanique et espagnol, et les États allemands protestants auxquels s'était alliée la France. Corneille ancre ainsi sa pièce dans un décor réaliste.
2. Cette réplique est prononcée en aparté.
3. **Basque** : partie découpée et tombante d'une veste ou d'une tunique.
4. **Maraud** : coquin, personne qui a un caractère bas, peu moral. Insulte fréquente dans la bouche des maîtres à l'égard de leurs valets.

Introduction

Accroche

En 1644, Corneille, auteur tragique renommé, revient à la comédie avec *Le Menteur*, une pièce d'inspiration espagnole dont l'intrigue sentimentale repose sur un quiproquo initial et sur les mensonges de son protagoniste, Dorante.

Situation

Dans les deux scènes de l'acte I précédant l'extrait proposé ici, Dorante, jeune étudiant en droit, fraîchement arrivé de Poitiers à Paris, a informé son nouveau valet Cliton de son projet de courtiser les dames. Mais au sein de la haute société parisienne, Dorante considère qu'on ne peut avancer que masqué, ce que lui confirme Cliton : l'apparence règne en maître à Paris. Lors d'une promenade que Dorante fait ensuite aux Tuileries, il rencontre par hasard Clarice, accompagnée de son amie Lucrèce, qu'il courtise sur-le-champ.

Problématique

Comment cette scène comique révèle-t-elle le caractère du menteur et annonce-t-elle la suite de l'intrigue construite sur des mensonges extravagants ?

Mouvements

1) Le récit épique de la guerre de Trente Ans (l. 1-7). Dorante s'invente un passé de soldat intrépide pour séduire Clarice.

2) Les apartés avec le valet (l. 8-11). Cliton tente en vain de ramener son maître à la raison.

3) Un discours protéiforme (l. 12-20). Une déclaration d'amour galante succède au récit militaire.

MOUVEMENT 1

Le récit épique de la guerre de Trente Ans

CLARICE
Quoi, vous avez donc vu l'Allemagne, et la guerre ?

DORANTE
Je m'y suis fait quatre ans craindre comme un tonnerre.

CLITON
Que lui va-t-il conter ?

DORANTE
Et durant ces quatre ans
Il ne s'est fait combats, ni sièges importants,
Nos armes n'ont jamais remporté de victoire,
Où cette main n'ait eu bonne part à la gloire,
Et même la Gazette a souvent divulgué…

Un mensonge pour attirer l'attention

- Dans les vers qui précèdent la réplique de Clarice, Dorante s'est présenté comme un cavalier, revenu de la guerre de Trente Ans et fou amoureux d'elle depuis un an.
- L'interrogation exclamative de Clarice (« Quoi, vous avez donc vu… »), formulée dans un niveau de langue familier, trahit sa surprise et montre qu'elle est sensible au discours de ce valeureux guerrier. **Impressionnée et curieuse** d'en connaître davantage, elle est prête à lui accorder l'attention qu'il demande, sans chercher à douter de ses dires.
- Prêt à tout pour la séduire, Dorante n'hésite pas à se dépeindre comme **un héros intrépide et invincible**. Le champ lexical de la terreur (« craindre », « tonnerre ») accentue sa vantardise et l'apparente à un Matamore « qui s'est fait craindre comme un tonnerre ».

Conclusion partielle : Le spectateur prend ici conscience de la capacité d'improvisation de Dorante, prêt à tout pour conquérir la femme aimée.

Un mensonge pour susciter l'admiration

- En aparté, la réaction de Cliton, surpris (« Que lui va-t-il conter ? ») signale à l'attention du public le mensonge de Dorante.
- L'auteur ancre sa pièce dans une réalité (la guerre de Trente Ans) et une temporalité (« quatre ans ») historiques, qui permet à Dorante de donner de **la vraisemblance** à son mensonge. De même, l'allusion à *La Gazette de France*, journal d'information connu de l'époque, fondé en 1631 par Renaudot, devait faire sourire les spectateurs contemporains de Corneille.
- Dorante, sur sa lancée, poursuit son récit qui prend **une dimension épique** : le champ lexical militaire (« combats », « sièges », « armes » ...) donne à imaginer la force des combats, destinée à impressionner Clarice. La locution (« n'ont jamais... ») et le « ne » explétif (« n'ait eu... ») soulignent le rôle prépondérant de Dorante dans la guerre.

Conclusion partielle et transition : En présence de Cliton, étonné, Dorante se lance dans un récit éloquent de ses exploits lors de la guerre de Trente Ans, pour éblouir Clarice.

MOUVEMENT 2 Les apartés avec le valet

CLITON, *le tirant par la basque*.
Savez-vous bien, Monsieur, que vous extravaguez ?

DORANTE
Tais-toi.

CLITON
Vous rêvez, dis-je, ou...

DORANTE
Tais-toi, misérable.

CLITON
Vous venez de Poitiers, ou je me donne au Diable,
Vous en revîntes hier.

DORANTE, *à Cliton*.
Te tairas-tu, maraud ?

La stupéfaction du valet

- La gestuelle comique de Cliton qui tire son maître par son vêtement (« le tirant par la basque ») pour tenter de le faire taire, est révélatrice de **l'inquiétude du valet** et des risques pris par Dorante qui s'est lancé avec inconscience dans son récit mensonger.

- En dépit du respect qu'il doit à son maître, exprimé par « Monsieur », Cliton tente de **ramener Dorante à la raison** : le verbe « extravaguer » renvoie à l'état pathologique de quelqu'un qui a perdu tout bon sens.
- Dorante, sourd à l'avertissement donné par Cliton, met un terme à cette intervention par l'impératif « Tais-toi ».

Conclusion partielle : Cliton, déconcerté par Dorante dont il découvre la capacité à mentir, tâche de le dissuader de poursuivre son récit.

› Les arguments factuels du valet

- Cliton multiplie, avec une certaine impudence, ses interruptions en aparté pour ramener son maître à la réalité.
- Il oppose à Dorante **des faits réels**, ancrés dans l'espace (« Vous venez de Poitiers ») et dans le temps (« Vous en revîntes hier »), que ne peut nier Dorante.
- Mais l'impertinence de Cliton provoque la colère de Dorante qui coupe court par des futurs d'ordre (« Te tairas-tu ») et des apostrophes dépréciatives (« misérable », « maraud »).

Conclusion partielle et transition : Dorante est pressé de réduire au silence son domestique qui représente un sérieux obstacle à sa stratégie de séduction.

MOUVEMENT 3 Un discours protéiforme

DORANTE, *à Clarice.*
Mon nom dans nos succès s'était mis assez haut
Pour faire quelque bruit, sans beaucoup d'injustice,
Et je suivrais encore un si noble exercice,
N'était que l'autre hiver faisant ici ma Cour,
Je vous vis, et je fus retenu par l'amour.
Attaqué par vos yeux, je leur rendis les armes,
Je me fis prisonnier de tant d'aimables charmes,
Je leur livrai mon âme, et ce cœur généreux
Dès ce premier moment oublia tout pour eux […].

› Un soldat illustre

- À l'exaspération, succèdent aussitôt la vantardise et l'emphase : Dorante s'invente une haute réputation militaire en faisant appel au champ lexical de **la renommée** (« Mon nom », « nos succès », « noble exercice »), tout en feignant la modestie à l'aide de litotes (« assez haut », « quelque bruit », « sans beaucoup d'injustice »).

- La conjonction de coordination « Et », à valeur chronologique, marque une rupture dans le cours de son récit et ménage **un effet de surprise**, entretenu par le conditionnel (« je suivrais ») qui annonce un changement.
- Le complément circonstanciel « l'autre hiver », accompagné de l'adverbe de lieu « ici », retarde l'annonce de Dorante et la met en relief.

Conclusion partielle : Dorante prolonge l'éloge qu'il fait de lui-même pour mieux amorcer sa déclaration d'amour.

Une déclaration d'amour galante

- Dorante, dont l'imagination est nourrie des romans précieux de l'époque et de la poésie galante, construit une déclaration amoureuse qui respecte **les codes traditionnels de la galanterie**.
- Le ***topos*** du regard (« Je vous vis », « attaqué par vos yeux ») fonde le coup de foudre (« je fus retenu par l'amour »). L'amoureux, « prisonnier », est ensorcelé par sa dame (« je fus retenu », « rendis les armes », « charmes » ...) et assujetti à ses lois.
- Le guerrier intrépide subit **sa première défaite**, celle du « cœur » (syllepse jouant sur les deux sens, courage et sentiments), pour se consacrer (« oublia tout pour eux ») à servir sa dame.

Conclusion partielle : Dorante démontre ici, en passant avec virtuosité de son rôle de soldat à celui de séducteur, que ses mensonges peuvent épouser de multiples formes.

Conclusion

Bilan

La scène 1 de l'acte III met en scène le menteur qui commet sa première affabulation. Si Clarice semble bien impressionnée et Cliton inquiet, le spectateur ne peut que se réjouir des mensonges protéiformes de Dorante dont la force verbale inventive annonce une pièce aux nombreux rebondissements et aux accents baroques.

Ouverture

Dans *Dom Juan*, Molière met en scène également un séducteur qui maîtrise l'art de la galanterie comme Dorante, et qui compare ses conquêtes amoureuses à des conquêtes militaires.

> « On goûte une douceur extrême à réduire, par cent hommages, le cœur d'une jeune beauté, [...] à combattre [...] l'innocente pudeur d'une âme, qui a peine à rendre les armes. »

Molière, *Dom Juan*, acte I, scène 2, 1665.

Explication de texte n° 8

Alfred de Musset *On ne badine pas avec l'amour* (1834)

▶ Retrouve en vidéo la lecture expressive

hatier-clic.fr/MC_e8

Acte III, scène 3

Perdican, *à haute voix, de manière que Camille l'entende.*
Je t'aime, Rosette ! toi seule au monde, tu n'as rien oublié de nos beaux jours passés ; toi seule tu te souviens de la vie qui n'est plus ; prends ta part de ma vie nouvelle ; donne-moi ton cœur, chère enfant ; voilà le gage[1] de notre amour.

Il lui pose sa chaîne sur le cou.

Rosette
Vous me donnez votre chaîne d'or ?

Perdican
Regarde à présent cette bague. Lève-toi et approchons-nous de cette fontaine. Nous vois-tu tous les deux, dans la source, appuyés l'un sur l'autre ? Vois-tu tes beaux yeux près des miens, ta main dans la mienne ? Regarde tout cela s'effacer. (*Il jette sa bague dans l'eau.*) Regarde comme notre image a disparu ; la voilà qui revient peu à peu ; l'eau qui s'était troublée reprend son équilibre ; elle tremble encore ; de grands cercles noirs courent à sa surface ; patience, nous reparaissons ; déjà je distingue de nouveau tes bras enlacés dans les miens ; encore une minute, et il n'y aura plus une ride sur ton joli visage ; regarde ! C'était une bague que m'avait donnée Camille.

Camille, *à part.*
Il a jeté ma bague dans l'eau.

Perdican
Sais-tu ce que c'est que l'amour, Rosette ? Écoute ! le vent se tait ; la pluie du matin roule en perles sur les feuilles séchées que le soleil ranime. Par la lumière du ciel, par le soleil que voilà, je t'aime ! Tu veux bien de moi, n'est-ce pas ? On n'a pas flétri ta jeunesse ? On n'a pas infiltré dans ton sang vermeil les restes d'un sang affadi ? Tu ne veux pas te faire religieuse ; te voilà jeune et belle dans les bras d'un jeune homme. Ô Rosette, Rosette ! sais-tu ce que c'est que l'amour ?

Alfred de Musset, *On ne badine pas avec l'amour*, acte III, scène 3, 1834
(p. 96 dans l'édition Classiques & Cie lycée).

---

1. **Gage :** garantie, assurance.

Introduction

Accroche

Musset écrit *On ne badine pas avec l'amour* (1634) alors que sa relation passionnée avec George Sand le plonge dans le désespoir. La pièce fait écho à sa situation affective et dépeint un couple, Camille et Perdican, promis l'un à l'autre depuis l'enfance, qui seront séparés tragiquement.

Situation

Alors que le Baron cherche à marier son fils Perdican à sa nièce Camille, ses plans semblent compromis par l'attitude de cette dernière. La jeune femme qui redoute l'inconstance humaine, a choisi de consacrer sa vie à Dieu et affiche sa froideur à l'égard de Perdican. Blessé, le jeune homme la convie à un rendez-vous près d'une fontaine et arrive sur le lieu, accompagné de la sœur de lait de Camille, Rosette. Intriguée, Camille se cache derrière un arbre pour épier la scène.

Problématique

En quoi cette scène révèle-t-elle la manipulation de Perdican et préfigure-t-elle le dénouement ?

Mouvements

1) Une déclaration d'amour mise en scène (l. 1-4). Perdican courtise Rosette en se sachant observé par Camille.

2) Une rupture symbolique (l. 5-12). Perdican se libère du lien qui l'unit à Camille depuis leur enfance.

3) Un hymne à l'amour terrestre (l. 13-19). Perdican célèbre les joies terrestres et l'amour innocent qui le lie à Rosette.

MOUVEMENT 1

Une déclaration d'amour mise en scène

PERDICAN, *à haute voix, de manière que Camille l'entende.*
Je t'aime, Rosette ! toi seule au monde, tu n'as rien oublié de nos beaux jours passés ; toi seule tu te souviens de la vie qui n'est plus ; prends ta part de ma vie nouvelle ; donne-moi ton cœur, chère enfant ; voilà le gage de notre amour. (*Il lui pose sa chaîne sur le cou.*)

ROSETTE
Vous me donnez votre chaîne d'or ?

Une mise en scène théâtrale

- Perdican sait que Camille est présente. Tel **un metteur en scène**, il parle et agit en veillant à être entendu et vu de Camille afin de l'humilier, comme l'indique la didascalie « à haute voix, de manière que Camille l'entende ».
- Chaque parole dite à Rosette est en fait adressée implicitement à Camille. Le spectateur est conscient de **ce procédé de mise en abyme** et sait qu'il va découvrir une scène de théâtre orchestrée par Perdican, au sein de la pièce cadre à laquelle il assiste.
- Dès les premières paroles, Camille est fixée sur l'intention de Perdican (« Je t'aime, Rosette ! ») : elle va être témoin, malgré elle, d'une déclaration d'amour.

Conclusion partielle : Par vengeance, Perdican a piégé Camille en la conviant à un rendez-vous où, cachée, elle est contrainte d'assister à la déclaration d'amour qu'il fait à Rosette.

Une déclaration d'amour équivoque

- Perdican, d'un ton très lyrique, poursuit sa déclaration passionnée à Rosette : alors que Camille, dépourvue de toute nostalgie, semble avoir oublié leur enfance commune (« nos beaux jours passés ») et leurs joies d'alors (« la vie qui n'est plus »), Rosette, elle, en reconnaît la valeur (« toi seule… ») et incarne **une innocence et un monde perdu** idéalisés par Perdican.
- Les impératifs (« prends ta part », « donne-moi ») témoignent du **caractère paternel** de Perdican qui dirige Rosette avec une certaine condescendance (« chère enfant »), liée à leur différence de classe sociale et d'éducation.
- Pour appuyer ses dires, Perdican joint le geste à la parole en accrochant sa chaîne au cou de Rosette, preuve symbolique (« gage ») de leur amour commun, qui décontenance Rosette.

Conclusion partielle : La déclaration enflammée de Perdican à Rosette est destinée à rappeler à Camille son ingratitude et son oubli de leur enfance commune heureuse.

MOUVEMENT 2

Une rupture symbolique

PERDICAN

Regarde à présent cette bague. Lève-toi et approchons-nous de cette fontaine. Nous vois-tu tous les deux, dans la source, appuyés l'un sur l'autre ? Vois-tu tes beaux yeux près des miens, ta main dans la mienne ? Regarde tout cela s'effacer. (*Il jette sa bague dans l'eau.*) Regarde comme notre image a disparu ; la voilà qui revient peu à peu ; l'eau qui s'était troublée reprend son équilibre ; elle tremble encore ; de grands cercles noirs courent à sa surface ; patience, nous reparaissons ; déjà je distingue de nouveau tes bras enlacés dans les miens ; encore une minute, et il n'y aura plus une ride sur ton joli visage ; regarde ! C'était une bague que m'avait donnée Camille.

› Un couple idéal brisé

- Perdican, tout à son ressentiment contre Camille, poursuit son discours, sans prendre la peine de répondre à l'étonnement de Rosette.
- La succession d'impératifs (« Lève-toi et approchons-nous », « Nous vois-tu » …) donne à ses paroles un ton solennel qui prend **une dimension métaphorique** : enlaçant Rosette, mais pensant à Camille, Perdican décrit un couple parfait, uni par un amour idéal (« tous les deux », « appuyés l'un sur l'autre », « tes beaux yeux près des miens » …), penché vers l'eau de la fontaine.
- Le jeune homme **détruit** alors brutalement l'image de **ce couple harmonieux** (« Regarde tout cela s'effacer ») en jetant sa bague dans l'eau.

Conclusion partielle : Perdican effectue un cérémonial en guidant Rosette vers la fontaine pour y jeter sa bague, afin d'effacer l'image du couple idéal qu'il forme avec Camille.

L'émergence d'un nouveau couple

- Le reflet brouillé du couple dans l'eau (« notre image a disparu ») est à l'image de l'attachement de Camille et Perdican qui perd en force progressivement.
- À l'aide de connecteurs temporels (« déjà », « de nouveau », « encore une minute »), Perdican décrit par étapes le lent retour de l'image qui se reforme peu à peu sous leurs yeux, ainsi que **la douleur** que lui procure ce détachement (« tremble », « grands cercles noirs »).
- Camille n'appartenant plus qu'au passé (« C'était une bague que m'avait donnée Camille »), le couple Perdican/Rosette est prêt à **s'aimer sans entraves** (« plus une ride sur ton joli visage »).

Conclusion partielle et transition : Par son reflet uni à celui de Rosette qui revient à la surface de l'eau, Perdican annonce symboliquement à Camille la fin de leur amour.

MOUVEMENT 3 Un hymne à l'amour terrestre

CAMILLE, *à part.*
Il a jeté ma bague dans l'eau.

PERDICAN.
Sais-tu ce que c'est que l'amour, Rosette ? Écoute ! le vent se tait ; la pluie du matin roule en perles sur les feuilles séchées que le soleil ranime. Par la lumière du ciel, par le soleil que voilà, je t'aime ! Tu veux bien de moi, n'est-ce pas ? On n'a pas flétri ta jeunesse ? on n'a pas infiltré dans ton sang vermeil les restes d'un sang affadi ? Tu ne veux pas te faire religieuse ; te voilà jeune et belle dans les bras d'un jeune homme. Ô Rosette, Rosette ! sais-tu ce que c'est que l'amour ?

Un hymne romantique à la nature

- Perdican associe son amour pour Rosette à **la nature** qui s'éveille et prend vie, et particulièrement à la lumière du soleil qui « ranime » les cœurs meurtris (« les feuilles séchées »).
- Il invoque le ciel et le soleil, tels des dieux qui le conduisent à Rosette (« Par la lumière du ciel, par le soleil que voilà, je t'aime ! »).
- Le lieu choisi par Perdican, la fontaine, qui symbolise, comme Rosette, **la régénération et l'innocence**, achève ce tableau romantique d'une nature personnifiée où le vent « se tait » et le « soleil ranime ».

Conclusion partielle : Le nouveau couple que Perdican forme avec Rosette s'accorde au cadre naturel qui entoure et sublime les jeunes gens.

Des reproches à peine voilés à Camille

- Par ses questions rhétoriques (« On n'a pas flétri ta jeunesse » ...), Perdican dessine en creux un portrait de Camille peu flatteur.
- Le champ lexical de la maladie et de **la vieillesse prématurée** décrit implicitement une Camille « flétrie », dont la vie (« le sang ») a été viciée, « infiltrée » (« les restes d'un sang affadi ») par son amour céleste (« te faire religieuse »).
- À cette décrépitude s'oppose **la jeunesse revigorante** de Rosette qu'il célèbre en évoquant l'image du couple idéal qu'ils représentent tous deux (« jeune et belle dans les bras d'un jeune homme »).

Conclusion partielle : Par cet éloge à la nature et à Rosette qui incarne une vie nouvelle, Perdican s'insurge contre le choix de Camille de consacrer sa vie à Dieu, et affirme son penchant pour les plaisirs terrestres.

Conclusion

Bilan

Cet extrait montre bien tout l'aveuglement de Perdican qui utilise Rosette comme un jouet, pour blesser Camille qui assiste, impuissante, à la scène. Le spectateur devine déjà que ces manœuvres imprudentes auront des conséquences tragiques pour l'innocente et naïve Rosette.

Ouverture

Dans *Le Jeu de l'amour et du hasard*, le dramaturge Marivaux met également en scène des protagonistes (Silvia et Dorante) qui multiplient les stratégies, comme Perdican et Camille, pour s'observer et se découvrir.

> « Silvia : Que le ciel m'en préserve ! Quand tu l'aurais [mon cœur], tu ne le saurais pas, et je ferais si bien, que je ne le saurais pas moi-même [...]. »

Marivaux, *Le Jeu de l'amour et du hasard*, acte II, scène 9, 1730.

Explication de texte n° 9

Nathalie Sarraute
Pour un oui ou pour un non (1982)

▶ Retrouve en vidéo la lecture expressive

hatier-clic.fr/MC_e9

H. 1 : Écoute, je voulais te demander… C'est un peu pour ça que je suis venu… je voudrais savoir… que s'est-il passé ? Qu'est-ce que tu as contre moi ?

H. 2 : Mais rien… Pourquoi ?

H. 1 : Oh, je ne sais pas… Il me semble que tu t'éloignes… tu ne fais plus jamais signe… il faut toujours que ce soit moi…

H. 2 : Tu sais bien : je prends rarement l'initiative, j'ai peur de déranger.

H. 1 : Mais pas avec moi ? Tu sais que je te le dirais… Nous n'en sommes tout de même pas là… Non, je sens qu'il y a quelque chose…

H. 2 : Mais que veux-tu qu'il y ait ?

H. 1 : C'est justement ce que je me demande. J'ai beau chercher… jamais… depuis tant d'années… il n'y a jamais rien eu entre nous… rien dont je me souvienne…

H. 2 : Moi, par contre, il y a des choses que je n'oublie pas. Tu as toujours été très chic… il y a eu des circonstances…

H. 1 : Oh qu'est-ce que c'est ? Toi aussi, tu as toujours été parfait… un ami sûr… Tu te souviens comme on attendrissait ta mère ? …

H. 2 : Oui, pauvre maman… Elle t'aimait bien… elle me disait : « Ah lui, au moins, c'est un vrai copain, tu pourras toujours compter sur lui. » C'est ce que j'ai fait, d'ailleurs.

H. 1 : Alors ?

H. 2, *hausse les épaules* : … Alors… que veux-tu que je te dise !

H. 1 : Si, dis-moi… je te connais trop bien : il y a quelque chose de changé… Tu étais toujours à une certaine distance… de tout le monde, du reste… mais maintenant avec moi… encore l'autre jour, au téléphone… tu étais à l'autre bout du monde… ça me fait de la peine, tu sais…

H. 2, *dans un élan* : Mais moi aussi, figure-toi…

H. 1 : Ah tu vois, j'ai donc raison…

Nathalie Sarraute, *Pour un oui ou pour un non* (1982),

Introduction

› Accroche

La parution de *Tropismes* en 1939 marque une étape essentielle en littérature : dans ce roman, Nathalie Sarraute fait disparaître l'intrigue traditionnelle au profit d'une transcription d'impressions produites par les mouvements intérieurs de la conscience, les « tropismes », qui forment le fil invisible de l'existence.

› Situation

Avec *Pour un oui ou pour un non*, créée pour la radio en 1981 et publiée en 1982, l'autrice poursuit sa réflexion sur le langage. Elle montre ainsi comment des paroles, banales en apparence, peuvent se révéler – à la première occasion – porteuses de drame.

› Problématique

Comment cette scène d'ouverture entre deux amis révèle-t-elle les oppositions qui les séparent et annonce-t-elle le thème de la pièce ?

› Mouvements

1) Une exposition peu traditionnelle (l. 1-8). H. 1 souhaite éclaircir la raison de l'éloignement de son ami H. 2, mais il se heurte à son déni.

2) Un dialogue fracturé (l. 9-17). Le langage semble impuissant à faire éclater la vérité et à désamorcer le conflit latent.

3) Une sous-conversation révélatrice (l. 18-25). Les non-dits gangrènent les échanges et révèlent un désaccord plus important qu'un simple éloignement.

MOUVEMENT 1

Une exposition peu traditionnelle

H. 1 : Écoute, je voulais te demander… C'est un peu pour ça que je suis venu… je voudrais savoir… que s'est-il passé ? Qu'est-ce que tu as contre moi ?
H. 2 : Mais rien… Pourquoi ?
H. 1. – Oh, je ne sais pas… Il me semble que tu t'éloignes… tu ne fais plus jamais signe… il faut toujours que ce soit moi…
H. 2 : Tu sais bien : je prends rarement l'initiative, j'ai peur de déranger.
H. 1 : Mais pas avec moi ? Tu sais que je te le dirais… Nous n'en sommes tout de même pas là… Non, je sens qu'il y a quelque chose…

Des entités humaines indéfinies et intemporelles

- Sarraute fait le choix de ne pas nommer les protagonistes de la pièce, mais de les désigner par une lettre et un chiffre (H. 1 et H. 2, pour signifier Homme 1 et Homme 2), de simples matricules, affirmant ainsi **la prédominance de leur timbre de voix** et de leurs paroles sur leur identité propre.
- On note l'absence de didascalie. L'autrice ne dit rien du physique et de l'âge de ses personnages, les rendant interchangeables ; elle ne donne pas plus d'indications sur la date, le lieu et le décor de la scène, suggérant **un vide** que seule la parole peut combler.
- Le spectateur ne dispose que d'un repère spatial : H. 1 s'est déplacé chez H. 2 ; l'action se déroule donc chez ce dernier (« C'est un peu pour ça que je suis venu »).

Conclusion partielle : Dans un espace et une temporalité indéfinis, Sarraute met en scène deux protagonistes dont le langage seul semble porteur de l'action dramatique.

Une demande explicite qui tourne court

- Cette exposition débute *in media res* : le spectateur est introduit d'emblée dans une conversation en cours, H. 1 venant d'arriver chez H. 2.
- Dès les premières lignes, le thème est posé : H. 1 veut connaître la raison qui a poussé son ami à s'éloigner de lui. **Ses questions explicites** témoignent du malaise qui s'est instauré entre eux (« que s'est-il passé ? » ; « Qu'est-ce que tu as contre moi ? »).
- H. 2 **se dérobe** cependant à l'échange que tente d'engager H. 1 (« Mais rien... Pourquoi ? » ...) en évoquant sa réserve naturelle (« je prends rarement l'initiative, j'ai peur de déranger »).

Conclusion partielle et transition : Le spectateur est d'emblée intrigué par l'attitude opposée des deux protagonistes : la volonté de comprendre de l'un se heurte à l'attitude fuyante de l'autre.

MOUVEMENT 2

Un dialogue fracturé

H. 2 : Mais que veux-tu qu'il y ait ?
H.1. : C'est justement ce que je me demande. J'ai beau chercher… jamais… depuis tant d'années… il n'y a jamais rien eu entre nous… rien dont je me souvienne…
H. 2 : Moi, par contre, il y a des choses que je n'oublie pas. Tu as toujours été très chic… il y a eu des circonstances…
H. 1 : Oh qu'est-ce que c'est ? Toi aussi, tu as toujours été parfait… un ami sûr… Tu te souviens comme on attendrissait ta mère ? …
H. 2 : Oui, pauvre maman… Elle t'aimait bien… elle me disait : « Ah lui, au moins, c'est un vrai copain, tu pourras toujours compter sur lui. » C'est ce que j'ai fait, d'ailleurs.

Une communication laborieuse

- Mais H. 1 s'obstine et sa demande vire à **l'enquête** : il décide de « chercher » dans ses souvenirs et les tréfonds de sa mémoire la raison de leur éloignement (« J'ai beau chercher... », « rien dont je ne me souvienne... »).
- La présence de **nombreux indéfinis** qui ponctuent les échanges (« quelque chose », « rien » ...) ainsi que les négations multiples (« jamais », « il n'y a jamais rien eu » ...) traduisent le caractère infructueux de cette recherche.
- Les phrases incomplètes, terminées par **des points de suspension** (« J'ai beau chercher... jamais... »), se succèdent. Entravant toute progression, ces ruptures témoignent d'une parole qui se dérobe et se délite.

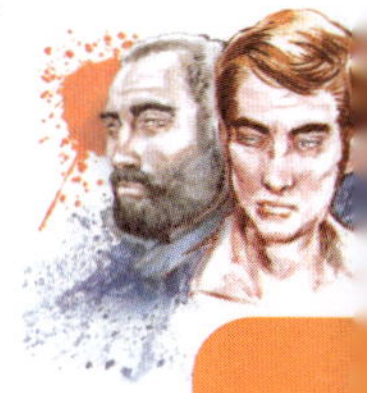

Conclusion partielle : Face à H. 2, fuyant, H. 1 semble se débattre avec ses souvenirs et le langage, impuissant à trouver le moindre indice.

Une amitié d'enfance indéfectible ?

- Au désir d'avancer de H. 1, H. 2 répond à nouveau par **une tentative de fuite**, en vantant les mérites et un aspect de la personnalité de son ami (« tu as toujours été très chic »), pensant peut-être, par la conciliation, mettre un terme aux questions de H. 1.
- Les échanges des deux protagonistes font émerger un passé commun (« depuis tant d'années ») et **une amitié longue** qui paraît exemplaire (« tu as toujours été parfait », « un vrai copain »).
- L'allusion à la mère décédée de H. 2 (Oui, pauvre maman... ») réaffirme le poids de cette enfance partagée, source d'**une connivence solide** qui paraissait indestructible aux yeux des autres (« un ami sûr », « tu pourras toujours compter sur lui »).

Conclusion partielle et transition : L'évocation heureuse de leur enfance commune serait susceptible de créer un terrain favorable au rapprochement des deux protagonistes.

MOUVEMENT 3

Une « sous-conversation » révélatrice

H. 1 : Alors ?
H. 2, *hausse les épaules* : ... Alors... que veux-tu que je te dise !
H. 1 : Si, dis-moi... je te connais trop bien : il y a quelque chose de changé... Tu étais toujours à une certaine distance... de tout le monde, du reste... mais maintenant avec moi... encore l'autre jour, au téléphone... tu étais à l'autre bout du monde... ça me fait de la peine, tu sais...
H. 2, *dans un élan* : Mais moi aussi, figure-toi...
H. 1 : Ah tu vois, j'ai donc raison...

Le poids des non-dits

- La question spontanée de H. 1, marquée par l'adverbe « Alors ? », souligne son incompréhension et donne à penser au spectateur que le conflit ne se fonde que sur un petit « rien » d'**apparence bénigne**.
- La didascalie « *hausse les épaules* » trahit le manque de courage de H. 2, sa gêne (« que veux-tu que je te dise ! »), mais aussi et surtout, la réalité d'**un drame intérieur**.
- Impuissante à retranscrire un sentiment enfoui, la réponse de H. 2 se perd dans les non-dits **des points de suspension** (« Alors… »), sorte de « sous-conversation », et le silence qui en découle.

Conclusion partielle : Au-delà de la banalité de la conversation qui peine à avancer, le spectateur commence à deviner un drame intérieur.

L'amorce d'un conflit

- L'attitude de H. 2 perturbe le caractère déterminé de H. 1, ses certitudes (« je te connais trop bien ») et ébranle son système de pensée (« il y a quelque chose de changé »).
- La tentative initiale de rapprochement fait place au **reproche** : H. 2, jugé marginal, à l'écart de « tout le monde », a également installé entre eux « une certaine distance » (« à l'autre bout du monde »), suggérant ainsi une incompatibilité.
- Le bref geste final de H. 2, signalé par la didascalie « *dans un élan* », dévoile une envie de rapprochement, suscitée par un « tropisme ». Mais il est interrompu par la réplique de H. 1, (« Ah tu vois, j'ai donc raison… ») qui amorce **un conflit futur**.

Conclusion partielle : La raison du désaccord entre les deux hommes n'est pas encore révélée, mais leur difficulté à se faire comprendre par le langage annonce déjà que, par ses non-dits, l'avenir de leur amitié est fortement compromis.

Conclusion

Bilan

Au-delà de cette amitié menacée, le spectateur devine, dès ce début, que l'action se situe dans ce que les protagonistes ne disent pas, leur sous-conversation dissimulée par la conversation réelle, qu'il faudra décrypter pour saisir leurs véritables intentions.

Ouverture

Dans « *Art* » (1994), Yasmina Reza campe, à l'instar de Sarraute, des amis dont la relation vacille à l'occasion de l'achat, par l'un d'eux, d'un tableau monochrome blanc, payé au prix fort, révélant une perception du monde radicalement différente entre eux.

> « On ne devrait jamais laisser ses amis sans surveillance. Il faut toujours surveiller ses amis. Sinon, ils vous échappent. »

Yasmina Reza, *Art*, 1994.

Explication de texte n° 10

François Rabelais *Gargantua*

(1534)

▶ Retrouve en vidéo la lecture expressive

hatier-clic.fr/MC_e10

La bonne éducation selon Ponocrates

Ponocrates[1] organisa alors son emploi du temps de manière à ce qu'il ne perde aucune heure de la journée et se consacre pleinement aux lettres et au savoir digne d'un homme libre.

Gargantua se réveillait donc vers quatre heures du matin. Pendant qu'on le frictionnait, on lui lisait quelque page des saintes Écritures, à voix haute et claire, avec la bonne prononciation. Un jeune page nommé Anagnostes[2], natif de Basché[3], était chargé de cette tâche.

Selon le thème et la leçon de cette lecture, il arrivait souvent à Gargantua de révérer, adorer, prier et implorer le bon Dieu, lorsque le passage lu en montrait la majesté et l'extraordinaire jugement. Puis il se rendait aux toilettes afin d'éliminer le produit des digestions naturelles. Là, son précepteur répétait ce qui avait été lu en lui expliquant les points les plus obscurs et difficiles.

À leur retour, ils considéraient l'état du ciel et vérifiaient s'il se trouvait tel qu'ils l'avaient observé la veille au soir. Ils se demandaient aussi dans quels signes[4] le soleil et la lune entraient ce jour-là.

Cela fait, il était habillé, peigné, apprêté, préparé et parfumé. Pendant ce temps, on lui répétait les leçons de la veille. Lui-même les récitait par cœur et y appliquait quelque exemple concret sur la condition humaine, parfois durant deux ou trois heures. Mais, ordinairement, ils s'interrompaient lorsqu'il était complètement habillé. Alors, durant trois bonnes heures, on lui faisait la lecture.

Cela fait, ils sortaient, toujours en discutant des enseignements de la lecture, et se rendaient à la Bracque[5] ou sur un pré, pour jouer à la balle, à la paume, à la pile trigone[6]. Ils s'exerçaient ainsi gaillardement le corps, comme auparavant ils s'étaient exercé l'esprit.

François Rabelais, *Gargantua* (édition de 1542), translation en français moderne par Gérard Milhe Poutingon, chap. 23 (p. 148 dans l'édition Classiques & Cie lycée, © Hatier, 2021).

1. **Ponocrates :** signifie en grec « travailleur, très résistant à la fatigue ».
2. **Anagnostes :** « lecteur », en grec.
3. **Basché :** près de Chinon où est né Rabelais, situé aujourd'hui dans le département d'Indre-et-Loire.
4. **Signes :** signes du zodiaque, utilisés pour décrire le ciel sans pour autant faire de l'astrologie.
5. **La Bracque :** lieu où se trouvait un jeu de paume, ancêtre du tennis.
6. **La pile trigone :** jeu de balle à trois joueurs.

Introduction

Accroche

La vie de Rabelais ainsi que son œuvre reflètent l'effervescence de la Renaissance, portée par un idéal de sagesse et de connaissance universelle. Médecin, homme d'Église, lettré, Rabelais a le désir de réformer l'homme. Après *Pantagruel* (1532), censuré par la Sorbonne, il publie *Gargantua* (1534), dans lequel s'expriment pleinement ses idées humanistes.

Situation

Le premier précepteur de Gargantua, Maître Thubal Holoferne, ne sachant qu'abrutir son élève par ses méthodes scolastiques et stériles héritées du Moyen Âge, Grandgousier décide d'envoyer son fils étudier à Paris, sous la direction du sage et humaniste Ponocrates.

Problématique

En quoi cette nouvelle éducation de Gargantua est-elle un manifeste de la pensée humaniste ?

Mouvements

1) La priorité donnée au savoir (l. 1-10). L'éducation dispensée par Ponocrates permet à Gargantua d'acquérir des connaissances fondées sur les textes originels et d'exercer son jugement.

2) Une éducation respectueuse du corps et de l'esprit (l. 10-15). Elle se libère des principes archaïques du Moyen Âge en réhabilitant le corps et s'inscrit dans une vision humaniste de l'univers.

3) Un homme complet ouvert sur le monde (l. 16-23). Loin d'être le dépositaire d'un savoir purement livresque, l'élève exerce sa réflexion sur le monde et échange avec les autres.

MOUVEMENT 1 La priorité donnée au savoir

Ponocrates organisa alors son emploi du temps de manière à ce qu'il ne perde aucune heure de la journée et se consacre pleinement aux lettres et au savoir digne d'un homme libre.

Gargantua se réveillait donc vers quatre heures du matin. Pendant qu'on le frictionnait, on lui lisait quelque page des saintes Écritures, à voix haute et claire, avec la bonne prononciation. Un jeune page nommé Anagnostes, natif de Basché, était chargé de cette tâche.

Selon le thème et la leçon de cette lecture, il arrivait souvent à Gargantua de révérer, adorer, prier et implorer le bon Dieu, lorsque le passage lu en montrait la majesté et l'extraordinaire jugement.

› Une organisation du temps rigoureuse

- Le nouvel emploi du temps de Gargantua est dense et entièrement **optimisé** par Ponocrates (« de manière à ce qu'il ne perde aucune heure de la journée ») : il commence tôt, « vers quatre heures du matin », comme pour tous les autres étudiants de l'époque.
- L'imparfait à valeur itérative (« se réveillait », « frictionnait », « lisait » …) souligne l'importance de **cette régularité**, fondamentale pour assimiler l'ensemble du savoir.
- La journée est consacrée aux « lettres » et au « savoir » : Rabelais sous-entend que l'accès à la connaissance n'est possible que par **l'apprentissage des textes originaux** (grecs, latins, hébreux…) et **des savoirs scientifiques** (arithmétique, géométrie…), nécessaires à la formation d'un homme complet, apte à réfléchir et à exercer sa sagesse, donc « libre ».

Conclusion partielle : L'objectif de ce nouvel emploi temps bien rempli est de former Gargantua afin qu'il devienne un homme idéal, dépositaire des savoirs de son temps.

› L'accès direct à la parole divine

- La simultanéité des actions (« Pendant qu'on le frictionnait, on lui lisait… ») montre que **les besoins du corps** ne sont pas délaissés par les apprentissages, chaque moment étant occupé à cet objectif.
- La journée commence par l'instruction religieuse, héritée du Moyen Âge. Mais à la dévotion passive et à la pratique mécanique d'alors, se substitue l'étude des textes bibliques (« saintes Écritures ») lus avec une prononciation correcte par le page Anagnostes.
- L'écoute de ces textes sacrés originels, sans commentaires théologiques, sans intermédiaires susceptibles d'en défigurer le sens, permet à l'élève de retrouver **une foi sincère** qui n'est plus fondée sur la crainte de Dieu, mais sur son amour (« adorer, prier […] le bon Dieu », « majesté »).

Conclusion partielle et transition : Rabelais ne rompt pas avec l'idée d'un Dieu tout-puissant, mais préconise un changement par la redécouverte des textes originels.

MOUVEMENT 2

Une éducation respectueuse du corps et de l'esprit

Puis il se rendait aux toilettes afin d'éliminer le produit des digestions naturelles. Là, son précepteur répétait ce qui avait été lu en lui expliquant les points les plus obscurs et difficiles.

À leur retour, ils considéraient l'état du ciel et vérifiaient s'il se trouvait tel qu'ils l'avaient observé la veille au soir. Ils se demandaient aussi dans quels signes le soleil et la lune entraient ce jour-là.

Libérer le corps et l'esprit

- Avec **cette ironie joyeuse** qui caractérise son œuvre, Rabelais associe la purification corporelle (« éliminer le produit des digestions naturelles ») à l'éclaircissement des aspects les plus complexes de la Bible (« les points les plus obscurs et les plus difficiles »).
- À l'écoute des textes succède en effet leur « répétition », élément important de la méthodologie du précepteur qui ne se contente pas de marmonner des litanies machinales incomprises.
- Au-delà de cette analogie scatologique burlesque, l'auteur délivre un message sérieux : le fonctionnement du **corps est intrinsèquement lié à celui de l'esprit**.

Conclusion partielle : Le rire rabelaisien lié au « bas corporel » invite le lecteur à réfléchir pour changer son rapport à Dieu et au corps.

Observer et questionner le monde

- Les activités de Gargantua s'enchaînent : aux textes bibliques succède aussitôt l'observation de « l'état du ciel », c'est-à-dire l'astronomie, l'étude des astres et de la structure de l'univers. L'élève s'intéresse ainsi au monde qui n'est plus clos sur lui-même, mais **ouvert**.
- Comme l'atteste l'emploi du champ lexical de la démonstration (« vérifiaient », « avaient observé », « se demandaient »), cette nouvelle éducation fait écho aux méthodes des savants humanistes fondées sur **l'observation** et **le raisonnement**.
- Rabelais évoque ici implicitement **les récentes découvertes** de l'époque, comme le modèle héliocentrique proposé par Copernic en 1513 qui – en opposition à la théorie du géocentrisme – fait tourner la Terre autour du Soleil.

Conclusion partielle et transition : Dénonçant implicitement l'enseignement traditionnel défendu par l'Église et les universités de l'époque, Rabelais fait l'éloge d'un enseignement ouvert au nouvel esprit scientifique.

MOUVEMENT 3 Un homme complet ouvert sur le monde

Cela fait, il était habillé, peigné, apprêté, préparé et parfumé. Pendant ce temps, on lui répétait les leçons de la veille. Lui-même les récitait par cœur et y appliquait quelque exemple concret sur la condition humaine, parfois durant deux ou trois heures. Mais, ordinairement, ils s'interrompaient lorsqu'il était complètement habillé. Alors, durant trois bonnes heures, on lui faisait la lecture.

Cela fait, ils sortaient, toujours en discutant des enseignements de la lecture, et se rendaient à la Bracque ou sur un pré, pour jouer à la balle, à la paume, à la pile trigone. Ils s'exerçaient ainsi gaillardement le corps, comme auparavant ils s'étaient exercé l'esprit.

L'élève acteur de son apprentissage

- La première phrase de ce passage, dont les verbes ponctuent la progression des actions (« il était habillé, peigné, apprêté... »), témoigne de l'attention toute nouvelle portée aux **règles hygiéniques** méprisées par l'enseignement scolastique qui considérait que le corps devait être ignoré, car diabolique. Le soin du corps est associé à nouveau à celui de l'esprit (« Pendant ce temps, on lui répétait les leçons de la veille »).
- L'élève qui s'est approprié désormais ses connaissances, est **pleinement actif** et met en pratique ce qu'il a appris (« et y appliquait quelque exemple concret »), en prenant son temps (« durant deux ou trois heures »). Gargantua est prêt à approfondir sa réflexion et à s'interroger sur la vie (« la condition humaine »).

Conclusion partielle : L'éducation humaniste amène l'élève instruit à participer pleinement à sa propre formation par la réflexion, et le prépare à la vie réelle.

Un être social, doté de raison

- Vient ensuite le temps de la lecture : même si Rabelais ne précise pas quels sont les livres étudiés, on peut penser que les « trois bonnes heures » sont consacrées notamment à **la lecture des grands auteurs grecs et latins** de l'Antiquité, tels que Platon et Cicéron.
- L'élève fait à présent preuve d'**esprit critique** en « discutant » de ses enseignements, mis à l'épreuve des faits et de la raison. À l'encontre du rigorisme exercé par l'université, l'autorité du maître n'est donc plus considérée comme étant incontestable et infaillible.
- La formation de Gargantua est complétée par **un entraînement physique** (« jouer à la balle, à la paume, à la pile trigone »). Il pratique des sports collectifs, développant ainsi des aptitudes sociales.

Conclusion partielle : Conformément aux humanistes qui s'inspiraient du poète latin Juvénal (I-IIe siècle après J.-C.) recommandant « un esprit sain dans un corps sain », Rabelais préconise un équilibre des facultés morales et physiques en réhabilitant la pratique sportive en équipe.

Conclusion

Bilan

Cette incroyable accumulation de savoirs et de savoir-faire est bien à la mesure du géant qu'est Gargantua. Si cet emploi du temps, très chargé, semble utopique pour un étudiant d'aujourd'hui, il n'en reste pas moins un modèle d'activités intellectuelles et d'exercices physiques. Cette formation harmonieuse de l'esprit et du corps, chère aux humanistes et prônée par Rabelais, qui privilégie l'action de l'homme sur lui-même et le monde qui l'entoure, demeure universelle et intemporelle.

Ouverture

Au XVIIIe siècle, les philosophes des Lumières développeront également les principes d'une éducation idéale fondée sur l'observation, le travail manuel et les exercices physiques, permettant ainsi de former un homme social et libre.

Explication de texte n° 11

Jean de La Bruyère *Les Caractères*

(1688)

▶ Retrouve en vidéo la lecture expressive
hatier-clic.fr/MC_e11

Arrias (livre V, 9)

Arrias a tout lu, a tout vu, il veut le persuader ainsi ; c'est un homme universel, et il se donne pour tel : il aime mieux mentir que de se taire ou de paraître ignorer quelque chose. On parle à la table d'un grand[1] d'une cour du Nord : il prend la parole, et l'ôte à ceux qui allaient dire ce qu'ils en savent ; il s'oriente dans cette région lointaine comme s'il en était originaire ; il discourt des mœurs de cette cour, des femmes du pays, de ses lois et de ses coutumes ; il récite des historiettes qui y sont arrivées ; il les trouve plaisantes, et il en rit le premier jusqu'à éclater. Quelqu'un se hasarde de le contredire, et lui prouve nettement qu'il dit des choses qui ne sont pas vraies. Arrias ne se trouble point, prend feu au contraire contre l'interrupteur : « Je n'avance, lui dit-il, je ne raconte rien que je ne sache d'original : je l'ai appris de *Sethon*, ambassadeur de France dans cette cour, revenu à Paris depuis quelques jours, que je connais familièrement, que j'ai fort interrogé, et qui ne m'a caché aucune circonstance. » Il reprenait le fil de sa narration avec plus de confiance qu'il ne l'avait commencée, lorsque l'un des conviés lui dit : « C'est Sethon à qui vous parlez, lui-même, et qui arrive de son ambassade. »

Jean de La Bruyère, *Les Caractères*, « De la société et de la conversation » (V), 1688 (p. 25 dans l'édition Classiques & Cie lycée).

1. **Un grand** : un prince.

Introduction

› Accroche

Peu passionné par son métier d'avocat, La Bruyère devient, en 1684, le précepteur du petit-fils du Grand Condé, puis en 1686, secrétaire de la famille des Condé. Cette charge lui offre un vaste champ d'observation, à Versailles, Paris et Chantilly, des hommes de la cour et de la société de son temps. À partir de 1688, il consigne cette vaste « comédie humaine » dans son œuvre, *Les Caractères*, et ne cessera de la corriger et de l'enrichir jusqu'à sa mort, en 1696.

Situation

La Bruyère se donne un double objectif qu'il explicite dans sa « Préface » : peindre ses contemporains et les aider à se corriger de leurs défauts. Comme tous les moralistes de son temps, il cherche aussi à saisir, chez ses contemporains, les traits de la nature humaine. Dans le livre V, consacré à l'art de la conversation, il croque notamment le caractère vantard d'Arrias.

Problématique

En quoi la peinture d'Arrias est-elle une critique de la société du XVIIe siècle, fondée sur le règne du paraître ?

Mouvements

1) La satire d'un caractère (l. 1-3). L'auteur annonce son intention de faire la caricature du pédant.

2 Le pédant en action (l. 3-7). La Bruyère place son personnage en situation lors d'une conversation dans un dîner mondain.

3) Un fâcheux contradicteur (l. 8-13). Un personnage intervient pour interrompre et contredire le monologue d'Arrias.

4) Une chute ironique (l. 13-15). Le pédant est pris en flagrant délit de mensonge et ridiculisé.

MOUVEMENT 1 la satire d'un caractère

Arrias a tout lu, a tout vu, il veut le persuader ainsi ; c'est un homme universel, et il se donne pour tel : il aime mieux mentir que de se taire ou de paraître ignorer quelque chose.

Un personnage excessif

- Le personnage est présenté dès l'ouverture par son nom (« *Arrias* ») et son caractère pédant est immédiatement révélé par **l'hyperbole** inaugurale « a tout lu, a tout vu ».
- Le lecteur devine que l'auteur ne brossera pas le portrait physique d'Arrias, seul **son caractère moral outrancier** semblant intéresser ici le moraliste.
- Cette prétention de savoir universel d'Arrias, mise en valeur par la répétition du pronom « tout », annonce **un portrait satirique**, composé par le regard acéré et ironique de l'auteur.

Conclusion partielle : La Bruyère révèle d'emblée ses intentions de peindre un type, celui du pédant, et de s'en moquer.

L'avertissement du moraliste

- Arrias revendique un statut d'encyclopédiste (« un homme universel », un homme qui sait tout), mais cette suffisance est rapidement contredite par le parallélisme de la construction : « il veut le persuader » puis « il se donne pour tel ». Le personnage est présenté comme quelqu'un qui **joue un rôle** et qui ment.
- La Bruyère **met ainsi en garde** le lecteur contre les travers du personnage, notamment par le comparatif de supériorité de la seconde partie de la phrase : « il aime mieux mentir que de se taire… ».
- Le présent de l'indicatif, à valeur de vérité générale (« il aime mieux… »), enrichi par les deux infinitifs (« se taire », « paraître ignorer »), présente le comportement vaniteux d'Arrias comme un trait de caractère permanent. Ce personnage est donc à l'opposé de l'idéal aristocratique de la cour : loin d'être un honnête homme, il est **dépourvu de toute mesure** et de toute réserve.

Conclusion partielle et transition : Arrias n'incarne pas les valeurs chères au classicisme de l'époque : c'est un ignorant qui se donne la posture d'un savant.

MOUVEMENT 2 Le pédant en action

On parle à la table d'un grand d'une cour du Nord : il prend la parole, et l'ôte à ceux qui allaient dire ce qu'ils en savent ; il s'oriente dans cette région lointaine comme s'il en était originaire ; il discourt des mœurs de cette cour, des femmes du pays, de ses lois et de ses coutumes ; il récite des historiettes qui y sont arrivées ; il les trouve plaisantes, et il en rit le premier jusqu'à éclater.

Une conversation mondaine

- Pour illustrer son propos, l'auteur prolonge son portrait par **une anecdote** qui met Arrias en situation : on se retrouve ainsi plongé dans une conversation mondaine en cours qui a lieu autour d'un repas donné par un prince (« à la table d'un grand »), au sujet « d'une cour du Nord ».
- Le pronom indéfini « on », désignant les invités au repas organisé par le prince, s'efface brutalement au profit du pronom « il » : Arrias, impoli, coupe subitement la parole et la **monopolise**, comme le souligne l'anaphore (« il prend la parole… », « il s'oriente… », « il discourt… »…).
- Par **son attitude importune**, Arrias montre qu'il ne connaît pas les règles de politesse de l'honnête homme qui, par son raffinement et sa discrétion, maîtrise l'art de parler en société.

Conclusion partielle : Pour éveiller l'intérêt du lecteur, l'auteur plonge le pédant dans un cadre apte à révéler son manque de savoir-vivre.

› Arrias, acteur et metteur en scène

- À la monopolisation du temps de parole s'ajoute **la vacuité du discours** d'Arrias qui parle pour ne rien dire, comme le soulignent les verbes (« discourt », « récite »).
- Après avoir coupé la parole sans vergogne « à ceux qui allaient dire ce qu'ils en savent », Arrias, comme s'il y était né (« comme s'il en était originaire »), tel **un anthropologue** ou un grand voyageur fin observateur de la région, abreuve les convives de considérations pseudo-savantes sur les « mœurs de la cour », « les femmes du pays », « ses lois » et « ses coutumes ».
- Le diminutif -ette (« historiettes ») insiste sur la fatuité et **la fourberie** du personnage qui n'hésite pas à relater de petits événements, pour prouver sa subtile connaissance de la région, et à en « éclater » de rire. Indifférent au regard des autres, Arrias, seul, apprécie son récit.

Conclusion partielle et transition : La Bruyère montre tout l'art de paraître du vantard qui n'hésite pas à se mettre en scène devant les convives jusqu'à devenir son propre spectateur en riant de ses histoires.

MOUVEMENT 3

Un fâcheux contradicteur

Quelqu'un se hasarde de le contredire, et lui prouve nettement qu'il dit des choses qui ne sont pas vraies. Arrias ne se trouble point, prend feu au contraire contre l'interrupteur : « Je n'avance, lui dit-il, je ne raconte rien que je ne sache d'original : je l'ai appris de *Sethon*, ambassadeur de France dans cette cour, revenu à Paris depuis quelques jours, que je connais familièrement, que j'ai fort interrogé, et qui ne m'a caché aucune circonstance. »

› Une défense irréfléchie

- C'est alors qu'un convive anonyme intervient pour le « contredire » en lui apportant **des preuves tangibles de ses mensonges**, la solidité de son discours étant suggérée par le champ lexical de la vérité (« prouve nettement », « choses qui ne sont pas vraies »).
- La métaphore « prend feu » montre l'arrogance instinctive d'Arrias qui, loin de perdre contenance et de revenir à la raison, contredit lui-même son « interrupteur ». Mise en relief par le discours direct, la réponse d'Arrias repose sur **un argument d'autorité** (« je l'ai appris de *Sethon*, ambassadeur de France… ») – que nul ne peut contester – étayé par l'effet cumulatif de trois propositions subordonnées relatives (« que je connais familièrement, que j'ai fort interrogé, et qui ne m'a caché… »), chargées d'emporter définitivement l'adhésion des convives et de faire taire cet invité intrusif.

Conclusion partielle : L'auteur prépare la fin de l'anecdote en plaçant ironiquement son orgueilleux personnage dans une situation délicate dont il croit avoir triomphé.

MOUVEMENT 4

Une chute ironique

Il reprenait le fil de sa narration avec plus de confiance qu'il ne l'avait commencée, lorsque l'un des conviés lui dit : « C'est Sethon à qui vous parlez, lui-même, et qui arrive de son ambassade. »

Le pédant ridiculisé

- Alors qu'Arrias est persuadé d'avoir confondu son interlocuteur et poursuit sur sa lancée (« Il reprenait le fil de sa narration... »), la conjonction de subordination « lorsque » amène **un retournement de situation** brutal (« lorsque l'un des conviés lui dit... »).
- Un convive anonyme lui révèle l'identité de ce fameux « interrupteur », qui n'est autre que Sethon lui-même, dévoilant ainsi implicitement **l'imposture** d'Arrias.
- Ce coup de théâtre est d'autant plus **plaisant** que l'auteur ne donne pas à voir la réaction des convives, ni surtout celle d'Arrias que le lecteur peut imaginer.

Conclusion partielle : Par une chute inattendue, La Bruyère se plaît à se moquer de son personnage en le punissant de ses mensonges et de sa vantardise, tout en faisant rire le lecteur.

Conclusion

Bilan

Dans ce texte, La Bruyère fait l'anti-portrait de l'honnête homme, en mettant en scène un Arrias vantard et narcissique. Avec une ironie mordante, le moraliste dénonce ainsi un vice de ses contemporains et montre comment la société aristocratique de l'époque n'est qu'un vaste théâtre où chacun ne fait que jouer un rôle.

Ouverture

La vision pessimiste de La Bruyère sur l'homme fait écho à celle de La Rochefoucauld qui, à la même époque, fait paraître ses *Maximes*, s'attachant à décrire une humanité pervertie par un égoïsme forcené. Voici ce que ce moraliste écrit du pédant :

> « Comme c'est le caractère des grands esprits de faire entendre en peu de paroles beaucoup de choses, les petits esprits au contraire ont le don de beaucoup parler, et de ne rien dire. »

François de La Rochefoucauld, *Réflexions ou sentences et maximes morales*, 1665.

Explication de texte n° 12

Olympe de Gouges *Déclaration des droits de la femme et de la citoyenne* (1791)

▶ Retrouve en vidéo la lecture expressive

hatier-clic.fr/MC_e12

À décréter par l'Assemblée nationale dans ses dernières séances ou dans celle de la prochaine législature.

Préambule

Les mères, les filles, les sœurs, représentantes de la nation, demandent d'être constituées en Assemblée nationale. Considérant que l'ignorance, l'oubli ou le mépris des droits de la femme sont les seules causes des malheurs publics et de la corruption des gouvernements, [elles] ont résolu d'exposer dans une déclaration solennelle, les droits naturels, inaliénables et sacrés de la femme, afin que cette déclaration constamment présente à tous les membres du corps social, leur rappelle sans cesse leurs droits et leurs devoirs, afin que les actes du pouvoir des femmes, et ceux du pouvoir des hommes pouvant être à chaque instant comparés avec le but de toute institution politique, en soient plus respectés, afin que les réclamations des citoyennes, fondées désormais sur des principes simples et incontestables, tournent toujours au maintien de la Constitution, des bonnes mœurs, et au bonheur de tous.

En conséquence, le sexe supérieur, en beauté comme en courage dans les souffrances maternelles, reconnaît et déclare, en présence et sous les auspices de l'Être-Suprême, les droits suivants de la femme et de la citoyenne.

ARTICLE PREMIER

La femme naît libre et demeure égale à l'homme en droits. Les distinctions sociales ne peuvent être fondées que sur l'utilité commune.

ARTICLE II

Le but de toute association politique est la conservation des droits naturels et imprescriptibles de la femme et de l'homme : ces droits sont la liberté, la propriété, la sûreté et surtout la résistance à l'oppression.

Olympe de Gouges, *Déclaration des droits de la femme et de la citoyenne*, 1791 (p. 25 dans l'édition Classiques & Cie lycée).

Introduction

Accroche

Olympe de Gouges est une figure importante et combative de la Révolution française, réputée pour ses nombreux écrits et ses divers engagements, notamment en faveur des femmes.

Situation

Lorsque paraît sa *Déclaration*, le 14 septembre 1791, le roi Louis XVI est très attaqué dans le royaume de France et vient d'accepter la première constitution de 1789. Attachée à la monarchie française, l'autrice dédicace cette *Déclaration* à la reine Marie-Antoinette, afin de l'exhorter à défendre la cause des femmes. Le texte comporte, à la suite de la dédicace, une exhortation aux hommes, puis un préambule suivi de dix-sept articles de loi qui revendiquent un statut juridique, politique et social pour les femmes. Il se clôt par un postambule qui appelle les femmes à s'emparer de leurs droits.

Problématique

Comment Olympe de Gouges, par ce préambule et ces deux premiers articles, parvient-elle à convaincre les femmes de la légitimité de sa lutte ?

Mouvements

1) Une nouvelle Assemblée (l. 1-4). Olympe de Gouges demande qu'une nouvelle Assemblée nationale soit formée, qui comprenne des femmes.

2) Le bien-fondé d'une nouvelle Déclaration (l. 4-13). L'autrice développe une argumentation rigoureuse justifiant la réécriture de la Déclaration.

3) Des droits politiques et juridiques pour tous (l. 14-21). Elle réécrit les premiers articles selon un principe d'égalité totale entre les hommes et les femmes.

MOUVEMENT 1 Une nouvelle Assemblée

À décréter par l'Assemblée nationale dans ses dernières séances ou dans celle de la prochaine législature.

Préambule

Les mères, les filles, les sœurs, représentantes de la nation, demandent d'être constituées en Assemblée nationale.

La demande de constitution en Assemblée nationale

- L'autrice réécrit la *Déclaration des droits de l'homme et du citoyen* en reprenant le vocabulaire et la syntaxe, mais en les corrigeant afin d'y intégrer les femmes : elle dénonce ainsi leur mise à l'écart et donc **l'absence de portée universelle** du texte voté par les hommes le 26 août 1789.

- Elle commence le Préambule sur un ton solennel en remplaçant le premier terme du texte initial, « Les représentants du peuple français », par l'énumération ternaire « Les mères, les filles, les sœurs » : cette formulation lui permet d'englober **les différentes catégories de femmes** telles qu'on peut alors les distinguer dans le cadre du foyer familial, où elles jouent un rôle majeur.
- Les femmes exigent (« demandent ») d'être les « représentantes de la nation », au même titre que les hommes : elles doivent pouvoir être élues à l'Assemblée nationale constituante, qui a la charge d'élaborer **la nouvelle Constitution**, et représenter ainsi la nation au même titre que les hommes.

Conclusion partielle : Olympe de Gouges en appelle implicitement à une nouvelle révolution en invitant les femmes à se constituer en Assemblée nationale, de manière à pouvoir définir les lois et participer comme les hommes au changement de la société.

MOUVEMENT 2

Le bien-fondé d'une nouvelle Déclaration

Considérant que l'ignorance, l'oubli ou le mépris des droits de la femme sont les seules causes des malheurs publics et de la corruption des gouvernements, [elles] ont résolu d'exposer dans une déclaration solennelle, les droits naturels, inaliénables et sacrés de la femme, afin que cette déclaration constamment présente à tous les membres du corps social, leur rappelle sans cesse leurs droits et leurs devoirs, afin que les actes du pouvoir des femmes, et ceux du pouvoir des hommes pouvant être à chaque instant comparés avec le but de toute institution politique, en soient plus respectés, afin que les réclamations des citoyennes, fondées désormais sur des principes simples et incontestables, tournent toujours au maintien de la Constitution, des bonnes mœurs, et au bonheur de tous.

Restaurer les droits des femmes

- Olympe de Gouges justifie cette nouvelle Déclaration par une longue phrase oratoire, construite autour d'une proposition principale et de trois propositions subordonnées de but qui en décrivent **les objectifs** avec méthode.
- Dans la première partie de la phrase (« Considérant que… »), l'autrice reproche aux hommes **leur misogynie** (« l'ignorance, l'oubli ou le mépris des droits de la femme ») qui exclut les femmes de la scène politique et engendre les dysfonctionnements de la société (« malheurs publics », « corruption des gouvernements »).
- Le passé composé « ont résolu » marque la détermination inébranlable des femmes à élaborer cette nouvelle Déclaration en réaction à cette injustice.
- L'énumération des trois adjectifs (« naturels », « inaliénables », « sacrés ») rappelle que cette nouvelle Déclaration se doit de restaurer **les droits de la nature** que nul ne peut enlever ni céder, et qui demeurent donc inviolables.

Conclusion partielle : L'autrice exige que soient restaurés les droits sacrés de la femme afin de mettre un terme aux malheurs de la société.

Améliorer la société

- L'adverbe « constamment », renforcé par les locutions adverbiales « sans cesse » et « à chaque instant », souligne la nécessité absolue de respecter ces droits pour **toutes les personnes qui composent la société** (« les membres du corps social »), hommes et femmes comprises.
- Cette égalité totale entre les hommes et les femmes doit être un combat de tous les instants (« cette déclaration constamment présente ») : elle ne peut en effet être maintenue que si chacun et chacune respectent ses « droits » et ses « devoirs », c'est-à-dire ce qu'il est **tenu d'exiger et de faire**.
- La deuxième proposition subordonnée de but (« afin que les actes du pouvoir des femmes… ») redit ce principe de stricte égalité entre le « pouvoir » des hommes et celui des femmes, qui doivent pouvoir être « comparés » pour en vérifier **l'équilibre**.
- La dernière proposition subordonnée (« afin que les réclamations des citoyennes… ») évoque un passé d'injustices, révolu avec l'adverbe « désormais ». La société tout entière – et pas seulement les femmes – bénéficiera de cette nouvelle Déclaration qui vise **la stabilité politique** (« maintien de la Constitution), **le « bonheur »** individuel de tous et **l'équilibre social** (« bonnes mœurs »).

Conclusion partielle et transition : La nouvelle *Déclaration* garantira un équilibre parfait entre les droits des femmes et ceux des hommes, mais aura également une action bénéfique sur l'ensemble de la société en favorisant le bonheur de tous.

MOUVEMENT 3 Des droits politiques et juridiques pour tous

En conséquence, le sexe supérieur en beauté comme en courage, dans les souffrances maternelles, reconnaît et déclare, en présence et sous les auspices de l'Être-Suprême, les droits suivants de la femme et de la citoyenne.

ARTICLE PREMIER

La femme naît libre et demeure égale à l'homme en droits. Les distinctions sociales ne peuvent être fondées que sur l'utilité commune.

ARTICLE II

Le but de toute association politique est la conservation des droits naturels et imprescriptibles de la femme et de l'homme : ces droits sont la liberté, la propriété, la sûreté, et surtout la résistance à l'oppression.

L'annonce des articles de la *Déclaration*

- Le connecteur logique « En conséquence », qui ouvre le dernier paragraphe du Préambule, signale **l'aboutissement** de la démonstration.
- Olympe de Gouges **renverse avec audace la hiérarchie** des sexes en désignant les femmes par la périphrase « le sexe supérieur » ; elle rend notamment un hommage vibrant à leur « courage » dans la maternité (« les souffrances maternelles »).
- Dans la dernière phrase du Préambule, elle introduit les dix-sept articles inspirés de la *Déclaration* de 1789 et réécrits par ses soins selon les modalités exprimées dans le Préambule. **La solennité du discours** est renforcée par la référence à une autorité supérieure et sacrée : « en présence et sous les auspices de l'Être-Suprême ».

Conclusion partielle : À l'image de la réécriture féminisée du Préambule, Olympe de Gouges annonce celle des articles de la Déclaration de 1789.

Deux premiers articles fondés sur l'égalité des sexes

- L'article premier détourne celui de la *Déclaration* de 1789 (« Les hommes naissent et demeurent libres et égaux en droits ») pour proclamer, au présent de l'indicatif à valeur de vérité générale, **l'égalité stricte** entre les hommes et les femmes. « La femme » devient ironiquement sujet de la phrase tandis que « l'homme », repoussé en fin de phrase, ne désigne plus que le sexe masculin.
- Au nom de cette égalité, **des droits naturels politiques et juridiques** sont revendiqués dans l'article II : « la liberté », « la propriété », mais aussi « la résistance à l'oppression », appelant ainsi implicitement les femmes à se libérer de la tyrannie des hommes.
- Ces deux articles revendiquent **des droits naturels** (inhérents à la nature humaine) qui ne peuvent être ni supprimés, ni abolis par le temps (« imprescriptibles »).

Conclusion partielle : Cette réécriture féministe des deux premiers articles redonne à la femme un véritable statut de citoyenne, garantissant des droits fondamentaux.

Conclusion

Bilan

Dans sa *Déclaration*, Olympe de Gouges appelle les femmes à lutter pour leurs droits et à s'émanciper de la domination injuste des hommes. Mais au-delà de ce combat, l'autrice, proche des philosophes des Lumières, exprime un désir de progrès pour toute la société.

Ouverture

Au cours des siècles, cette lutte sera poursuivie par de nombreuses féministes dont Simone de Beauvoir qui, au XXe siècle, écrit :

> « Il est très difficile à une femme d'agir en égale de l'homme tant que cette égalité n'est pas universellement reconnue et concrètement réalisée. »

Simone de Beauvoir, *Le Deuxième Sexe*, 1949.

CHAPITRE 4

 Comment présenter une **lecture cursive** et bien gérer l'entretien ?

Ma méthode **pour réussir la présentation d'une œuvre** 208

Sujets corrigés **4 présentations de lectures cursives** 212

Lecture n° 1 Marguerite Duras, *Hiroshima mon amour* 212

Lecture n° 2 Andrée Chedid, *Rythmes* 214

Lecture n° 3 Beaumarchais, *Le Mariage de Figaro* 216

Lecture n° 4 Victor Hugo, *Le Dernier Jour d'un condamné* 218

Ma méthode pour réussir la présentation d'une œuvre

Cette œuvre, c'est toi qui la choisis : le plus souvent parmi les œuvres lues en lecture cursive.

L'objectif est que tu te l'appropries suffisamment en amont de l'épreuve pour pouvoir en faire une présentation personnelle le jour J.

▶ Retrouve ma méthode en vidéo

hatier-clic.fr/MC2_5

ÉTAPE 1 Lire l'œuvre, tenir un carnet de lecture

S'approprier l'œuvre

Pour ce faire, donne-toi le temps nécessaire pour lire l'œuvre tout entière, et munis-toi d'un crayon pour opérer **une lecture active**.

→ Dans une œuvre narrative, tu peux ainsi **entourer les noms des personnages** principaux. Concentre-toi sur les moments où ils apparaissent pour la première fois et ceux où leurs actions ont vraiment du sens à tes yeux.

→ De même, tu as intérêt à **baliser le cadre spatio-temporel**. Dès que tu constates un changement de lieu ou une évolution temporelle (saut dans le temps, retour dans le passé), tu peux par exemple faire un trait dans la marge.

→ Enfin, je te conseille de souligner **une citation par double page** : ainsi, quel que soit l'endroit où tu ouvriras le livre, tu y retrouveras une trace de ta lecture. Un petit sigle en marge peut t'aider à relier chaque citation à un thème que tu as repéré à l'avance.

Si possible, procure-toi une version numérique de l'œuvre : cela facilitera tes recherches.

Garder une trace écrite de sa lecture

→ En complément de ce balisage, je te recommande vivement de réaliser **un carnet de lecture où tu noteras, au fil de ta lecture**, tes émotions, tes réflexions, des références culturelles… Tout ce qui te permettra de donner de l'épaisseur à ta lecture.

→ À chaque fois que tu remplis ton carnet, indique, pour commencer, le passage lu (chapitres, scènes, poèmes…). Tu peux ensuite consigner brièvement **quelques éléments descriptifs** : que se passe-t-il ? quel est le thème traité ? Ces éléments t'éviteront de relire toute l'œuvre quand tu devras en préparer la présentation synthétique pour l'oral.

→ Cependant ce carnet doit surtout recueillir **tes impressions de lecture**. À l'issue de chaque séance de lecture, pose-toi ces questions :

- Quels sentiments ce passage suscite-t-il en moi ?
- À quelles réflexions m'amène-t-il ?
- À quelle autre œuvre (littéraire, cinématographique, etc.) me fait-il penser ?

Ce compte-rendu de lecture va donc plus loin qu'une simple fiche de lecture ! Il s'agit d'élaborer un avis personnel sur le livre, avec tous les éléments te permettant de le justifier.

ÉTAPE 2

Construire son exposé

→ Il s'agit de **mettre au point, à l'avance, une présentation** synthétique, que tu pourras exposer en 2 minutes lors de l'épreuve orale. Tu peux l'apprendre par cœur, ou simplement retenir les points principaux pour les restituer le jour J de façon plus naturelle.

→ Sur ta fiche, distingue bien visuellement **les différentes étapes**.

Le contexte

Commence par présenter rapidement l'auteur, puis rappelle la date de publication et expose en quelques phrases le contexte dans lequel l'œuvre a été écrite.

L'œuvre en résumé

Tu peux alors naturellement parler de l'œuvre elle-même, en résumant son intrigue s'il s'agit d'un roman ou d'une pièce de théâtre, en évoquant sa structure et ses thèmes principaux dans le cas d'un recueil de poésie ou d'une œuvre de littérature d'idées.

Les raisons de mon choix

C'est la partie la plus importante de ta présentation. Retiens au moins deux éléments parmi ceux qui sont généralement attendus : un thème qui t'a interpellé, un personnage intéressant, un procédé d'écriture singulier, un lien avec une autre œuvre.

Présentation d'une lecture cursive.
Nom de l'auteur, Titre de l'œuvre, date.

☆ *EXPOSÉ*

✓ ***Le contexte***

Présente rapidement l'auteur / autrice. Ensuite, la date de publication te permet de présenter un élément de contexte qui éclaire sa démarche. Cela peut être un événement historique, une anecdote biographique, un mouvement littéraire. Insiste alors bien sur le lien entre cet élément et l'œuvre que tu t'apprêtes à présenter. L'étape suivante arrive alors naturellement…

✓ ***L'œuvre en résumé***

Ensuite, reviens sur l'œuvre pour en résumer l'intrigue en quelques phrases. Tu peux alors déjà définir les thèmes principaux, mentionner les personnages les plus importants et faire allusion aux passages clés. Pour un recueil de poèmes ou un essai, donne la structure de l'ouvrage, en montrant qu'elle est révélatrice.

✓ ***Les raisons de mon choix***

Enfin, reviens en particulier sur un ou deux éléments qui ont particulièrement marqué ta lecture. Souvent, on attend un thème, un personnage, un passage clé. C'est un moment stratégique car il contribue déjà à orienter l'entretien.

Tu l'as deviné : ce que tu vas évoquer dans la dernière partie est stratégique : c'est probablement l'un de ces éléments qui servira de point de départ à la discussion lors de l'entretien.

ÉTAPE 3

Anticiper l'entretien

Anticiper les questions sur l'œuvre choisie

Pour être prêt.e le jour de l'entretien, l'idéal est d'élaborer à l'avance quelques réflexions percutantes **à propos des éléments que tu as cités comme fondant ton choix** et qui pourraient orienter la discussion : thèmes, personnages, procédés d'écriture...

→ Sur ta fiche préparatoire, tu as noté **un thème de l'œuvre** que tu juges intéressant. Tu dois pouvoir montrer comment ce thème est développé dans l'œuvre, en quoi il résonne encore aujourd'hui, notamment pour toi.

Si tu choisis une œuvre abordée sur mon site, tu verras de petites cartes thématiques apparaître tout au long de mes vidéos. N'hésite pas à les utiliser !

→ Tu as également sélectionné **un personnage**. Demande-toi pourquoi celui-ci te plaît ou t'intrigue. Souvent, les personnages les plus intéressants sont construits sur un paradoxe : c'est cela qui leur donne une dynamique. Le personnage choisi évolue-t-il au cours de l'intrigue ? Comment ?

→ Prends le temps de relire **les citations** soulignées au cours de ta lecture. Choisis celles qui te parlent le plus : que disent-elles ? de quelle manière ? Certaines te permettent-elles de commenter le style de l'auteur ?

Anticiper des questions plus larges

→ Essaye de créer **des passerelles avec l'œuvre étudiée** (qui relève du même objet d'étude). Tu peux lister des points communs et des différences, montrer comment l'œuvre que tu as présentée apporte un éclairage spécifique sur le thème du parcours.

→ L'examinateur peut aussi revenir sur **le contexte d'écriture** et te demander plus d'informations sur l'époque, le mouvement littéraire dans lequel l'œuvre s'inscrit. Documente-toi pour apporter une réponse précise le jour J.

→ Enfin n'oublie pas de vérifier que tu maîtrises **les définitions clés liées à l'objet d'étude**.

	Si c'est...	Vérifie que tu maîtrises ces notions...
1	un roman	✔ schéma narratif, schéma actanciel ✔ focalisation (ou point de vue) ✔ discours direct/indirect/indirect libre ✔ retour en arrière/ anticipation, scène, description
2	un recueil de poèmes	✔ vers régulier/libre, mètre, enjambement/ rejet ✔ rime riche/pauvre, allitération, assonance ✔ métaphore, personnification, allégorie
3	une pièce de théâtre	✔ exposition, nœud, péripétie, dénouement ✔ tragédie, comédie, drame ✔ didascalie, tirade, stichomythie
4	une œuvre de littérature d'idées	✔ argumentation directe/indirecte ✔ thèse, argument, exemple, raisonnement inductif/déductif ✔ polémique, satirique, ironique

MES CONSEILS *pour réussir le jour J*

Bien gérer le stress

Le meilleur moyen d'éviter le stress le jour de l'oral, c'est d'avoir confiance en soi. Pour ce faire, rien ne vaut une bonne préparation.

Avant l'épreuve orale	Le jour J
✔ Tout au long de l'année, fais l'effort de **participer au cours de français** en prenant régulièrement la parole. ✔ Dans la dernière ligne droite, **simule au moins une fois un oral** face à une caméra ou devant des amis. Tu pourras ainsi identifier tes faiblesses et les corriger.	✔ Le jour de l'oral, évite de réviser tes fiches préparatoires. ✔ Si le stress revient à quelques minutes de l'oral, réalise des **exercices de respiration** pour faire le vide : ancré.e dans le sol, tu inspires puis expires lentement.

Utilise le langage corporel pour améliorer ta prestation !

4 conseils clés

La posture
Adopte une posture active : le dos droit, mais sans rigidité. Tes jambes doivent être bien stables sur le sol, ne les croise pas.

La voix
Parle suffisamment fort, en articulant. Ne parle pas trop vite, marque des pauses. Évite absolument de donner l'impression de réciter.

Le regard
Regarde l'examinateur. Ce contact visuel te permet de retenir l'attention et de parler avec un rythme plus naturel.

Les gestes
Ne reste pas statique : quelques gestes bien choisis aident ton auditoire à comprendre l'exposé et le maintiennent attentif.

Prends bien en compte les 4 éléments évalués

1. **ta capacité à défendre une lecture personnelle**, à expliquer et justifier tes choix
2. **la qualité de ton expression** orale (choix des mots, syntaxe)
3. **ton aptitude au dialogue**, ta capacité à tirer profit des éléments de relance pour approfondir ta réflexion
4. **ta capacité à établir des liens** avec d'autres champs du savoir, mais aussi avec ton expérience du monde

Lecture cursive n° 1

Marguerite Duras, *Hiroshima mon amour* (1960)

Objet d'étude : Le roman et le récit du Moyen Âge au XXIe siècle

ÉTAPE 1

Présentation

Le contexte

✔ **L'autrice.** Romancière, dramaturge, scénariste et réalisatrice française, Marguerite Duras (1914-1996) a produit une œuvre d'inspiration autobiographique évoquant son enfance en Indochine (*L'Amant*, prix Goncourt en 1984), mais aussi des textes très personnels, proches du nouveau roman.

C'est une personnalité engagée, proche du Parti communiste. Elle s'intéresse vivement à la question de la mémoire.

Resnais a réalisé son film à partir des éléments du récit de Duras, les images ne sont donc pas décrites dans le livre. De nombreuses données, abandonnées dans le film, sont conservées dans le livre, car elles éclairent le projet initial.

✔ **Le contexte d'écriture.** Alain Resnais, auteur célèbre pour ses courts-métrages (*Nuit et Brouillard*, 1955), souhaitant ne pas réaliser une œuvre trop proche du documentaire, fait appel à Duras pour créer les dialogues et un scénario original proche de la fiction.

L'œuvre en résumé

✔ **À Hiroshima en août 1957, douze ans après l'explosion de la bombe atomique**, une actrice française anonyme, venue pour jouer un film sur la paix, rencontre la nuit précédant son départ, un architecte japonais avec qui elle vit une brève et intense liaison.

✔ Cette histoire d'amour explore **les traumatismes de la guerre**. L'évocation du bombardement atomique d'Hiroshima suscite la remémoration d'un amour de jeunesse de la jeune femme durant la Seconde Guerre mondiale, en 1944, alors qu'elle vivait à Nevers chez ses parents.

✔ Victime de **l'épuration populaire**, elle a été tondue à la Libération pour avoir vécu un premier amour avec un soldat allemand. Rejetée et humiliée, elle fuira sa famille et sa ville pour se réfugier dans l'anonymat de Paris.

✔ Dialogues, souvenirs, errance, rencontre amoureuse s'entrecroisent, le malheur vécu par la femme répondant au désastre d'Hiroshima, pour dire l'impossibilité de **témoigner de l'indicible**. La présence de l'autre permet cependant de faire resurgir le souvenir intime, d'en porter le poids et d'accepter le travail du temps qui amène l'oubli.

ÉTAPE 2

Les raisons de mon choix

1. Un témoignage historique. Le récit met en parallèle le largage d'une bombe nucléaire le 6 août 1945 par les Américains sur Hiroshima, d'une part, et la guerre en France sous l'Occupation allemande, vue sous l'angle de l'épuration, d'autre part ; ce procédé permet de souligner l'égale absurdité des deux événements.

2. Une histoire d'amour marquante. Comme l'annonce le titre, Duras fait le choix d'évoquer la catastrophe nucléaire d'Hiroshima en l'inscrivant dans une histoire d'amour entre deux êtres très différents, cette histoire prenant le dessus sur celle du bombardement.

3. Une forme narrative suggestive. Le texte ne cesse d'insister sur la lutte que mènent les deux protagonistes contre l'oubli, oubli de son premier amour pour la Française, devoir de mémoire pour le Japonais. Le style épuré de Duras, souvent elliptique, marqué par les répétitions incessantes, semble mimer ce combat des personnages et rappeler que l'oubli est inévitable.

ÉTAPE 3

Des questions pour l'entretien

✔ **Comment le thème de l'amour est-il développé dans le livre ?**
Dans les bras du Japonais, la Française redécouvre l'amour qu'elle a connu jeune à Nevers avec le soldat allemand. Mais elle sait que ce nouvel amour est sans issue, comme celui qu'elle a vécu autrefois, et qu'elle devra quitter le Japon.

✔ **Comment le récit montre-t-il la nécessité du devoir de mémoire, mais aussi les limites de nos mémoires ?**
Duras exprime l'incapacité d'écrire sur l'indécence de Hiroshima (Lui : « Tu n'as *rien* vu à Hiroshima. Rien. ») car personne ne peut parvenir à se figurer l'atrocité advenue, seuls des vestiges en témoignent, au musée. De même, la remémoration par la femme de son amour passé est confuse, saccadée et douloureuse. Le devoir de mémoire se réduit donc à une vaine tentative de lutter contre l'oubli. Celui-ci finit en effet par triompher et mettre en échec la mémoire ; le passé ne fera que se reproduire.

✔ **Quels éléments du récit vous semblent-ils particulièrement suggestifs ?**
Les répétitions lancinantes du début du texte de l'adverbe « rien », opposé au substantif « tout » (« Je n'ai rien inventé. / Tu as tout inventé »), entrecoupées de silences, tentent de dire l'indicible.

ÉTAPE 4

Un passage remarquable

La jeune femme témoigne du nombre démesuré de décès de civils en un laps de temps aussi court et annonce pourtant l'oubli futur de cette destruction collective.

> « Elle : ... Écoute-moi. Je sais encore. Ça recommencera. Deux cent mille morts. Quatre-vingt mille blessés. En neuf secondes. Ces chiffres sont officiels. Ça recommencera. »

Lecture cursive n° 2

Andrée Chedid, *Rythmes* (2003)

Objet d'étude : La poésie du XIXe siècle au XXIe siècle

ÉTAPE 1

Présentation

Le contexte

✔ **L'autrice.** Andrée Chedid (1920-2011) est une poétesse, romancière et dramaturge d'origine libanaise. Née au Caire, elle s'installe à Paris en 1946. Elle entre en littérature en 1948 avec *Textes pour une figure*, salués par René Char. Couronnés par de nombreux prix, ses écrits sont marqués par un souci de l'autre et un profond humanisme, délivré de toute croyance partisane.

✔ **Le contexte d'écriture.** Quand elle écrit *Rythmes* en 2003, Andrée Chedid a plus de quatre-vingts ans. Ce recueil condense tous les thèmes de son œuvre qui s'étend sur plus de soixante ans et confirme la constance de sa réflexion. Au seuil de la mort, elle porte un regard lucide et optimiste – mais sans compromis – sur la vie, et célèbre la poésie « éternellement présente ».

L'œuvre en résumé

Dans ce recueil divisé en sept parties, la poétesse – peu prolixe en confidences personnelles – questionne l'aventure humaine.

✔ **« Rythmes »** évoque la création du monde, énigmatique et violente, d'où émergent « la Vie », puis l'homme qui s'ancre dans l'histoire, affirmant son humanité dans l'enchaînement des âges.

✔ **« La source des mots »** aborde l'origine du langage et de la parole, et interroge le pouvoir de l'écriture poétique, chargée de « Saisir les miettes/Du mystère/Qui nous enchâsse ».

✔ **« Ce corps »** dessine un « Toi/ Unique au monde » qui ne peut s'inscrire que dans un « Je multiple », « d'ailleurs » et « d'ici », et donc « relié par le destin » à tous les autres hommes.

✔ **« L'escapade des saisons »** montre l'emprise du temps, le caractère éphémère et fragile de la vie, mais un seul « instant » peut aussi être créateur « d'éternité ».

✔ **« Vie, intervalle convoité »** chante la vie qui sait affronter les douleurs et survivre malgré les parts d'ombre et de malheur.

✔ **« La poursuite »** dit la face sombre et autobiographique de la poétesse, luttant contre l'âge, la dégradation du corps et la peur de la mort.

✔ **« Émerveillements »** fait l'éloge de la vie et dit la foi de la poétesse en l'homme dont la mort ne pourra jamais altérer ni l'énergie de vie, ni le bonheur que procure l'amour.

ÉTAPE 2 Les raisons de mon choix

1. Le projet de la poétesse : questionner le monde avec limpidité. Sa poésie rejette les artifices de langage qui font écran entre le poème et le lecteur. Son écriture, transparente, en vers libres, est immédiatement lisible, et élaborée pour donner accès à l'essentiel : la vie et la mort. Ce lyrisme dépouillé n'en demeure pas moins très évocateur.

2. Un thème clé : le mouvement. La poésie de Chedid est un éloge perpétuel du devenir, du mouvement de la vie. Au centre de son écriture, le corps est présenté en mouvement ; les termes de la mobilité abondent, tels « escapade », « cheminer », « s'aventurer »..., qui disent son vœu de liberté et son désir d'élévation.

3. La richesse poétique des images. Cet aller-retour entre le corps et la parole crée une poésie charnelle et suggestive qui donne à voir, à entendre et à sentir ; le recueil parle ainsi de « pulpe savoureuse de notre chair » ou de « souffle de la parole ».

Chedid recourt à différents procédés poétiques – métaphores, absence quasi totale de ponctuation, assemblage de mots variable sur la page... – non par souci de recherche esthétique, mais pour donner du sens à ses sentiments.

ÉTAPE 3 Des questions pour l'entretien

✔ **Pourriez-vous développer la thématique du lien avec l'autre ?**
L'œuvre de Chedid est habitée par un vibrant humanisme ; l'envie de la rencontre avec l'autre est vue comme une chance et un enrichissement : « Mon semblable/ Mon autre/ Là où tu es/ Je suis » (« La Poursuite »).

✔ **N'y a-t-il pas aussi une part d'ombre dans ce recueil ?**
Cette poésie du questionnement qui interroge la vie est inéluctablement guettée par la destruction et comporte une part d'angoisse, exprimée notamment dans « L'Avenir suspendu ».

✔ **Quel rôle la poésie joue-t-elle dans ce recueil ?**
Si elle ne peut sauver de la mort, la poésie est une philosophie qui s'oppose à ce néant et rend compte des bienfaits de la vie. La poétesse affronte ainsi la fin de sa vie avec lucidité et force, et sans regrets.

ÉTAPE 4 Un passage remarquable

« Émerveillements » exprime bien la force inébranlable en la vie véhiculée par Andrée Chedid :

« Jamais de terme
Aux arcanes de la vie
Jamais de fin
À nos émerveillements ! »

Lecture cursive n° 3

Beaumarchais, *Le Mariage de Figaro* (1784)

Objet d'étude : Le théâtre du XVIIe siècle au XXIe siècle

ÉTAPE 1 Présentation

› Le contexte

✔ **L'auteur.** Pierre-Augustin Caron dit Beaumarchais (1732-1799) a mené une vie trépidante : d'abord horloger du roi, musicien puis agent secret et enfin écrivain et dramaturge, il fonde en 1777 la Société des auteurs dramatiques pour protéger les droits des auteurs. Son théâtre reflète la contestation sociale qui précède la Révolution française.

✔ **Le contexte d'écriture.** *Le Mariage de Figaro* compose le deuxième épisode d'une trilogie avec *Le Barbier de Séville* (1775) et *La Mère coupable* (1792). Beaumarchais doit lutter contre des années de censure royale avant de faire jouer cette comédie le 27 avril 1784 par la troupe de la Comédie-Française qui fait un triomphe. La pièce est ensuite jouée 67 fois au cours de l'année et connaît un succès dans toute l'Europe. Novatrice, elle dénonce les abus de la société de l'Ancien Régime, notamment les privilèges de la noblesse.

› L'œuvre en résumé

✔ **Acte I.** Figaro, le valet du Comte Almaviva, a contracté des dettes auprès de Marceline à qui il a promis le mariage s'il ne parvenait pas à la rembourser. Mais il s'apprête à épouser Suzanne, que le Comte, qui tente de rétablir le droit de cuissage, convoite.

✔ **Acte II.** La Comtesse, souhaitant reconquérir l'amour de son mari, s'allie à Suzanne.

✔ **Acte III.** Le Comte souhaite se venger de Suzanne qui refuse ses avances en favorisant le mariage de Marceline avec Figaro, mais par un coup de théâtre, le spectateur apprend que Marceline est la mère de Figaro.

✔ **Acte IV.** Suzanne et la Comtesse complotent un rendez-vous au cours duquel la Comtesse prendra la place de Suzanne pour surprendre le Comte en flagrant délit et lui faire avouer sa faute.

✔ **Acte V.** Lors du rendez-vous, le Comte courtise sa propre femme, qu'il croit être Suzanne. Démasqué publiquement, il implore le pardon de son épouse et autorise le mariage de Figaro.

Les nombreux personnages de la pièce et la multiplicité des intrigues et des quiproquos en font une comédie complexe : il est important de faire comprendre les enjeux majeurs de la pièce, sans entrer dans les détails.

ÉTAPE 2 Les raisons de mon choix

1. Une satire sociale mordante. L'affrontement entre le valet, Figaro, et son maître, le Comte Almaviva, séducteur, jaloux et tyrannique, symbolise l'opposition entre l'aristocratie, qui abuse de ses privilèges, et la bourgeoisie qui voudrait obtenir sa place par le mérite, l'effort et le travail.

2. La défense de la condition féminine. Marceline, en particulier, dénonce les abus du pouvoir masculin et son hypocrisie. La société du XVIIIe siècle, profondément inégalitaire, maintient en effet les femmes « dans une servitude réelle », par leur rôle d'épouse, et en fait des objets de désir. Mais, dans la pièce, ce sont finalement les femmes qui triomphent, par leur finesse et leurs actions.

3. Une comédie virtuose. La pièce, très dense (92 scènes au total), à la cadence effrénée, met en scène de nombreux personnages qui ne cessent d'entrer et de sortir au rythme des rendez-vous galants. Riche en quiproquos et coups de théâtre, cette comédie est un véritable chef-d'œuvre d'écriture.

ÉTAPE 3 Des questions pour l'entretien

✔ **Que dénonce Beaumarchais dans cette pièce ?**
Le dramaturge dénonce les abus de pouvoir de la noblesse et ses privilèges fondés sur la naissance. L'incompétence et la bêtise du juge Brid'oison et de son greffier, Double-Main, pointent également du doigt une justice qui ne se soucie ni de la vérité, ni du droit, mais seulement d'argent.

✔ **Quelle vision de l'amour cette pièce propose-t-elle ?**
Figaro et Suzanne offrent le seul couple heureux de la pièce. À l'opposé, le mariage du Comte et de la Comtesse semble fragile car menacé par la lassitude du Comte. Beaumarchais définit, dans sa Préface, le Comte comme un homme « un peu libertin », qui s'abandonne à ses désirs et abuse de son autorité pour les satisfaire.

✔ **Pourquoi peut-on dire que Beaumarchais mêle comique et gravité dans cette pièce ?**
Beaumarchais a une intention moralisatrice : il entend « amuser en instruisant ». Sous le masque du rire, l'auteur traite de sujets graves, comme l'infidélité, la fragilité de l'amour au sein du couple, l'injustice sociale et politique, etc.

ÉTAPE 4 Un passage remarquable

À l'acte V, scène 3, Figaro, rival du Comte, dénonce avec force les privilèges de la naissance.

> « Parce que vous êtes un grand seigneur, vous vous croyez un grand génie !…
> Noblesse, fortune, un rang, des places, tout cela rend si fier !
> Qu'avez-vous fait pour tant de biens ? Vous vous êtes donné la peine
> de naître, et rien de plus. »

Lecture cursive **n° 4**

Victor Hugo, *Le Dernier Jour d'un condamné* (1829)

Objet d'étude : La littérature d'idées du XVIe siècle au XVIIIe siècle

ÉTAPE 1

Présentation

› Le contexte

✔ **L'auteur.** Génie prolifique de la littérature française, chef de file du romantisme, Victor Hugo (1802-1885) a été associé à tous les combats politiques et littéraires de son temps. De *Cromwell* (1827) aux *Châtiments* (1853), en passant par *Hernani* (1830) ou *Les Misérables* (1862), il s'est exprimé dans tous les registres avec force et conviction.

✔ **Le contexte d'écriture.** Hugo décide d'écrire pour lutter contre la peine de mort à la vue d'une scène traumatisante, en 1828, sur la Place de l'Hôtel-de-Ville, lorsqu'un bourreau graisse la guillotine en vue d'une exécution le soir même.

Tu peux évoquer le contexte de la parution du *Dernier Jour d'un condamné* et préciser que cette œuvre, qui n'entre dans aucune catégorie (est-ce un journal intime, des Mémoires ou un manuscrit ?), et qui est publiée sans nom d'auteur, a suscité la polémique à l'époque.

› L'œuvre en résumé

✔ **Chapitres 1 à 3.** Le narrateur, condamné à mort, raconte son histoire : dans sa cellule, il repense à son procès, qui a eu lieu cinq semaines auparavant et à la sentence qui l'a anéanti.

✔ **Chapitres 4 à 21.** Transféré à la prison de Bicêtre, il décrit son quotidien. Sa bonne conduite lui permet d'obtenir de quoi écrire. Ses pensées vont en particulier à sa petite fille Marie, laissée sans protection. Il espère la grâce royale ou rêve de fuir. Son gardien lui demande ce qu'il souhaite manger, il devine donc que son exécution aura lieu aujourd'hui.

✔ **Chapitres 22 à 36.** Il est déplacé à la Conciergerie. Il y croise un condamné à mort : le récit que ce dernier fait de sa vie fait comprendre les enchaînements qui mènent de la misère au crime. Un prêtre lui fait une dernière visite, mais il le congédie. Il repense au bonheur de sa jeunesse, au crime qu'il a commis, puis à la vie qui continue au dehors.

✔ **Chapitres 37 à 49.** Ses souffrances s'intensifient : il ressent des troubles et des vertiges puis se demande ce qu'il advient après la mort. Après le départ de l'aumônier, sa fille Marie vient lui rendre visite, mais elle ne le reconnaît pas. Désespéré, il souhaite écrire à nouveau pour lui expliquer pourquoi son nom est « sanglant ». Une note de l'éditeur précise alors qu'il est parti pour l'échafaud, sous le regard d'une foule agressive.

ÉTAPE 2 Les raisons de mon choix

1. La forme d'un journal intime. Le condamné raconte sa condamnation, son séjour en prison et son départ vers l'échafaud, à la première personne du singulier et au présent de l'indicatif. Le lecteur suit sa vie intérieure, ses émotions et ses angoisses face à l'attente de la mort, sans connaître son identité, ni même la raison de son exécution. La forme de monologue intérieur donnée à cette œuvre argumentative est particulièrement efficace.

2. Arguments et émotions. L'auteur plaide pour l'abolition de la peine de mort en montrant à quel point la guillotine est un instrument de torture, ne serait-ce que par les souffrances que l'attente de son exécution génère. Il prouve également, par l'histoire du friauche, que les condamnés sont très souvent des gens miséreux, sans possibilité de réinsertion, doublement punis de leur détresse par la guillotine.

3. Un réquisitoire important dans l'Histoire. Robert Badinter, garde des Sceaux qui a porté la loi d'abolition de la peine de mort le 9 octobre 1981, a montré comment le roman de Hugo avait éveillé les consciences, en prouvant que la peine de mort est inutile, cruelle et injuste.

ÉTAPE 3 Des questions pour l'entretien

✔ **Quels sont les avantages d'une narration à la première personne ?**
Elle permet au lecteur de s'identifier au narrateur et donc de ressentir les émotions du condamné à mort. Le lecteur éprouve de la pitié pour lui et ne peut juger qu'inacceptable cette exécution sanguinaire.

✔ **Quel registre domine le récit ?**
L'auteur privilégie le registre pathétique. La souffrance du condamné est largement décrite (convulsions, tremblements, yeux brûlants…) ainsi que la peinture de son désarroi moral lorsque le condamné rêve, à plusieurs reprises, de s'évader ou d'être gracié par le roi.

✔ **Est-ce que vous avez retenu un argument en particulier contre la peine de mort ?**
La peine de mort ne permet pas notamment au condamné de réparer ses fautes et ne dédommage en rien la victime ou sa famille. Le narrateur, au chapitre 34, repense au crime qu'il a commis, mais angoissé par son propre sort, il n'éprouve que peu de compassion pour sa victime.

ÉTAPE 4 Un passage remarquable

Un moment particulièrement émouvant est celui où le condamné reçoit la visite de sa fille Marie, au chapitre 43. Comme il est emprisonné depuis déjà un an, elle ne le reconnaît pas.

> « Il y a bientôt un an qu'elle ne m'a vu, la pauvre enfant. Elle m'a oublié, […]
> et puis, qui me reconnaîtrait avec cette barbe, ces habits et cette pâleur ?
> Quoi ! déjà effacé de cette mémoire, la seule où j'eusse voulu vivre ! »

Sujets corrigés

Le lexique des termes littéraires

Le roman

✔ Autobiographie
Genre littéraire dans lequel l'auteur fait le récit de sa propre vie.

✔ Ellipse
Passage sous silence d'un épisode dans un récit.

✔ Épilogue
Partie ajoutée à la fin d'un roman, qui raconte des faits postérieurs au dénouement de l'action principale.

✔ Épistolaire (genre)
Genre littéraire, très en vogue au XVIIe siècle, qui concerne à la fois des lettres réelles de personnes célèbres, publiées sous forme de recueils, et des lettres fictives, dans les romans par lettres.

✔ Fantastique, merveilleux
• **Fantastique :** registre qui fait intervenir des éléments surnaturels dans le monde quotidien.

• **Merveilleux :** registre caractérisé par l'omniprésence du surnaturel.

✔ Focalisation (point de vue)
Notion qui permet de déterminer, à l'intérieur d'un récit ou d'une description, comment et par qui sont vus les éléments narrés ou décrits.

• **Focalisation interne :** l'histoire est racontée à travers ce que sait et voit un personnage.

• **Focalisation externe :** l'histoire est racontée par un témoin extérieur de façon neutre et objective.

• **Focalisation zéro :** le narrateur est omniscient, il raconte comme s'il savait et voyait tout.

✔ Incipit
Premières pages d'un roman ou d'un conte qui présentent la situation initiale.
L'incipit *in medias res* est un cas particulier dans lequel le lecteur est projeté au milieu de l'action.

✔ Naturalisme
Mouvement littéraire développé dans la seconde moitié du XIXe siècle, par Zola en particulier, qui cherche à rivaliser avec la science et faire du roman un lieu d'expérimentation.

✔ Nouveau Roman
Génération de romanciers, apparue après la Seconde Guerre mondiale, qui se caractérise par une contestation radicale des règles traditionnelles du roman.

✔ Pastiche
Pratique d'écriture consistant à imiter, dans une intention ludique, un texte source tiré de l'œuvre d'un écrivain reconnu.

✔ Réalisme
Mouvement artistique de la seconde moitié du XIXe siècle qui revendique la liberté de traiter des sujets de la vie réelle et contemporaine et de représenter la banalité du quotidien.

✔ Roman d'apprentissage
Type de roman dans lequel un jeune héros mûrit au fil des épreuves que lui réservent la société et l'amour.

✔ Roman picaresque
Genre romanesque né au XVIe siècle en opposition aux romans de chevalerie idéalisés et qui raconte les aventures d'un picaro, jeune homme marginal, pauvre et rusé.

✔ Romantisme
Mouvement artistique, né au XIXe siècle en réaction au classicisme, qui met l'accent sur l'individu et ses souffrances, la nature et l'imaginaire et revendique la liberté totale du créateur.

✔ Schéma narratif
Décomposition de la structure d'un récit en cinq étapes :
• **situation initiale :** début du récit et présentation des éléments qui le composent ;
• **élément perturbateur :** déclencheur qui bouleverse la situation initiale ;
• **péripéties :** ensemble des actions entreprises par le héros pour atteindre son but et des problèmes auxquels il se trouve confronté ;
• **dénouement :** résolution qui met fin aux péripéties ;
• **situation finale :** situation à laquelle aboutit le récit.

✔ Science-fiction
Genre qui prend pour thème « non la réalité telle qu'elle nous apparaît, mais celle que nous pouvons commencer à imaginer à partir des données les plus avancées de la science » (Marc Soriano).

La poésie

✔ Allitération, assonance

- **Allitération :** répétition d'un même son consonantique dans des mots voisins.
- **Assonance :** répétition d'un même son vocalique dans des mots voisins.

✔ Art pour l'art (l'), Parnasse

- **Art pour l'art (l') :** doctrine littéraire élaborée par Théophile Gautier, selon laquelle l'œuvre d'art ne doit pas servir à délivrer un message, mais doit viser à une perfection formelle.
- **Parnasse :** mouvement poétique de la seconde moitié du XIXe siècle qui revendique la doctrine de l'art pour l'art.

✔ Calligramme

Mot inventé par Guillaume Apollinaire pour désigner des poèmes dont le texte est disposé en forme de dessin.

✔ Coupe, césure

- **Coupe :** les coupes soulignent la division du vers en groupes rythmiques.
- **Césure :** coupe principale du vers. Dans l'alexandrin classique, elle est située après la sixième syllabe.

✔ Chanson

Genre poétique d'origine médiévale qui repose sur l'union d'une musique, d'un texte et de la voix humaine. Une chanson comprend en général plusieurs strophes et un refrain.

✔ Élégiaque

Tonalité poétique qui exprime, sur le ton de la plainte, la méditation mélancolique du poète sur les peines de l'amour ou la fuite du temps.

✔ Enjambement, rejet, contre-rejet

- **Enjambement :** procédé poétique consistant à supprimer la pause habituelle à la fin du vers en rompant l'accord entre l'unité du vers et celle de la phrase.
- **Rejet :** forme d'enjambement où la limite du vers et celle de la phrase ne concordant pas, un élément déborde dans le vers suivant.
- **Contre-rejet :** forme d'enjambement où un élément déborde dans le vers précédent.

✔ Épique

Tonalité propre à l'épopée qui, par extension, peut être associée à d'autres œuvres caractérisées par un style élevé et la représentation de héros historiques et légendaires.

✔ Hémistiche

Chacune des moitiés d'un vers coupé par la césure.

✔ Lyrique

Tonalité particulière, généralement associée à la poésie, qui a pour objet l'expression des sentiments.

✔ Mètre

Type de vers déterminé par le nombre de syllabes et de coupes qu'il comporte.

Voici les principaux mètres :

- **Alexandrin :** vers français de douze syllabes traditionnellement utilisé en poésie entre le XVIe et le XIXe siècle.
- **Décasyllabe :** vers de dix syllabes, très fréquent dans la poésie médiévale.
- **Octosyllabe :** vers de huit syllabes, le plus ancien vers français.

✔ Pléiade

Groupe de sept poètes du XVIe siècle, composé notamment de Du Bellay et Ronsard, qui ont eu pour objectif de donner à la littérature moderne française l'éclat des lettres anciennes.

✔ Poème en prose

Poème non versifié, inventé au XIXe siècle par Aloysius Bertrand, qui s'inscrit dans le mouvement romantique de rejet des règles traditionnelles et des formes fixes.

✔ Rime

Reprise d'un même élément sonore à la fin de deux vers au moins. Les rimes peuvent être caractérisées selon :

- **leur disposition :** plates (AABB), croisées (ABAB), embrassées (ABBA) ;
- **leur qualité :** pauvres (reprise d'une sonorité), suffisantes (reprise de deux sonorités), riches (reprise de trois sonorités) ;
- **leur terminaison :** féminines (terminées par un *e* muet) ; masculines (toutes les autres).

✔ Sonnet

Poème à forme fixe composé de deux quatrains et de deux tercets, généralement en alexandrins. Il est particulièrement prisé par les poètes de la Pléiade.

✔ Strophe

Ensemble de vers défini par sa disposition dans la page (les strophes sont séparées par des blancs).

- **Distique :** strophe de deux vers.
- **Tercet :** strophe de trois vers.
- **Quatrain :** strophe de quatre vers.
- **Quintil :** strophe de cinq vers.

✔ Surréalisme

Mouvement artistique, initié par André Breton, qui se développe en France en réaction au traumatisme de la Première Guerre mondiale. Il se fonde sur l'exploration de l'inconscient et la quête du surréel, une réalité supérieure mais secrètement présente dans notre monde.

✔ Vers, vers libre

- **Vers :** unité de base du poème, le vers est défini par un retour à la ligne. On classe les vers selon leur mètre.
- **Vers libre :** caractéristique de la poésie moderne, le vers libre se libère des règles de versification traditionnelles (rimes, mètre régulier…).

Le théâtre

✔ Absurde (théâtre de l')
Mouvement théâtral apparu en réaction à la Seconde Guerre mondiale qui conteste la logique et les règles dramaturgiques traditionnelles et qui marque un retour du tragique.

✔ Abyme (mise en)
Procédé qui consiste à inscrire dans l'œuvre une réflexion sur l'œuvre elle-même, ce qui brouille les frontières entre le réel et l'imaginaire.
Exemple : mettre en scène des personnages qui jouent une pièce de théâtre.

✔ Aparté
Mot ou parole brève qu'un personnage dit à part soi, en présence d'autres personnages, et que seul le spectateur est censé entendre.

✔ Comédie
Pièce divertissante représentant des personnages de moyenne et basse condition et dont le dénouement est nécessairement heureux.

✔ Coup de théâtre
Tout événement inattendu qui modifie radicalement le cours de l'action ou son dénouement.

✔ Dénouement
Ce qui conclut une pièce de théâtre et « dénoue » le nœud dramatique. Il doit être nécessaire, complet et rapide.

✔ Didascalies
Instructions de jeu et de mise en scène données, dans le texte même, par l'auteur pour ses personnages.

✔ Dramatique
Tonalité qui caractérise des scènes riches en péripéties, fondées sur une succession rapide d'actions ou d'événements, dans une atmosphère de tension et de violence.

✔ Drame romantique
Genre théâtral né au début du XIXe siècle qui veut peindre le monde et l'homme dans leur totalité, en mêlant les registres (grotesque et sublime) et les genres et en se détournant des règles du théâtre classique.

✔ Exposition
Première partie d'une pièce de théâtre où sont présentés tous les éléments nécessaires à la compréhension de l'action (personnages, lieux, intrigues…)

✔ Farce
Toute courte pièce d'un comique bas et grossier. Certains procédés farcesques peuvent être repris dans des pièces plus complexes.

✔ Fatalité
Destin auquel le héros dramatique est condamné par une puissance supérieure, les dieux dans la tragédie classique, et contre lequel il ne peut pas lutter.

✔ Mise en scène
Ensemble des dispositions visant à régler la représentation de la pièce (jeu des comédiens, mouvements, décors…).

✔ Monologue
Discours prononcé dans une pièce de théâtre par un personnage seul (ou qui croit l'être).

✔ Nœud dramatique
Événements qui portent l'action à son plus haut degré de tension. Il est généralement résolu au dernier acte.

✔ Pathétique
Tonalité propre à susciter des émotions intenses chez le spectateur telles que la douleur ou la pitié.

✔ Péripétie
Événement imprévu qui renverse le cours de l'action. Elle est, en principe, réversible contrairement au coup de théâtre.

✔ Quiproquo
Méprise, généralement comique, qui fait qu'une personne ou une chose est prise pour une autre, et situation qui en découle.

✔ Représentation théâtrale
Action de donner un spectacle de théâtre devant un public.

✔ Stichomythie
Succession de courtes répliques (un vers ou un hémistiche) entre deux personnages.

✔ Tirade
Longue réplique qu'un personnage adresse d'un trait à un interlocuteur.

✔ Tragédie
Pièce de théâtre en vers, codifiée au XVIIe siècle, mettant en scène des événements funestes arrivés à de grands personnages et dont le dénouement est malheureux.

✔ Tragique
Tonalité dérivée de la tragédie qui se rapporte à une situation insoluble dans laquelle un héros est broyé par des forces qui le dépassent et n'a pas d'autre issue que la mort.

> Unités (règle des trois)
Règle du théâtre classique qui impose que l'action évite les intrigues secondaires (unité d'action), soit restreinte à vingt-quatre heures (unité de temps) et se déroule en un seul lieu (unité de lieu).

✔ Vraisemblance
Règle du théâtre classique qui impose que tout ce qui compose la pièce soit vraisemblable. Il ne s'agit pas de montrer le vrai mais ce que le spectateur est prêt à accepter comme vrai.

La littérature d'idées

✔ Apologue, fable
Court récit en prose ou en vers, utilisant souvent l'allégorie animale à des fins didactiques et morales.

✔ Caricature
Présentation défavorable d'une personne, d'un objet ou d'une idée, par le recours à l'exagération et à la déformation.

✔ Conte philosophique
Genre hybride, apparu au XVIIIe siècle, qui met les qualités du conte traditionnel (récit court, fictif et plaisant) au service de problématiques philosophiques.

✔ Didactique
Tonalité qui caractérise des textes écrits pour transmettre un savoir.

✔ Discours
Développement adressé à un auditoire sur un thème déterminé ; texte écrit d'un discours.

✔ Éloquence
Art de persuader par la parole en usant de procédés rhétoriques.

✔ Engagé
Se dit d'un écrivain qui, d'une part, affiche des convictions politiques ou philosophiques l'engageant dans les débats de son temps, et, d'autre part, considère la littérature comme un média possible de ses convictions.

✔ Essai
Genre en prose, inventé par Montaigne. L'essai expose des pistes de réflexion et des tentatives d'interprétation, sans prétendre élaborer une doctrine.

✔ Euphémisme
Figure de style consistant à atténuer l'expression d'une idée jugée trop brutale, désagréable ou vulgaire en substituant au terme précis un mot ou une périphrase jugés plus acceptables.

✔ Humanisme
Philosophie qui place l'homme et ses valeurs au-dessus de toute autre considération, et qui vise à l'épanouissement des qualités humaines. Le mouvement humaniste se développe dans toute l'Europe pendant la Renaissance et se caractérise par un retour à la culture antique.

✔ Humour
Tonalité qui se caractérise par la capacité à considérer la réalité sous un aspect insolite et plaisant et permet une prise de distance.

✔ Hyperbole
Figure de style consistant à amplifier un énoncé pour produire une impression forte.

✔ Ironie
Forme d'expression consistant à dire le contraire de ce que l'on pense, ou à feindre d'approuver les opinions d'un adversaire pour mieux en montrer l'ineptie ou la cruauté.

✔ Littérature de l'absurde
Mouvement littéraire, nourri par les préoccupations existentialistes, qui se développe après la Seconde Guerre mondiale. Les écrivains de ce mouvement postulent l'absurdité de l'existence et dévoilent les impasses de la communication.

✔ Lumières
Mouvement philosophique et littéraire du XVIIIe siècle, qui prône l'usage de la raison contre les préjugés et l'intolérance, et remet en cause l'ordre politique, social et religieux de l'Ancien Régime.

✔ Morale
Dans une fable ou un apologue, conclusion sous forme de leçon.

✔ Moraliste
Auteur qui, partant de l'observation des mœurs, propose des réflexions sur la nature humaine.

✔ Pamphlet
Écrit, généralement court, de tonalité satirique et polémique, qui attaque vigoureusement un pouvoir politique ou religieux ainsi que les personnages qui l'incarnent.

✔ Pathétique
Qui est propre à susciter des émotions intenses telles que la douleur ou la pitié.

✔ Parodie
Imitation, dans une intention comique, d'un genre, du style d'un auteur, d'une cérémonie...

✔ Plaidoyer, réquisitoire
- **Plaidoyer :** discours ou ouvrage argumentatif consacré à la défense, généralement passionnée, d'une personne, d'une idée ou d'une cause dans un contexte de controverse publique.
- **Réquisitoire :** discours, passage d'une œuvre ou bien œuvre intégrale mettant en accusation une personne ou une idée.

✔ Polémique
Qualifie une œuvre, un esprit ou un style qui critique, attaque ou discute avec vivacité et agressivité.

✔ Satire
Toute œuvre ou passage d'une œuvre, quel qu'en soit le genre, qui attaque les mœurs des contemporains de l'auteur, ou qui contient une critique politique, sociale ou religieuse.

✔ Thèse
Proposition que l'on tient pour vraie et que l'on soutient par une argumentation pour la défendre contre d'éventuelles objections.

Table des illustrations

12	Coll. Rijksmuseum, Amsterdam
13	ph © Photo Josse / Bridgeman Images
14	Coll. Wikimedia Commons
15	Coll. Musée Arthur Rimbaud, Charleville-Mézières
16	ph © Louis Monier. All rights reserved 2024 / Bridgeman Images
17	ph © Maxyme G. Delisle
18	Coll. Château de Versailles
19	ph © Luisa Ricciarini / Bridgeman Images
20	ph © Jerry Bauer / Opale.photo
21	ph © Photo Josse / Bridgeman Images
22	Coll. Musée des Beaux-Arts de Quimper
23	Coll. Archives Hatier
212-hd	Collection Folio (n° 9) © Gallimard
212-mg	ph © Micheline Pelletier / Gamma
214-hd	Collection Poésie/Gallimard (n° 527) © Gallimard
214-mg	ph © Jacques Sassier/Gallimard / opale.photo
216-hd	© Editions Hatier
216-mg	ph © Archives Charmet / Bridgeman Images
218-hd	© Editions Hatier
218-mg	CC0 Paris Musées / Musée Carnavalet

Conception graphique : Hung Ho Thanh
Mise en pages : Dany Mourain
Illustrations : Naomi Kao (ouvertures de partie) ; Martin Maniez (œuvres littéraires)
Iconographie : Hatier illustration
Édition : Sophie Lovera

PAPIER CERTIFIÉ

Hatier s'engage pour l'environnement en réduisant l'empreinte carbone de ses livres. Celle de cet exemplaire est de : 700 g éq. CO_2
Rendez-vous sur www.hatier-durable.fr

Achevé d'imprimer en Espagne par Macrolibros
Dépôt légal n° 03469-3/01 - Juillet 2024